『末森赴援画巻（末森合戦図絵巻）』中巻「今浜掲牙旗図」に描かれる前田利家と利長
（部分　前田育徳会蔵）

末守（末森）合戦を描いた絵巻物の一場面（明治時代の制作）。天正12年（1584）9月、越中国の佐々成政に攻囲された能登国末守（末森）城を、前田利家・利長が救援し、成政の軍勢に大勝した。金色の甲冑に身を包むのが利家、銀色の兜をかぶっているのが利長である。

中世から近世へ

前田利家・利長

創られた「加賀百万石」伝説

大西泰正

平凡社

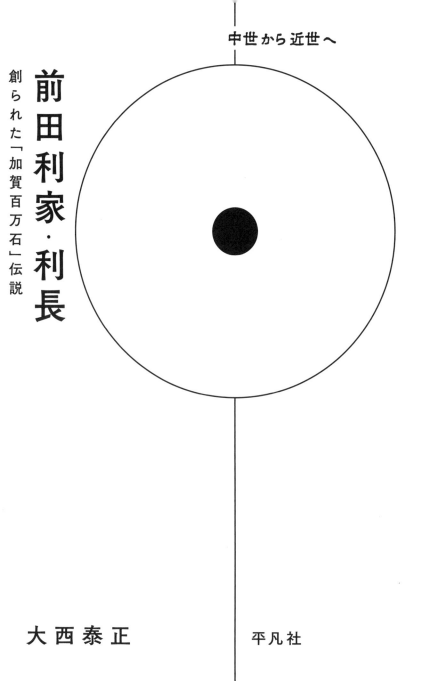

装幀　大原大次郎

前田利家・利長◉目次

はじめに――「加賀藩成立史」への疑念　11

第一章　豊臣秀吉書状の偽作――利家伝説の虚実①　35

賤ヶ岳合戦での利家をめぐる〝噂〟　36
加賀国北二郡加増の背景　41
前田家礼賛に利用された末守合戦　45
金沢・尾山の地名と秀吉書状の謎　48
秀吉書状は後世の捏造なのか　52
三系統に分けられる写本群　58
「切り貼り」された可能性　66

第二章　前田利家の領国支配　75

豊臣大名としての利家・利長　76
扶持百姓はなぜ登用されたのか　77
領国の特性にあわせた検地　83
利家は地域社会に妥協したのか　86
刀狩りを遅らせた利家の真意　93
秀吉より厳しかった利家の刀狩り　96

村落のまとまりを重視した政策　100
過酷な要求がなされた在地社会の現実　103
フレキシブルな領国支配　107
家臣団編成も柔軟に　113

第三章　前田利家と豊臣政権……121
豊臣政権における利家の立場　122
「秀吉と仲良しだから」の特別待遇　123
秀吉の勘気をこうむる利家　127
秀吉の勘気の理由を探る　136
台頭する利家と秀吉の意図　141
秀吉の親族大名として　146
関白秀次事件までの利家の立場　152
関白秀次事件と利家の動き　155
徳川家康に次ぐ実力者に　160

第四章　前田利家遺言状の偽作――利家伝説の虚実②……167
正室に口述筆記で書き留めさせたという遺言状　168

利家の遺言状に書かれていること　168
遺言状は本当に「口述筆記」なのか　182
遺言状の各種写本を検証する　188
統一されていく遺言状の年月日　196
遺言状の署名・宛所にも手が入る　203
みえてくる遺言状の種本の存在　204
「国祖遺言」と流布本を比較する　208
捏造された遺言状　215

第五章　前田利長と豊臣政権

……217
家督継承・官位昇進・「大老」就任をめぐる通説の問題点　218
前田本家の相続　221
権中納言への昇進はいつなのか　228
豊臣大名の一人から準「大老」へ　235
準「大老」から「大老」へ　243
利家、最後の仕事　250
石田三成襲撃事件と「大老」利長の苦悩　254

第六章　「加賀征伐」という虚像……257
「大老」利長の加賀帰国　258
通説「加賀征伐」のあらすじ　261
家康の大坂入城と利長の排除　265
利長の選択は家康との関係修復　269
「加賀征伐」の幻　277
「加賀征伐」説話成立の背景　280
なぜ「加賀征伐」がでっちあげられたのか　286
関ヶ原合戦と「加賀百万石」の誕生　289

おわりに　296

前田利家・利長関連年表　306
主要参考文献　313

〈凡例〉

◉引用史料は、基本的に読み下したうえ、読点・濁点を付したり、字体を常用漢字に改めるなど適宜整理を加えた。行論上、原文を引用した場合も、読み下せるようフリガナを付した。

◉引用史料の現代語訳は、逐語訳ではなく、理解しやすいよう適宜意訳を行った。

◉先行研究は、［著者・編者の名字＋刊行年］で示した。論著の初出年などは、巻末の主要参考文献を参照されたい。

前田利家・利長関係略地図

前田利家・利長関係略系図

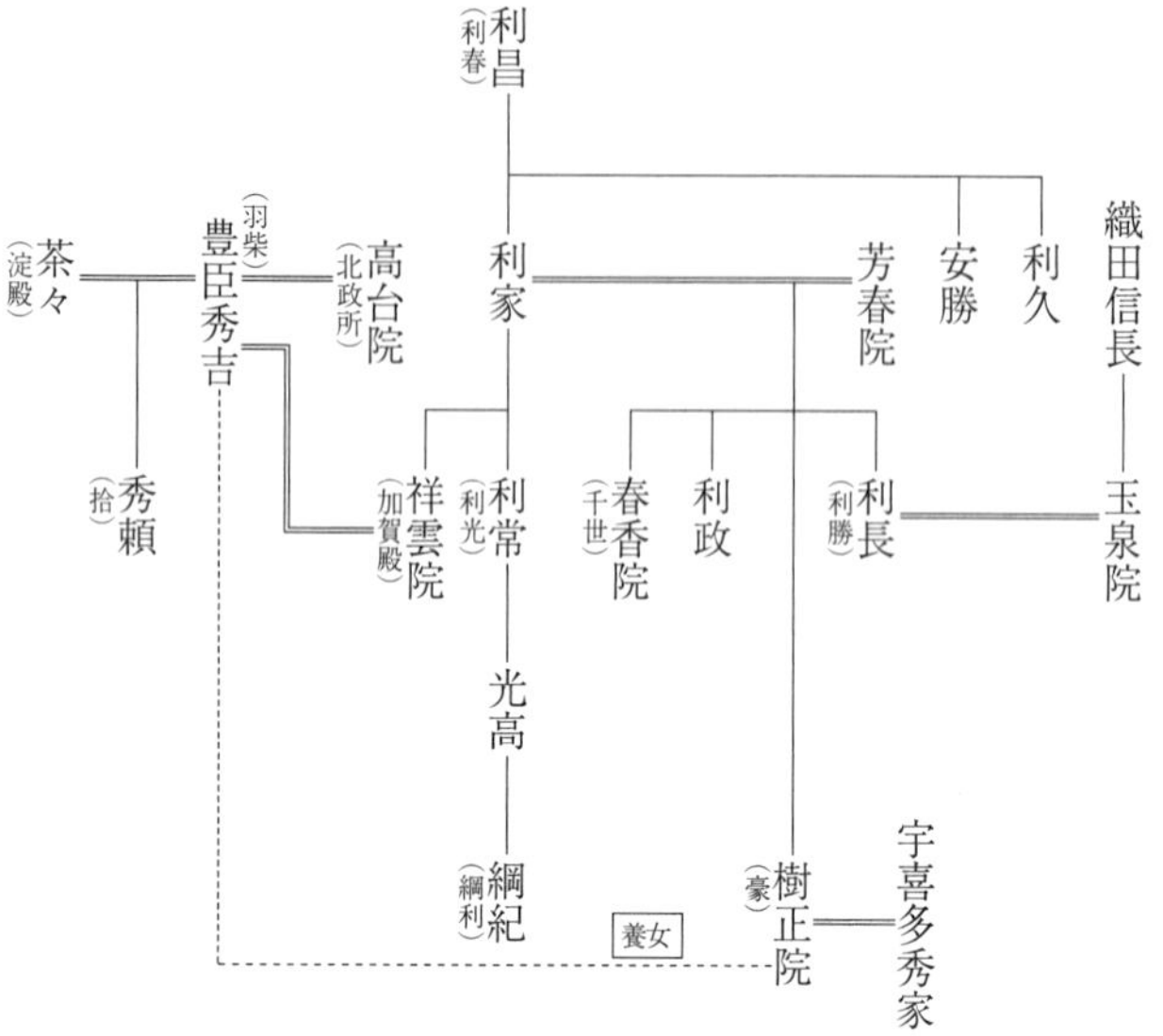

はじめに――「加賀藩成立史」への疑念

前田利家・利長研究をめぐる四つの問題

本書は、中世から近世への移行期、加賀《かが》・能登《のと》・越中《えっちゅう》の三か国（石川県・富山県。地元には加越能《かえつのう》／加能越《かのうえつ》という表現がある）に領国を形成した前田《まえだ》利家《としいえ》（一五三七～九九）・利長《としなが》（一五六二～一六一四）親子の動静を追い、不透明な事実関係を確定してゆくことを目的とする。

対象時期は、利家が能登一国の大名になった天正《てんしょう》九年（一五八一）から、慶長《けいちょう》五年（一六〇〇）の関ヶ原合戦を経て、利長が加越能三か国の支配者となるまでの二十年間に絞りこむ。これまで加賀（金沢）藩の形成期として注視されながら、さまざまな制約から実態解明が立ち遅れていた時代である。

しかも、この時期の利家・利長は、彼らの子孫とは異なり、国政にコミットした日本史上の重要人物であった。豊臣政権の中枢にあって、豊臣秀吉《とよとみのひでよし》（一五三七〜九八）の晩年には、「大老《たいろう》」（いわゆる五大老。当時は「奉行」「五人のしゆ（衆）」などと呼ばれたが、煩雑なので本書では「大老」と表記する）として、徳川家康《とくがわいえやす》（一五四二〜一六一六）らと互角に渡り合った。利家・利長を考える作業は、加賀藩のルーツをたどるだけでなく、豊臣政権の構造や展開を明らかにすることにつながる。

だが、利家・利長をめぐる事実関係の解明には、大きく分けて四つの問題が立ちはだかっている。それぞれへの対応を含め、筆者の考えるところを順番にみていこう。

「加賀藩成立史」ありきの不見識

利家・利長研究をめぐる問題の一点目は、加賀藩成立史、というアプローチにある。一般的に加賀藩の藩制は、利長のあとを継いだ利常《としつね》（利家の四男・利長の異母弟。一五九三〜一六五八）が断行した農政改革、「改作仕法《かいさくしほう》」（改作法とも）によって確立したという［高澤一九八三など］。この理解にしたがえば、利常以前のあれこれは、基本的に加賀藩成立期の歴史として語られることになる。利家と利長の時代は、「改作仕法」による達成から逆算して捉えられがちであった。

だが、利家・利長は「改作仕法」による藩制の確立、というグランドデザインを描いて行動していたわけではない。しかも、十七世紀なかば以降の加賀藩を基準にすると、利家や利長の施策は、必然的に不充分であるとか未熟といった否定的な評価に陥ってしまう。

そもそも慶長八年（一六〇三）の徳川家康の将軍宣下《せんげ》＝徳川幕府の成立以前や、関ヶ原合戦より前の出来事を、加賀藩という言葉を使って考えるのは適切なのだろうか。加賀藩研究の世界では、利家を「藩祖《はんそ》」として初代藩主に数え、利長を「二代藩主」と呼ぶのが一般的だが、明らかに日本史の通則に反している（こうした加賀藩主の数え方の形成過程は［仁ヶ竹二〇一五］に詳しい）。関ヶ原合戦の結果、改易された備前《びぜん》国岡山の大名宇喜多秀家《うきたひでいえ》（利家の娘婿。一五七二～一六五五）の支配領域を「備前（岡山）藩」とは呼ばないし、この人物を「藩主」とみなすこともない。豊臣秀吉から複数の国を預けられた大名＝豊臣大名である。

要するに、従来のアプローチでは、利家・利長の行動やその時代を、適切に捉えきれない、というのが筆者の見方である。

本書はそこで、加賀藩という枠組みをいったん外し、彼らの足跡をフラットに考えてみたい。「藩祖」「二代藩主」としてではなく、豊臣大名として、さらに豊臣政権の「大老」として捉え直してみたい。彼らは「改作仕法」を経た加賀藩にいたる道筋を、予定調和的にたどったのではない。地域社会の現実や、豊臣政権の意向のまえに、試行錯誤を繰り返した結果が、加賀藩の確立につながったのである。

日本近世社会の特質は、兵農分離《へいのうぶんり》・石高制《こくだかせい》・鎖国《さこく》（統一政権による貿易・情報の独占、およびキリスト教の禁圧）にあるというのが、一般的かつ古典的な理解であろう（朝尾二〇〇四など）。鎖国はともかく、全国的に兵農分離と石高制の貫徹が図られた、とされる時代に、利家・利長は大名として活動した。こうした（やや古めかしく単純な）見地に立つと、利家・利長の施策は、たとえば第二章で語るようにきわめて妥協的であり、過渡的とみなされてもしかたがない。だが、そういう決めつけが、利家・利長の実像に迫るうえで障害になるのではないか、というのが本書の立場である。この叢書「中世から近世へ」の一冊、平井上総《かずさ》『兵農分離はあったのか』（二〇一七年）にしたがえば、通説的な兵農分離論はもはや成り立たない。とすれば、理論のうえでは兵農分離の前提があって成り立つ石高制をめぐる言説も、これまで通りの捉え方では不充分の誹《そし》りをまぬがれまい。

従来の価値尺度が揺らいでいる。かといって、新たな理論を打ち立てるほどの準備はない。したがって、本書は基礎的事実関係の解明に努め、利家・利長の行動を通して、中世から近世への移行期がどのような時代であったのか、それを考える一つの材料を提供したい。

第二次世界大戦後、日本の近世史研究を長らくリードしたのは、社会経済史の研究者であった［朝尾二〇〇四など］。加賀藩研究もまた、若林喜三郎氏の大著『加賀藩農政史の研究』

上・下巻に代表される、土地制度・所有史や経済政策史を軸に展開された。そのため、地方史料の分析が飛躍的に進んだ一方、利家・利長をめぐる事実関係や政治的動向は、岩沢愿彦《よしひこ》氏の人物評伝『前田利家』〔岩沢一九八八〕をほとんど唯一の例外として、（このあと述べる）戦前までに構築された理解が、それほど議論されることもなく、ひどい場合には、ほぼそのままの格好で受容されてきた。第一章や第四章で取り上げる偽文書《ぎもんじょ》などは、関連史料を集めて、少し頭をひねれば、とっくにその素性があばかれていたはずである。

一つだけ具体例を挙げておこう。太閤《たいこう》（関白《かんぱく》を退いた者の称号）秀吉が新たな政権の本拠地として、伏見城《ふしみ》（京都市伏見区）とその城下の整備を進めていた文禄《ぶんろく》二年（一五九三）冬のこと。十一月一日、秀吉は諸大名に対して早急の屋敷普請を命じた（「兼見卿記《かねみきょうき》」）。翌年正月には、伏見城下の惣構堀《そうがまえぼり》の普請を諸大名に発令した（上杉家文書など、〔大西二〇一八a〕）。当時国許《くにもと》にいた利家は、十一月十七日、家臣鶴見彦介《つるみひこすけ》に宛てて普請の指示をことこまかに行った（「松雲公採集遺編類纂《しょううんこうさいしゅういへんるいさん》」）。「何様馳走《なにさまちそう》せしめ、年内中出来候《しゅったいそうろうよう》様に申し付くべく候事（とにかく尽力して、年内に普請が完了するよう指示するように）」「片時も急ぎ申し付くべく候（寸暇を惜しんで普請を急ぐように）」など、利家がしきりに普請を急がせたのは、秀吉の命令を踏まえたからであろう。

問題はこの利家の行動である。鶴見宛の印判状《いんばんじょう》には年次《ねんじ》がない（無年紀文書《むねんきもんじょ》）。筆者はそこで右の通り、文禄二年（一五九三）にあてはめた。

印判状には「来月はやがて上洛すべく候（来月早々に上洛する）」とあるから、十一月十七日時点では国許にいたらしい。そこで他の史料をあたると、文禄二年冬から翌春まで、確かに利家は上方を離れていた。関白豊臣秀次《ひでつぐ》（秀吉の姉瑞龍院日秀《ずいりゅういんにっしゅう》の長男。秀吉の甥）の側近駒井《こまい》重勝《しげかつ》の日記「駒井日記」閏《うるう》九月三十日条をみると、十月の禁中御能《きんちゅうおのう》（禁裏《きんり》での能）が終わり次第、利家のほか徳川家康・蒲生《がもう》氏郷《うじさと》が帰国するとある（「家康・羽筑・忠三、下国たるべきよし」）。ただし、十月十二日に聚楽第《じゅらくてい》に出仕《しゅっし》、同月二十九日にも聚楽第に赴いて能を見物しているので（「鹿苑日録《ろくおんにちろく》」）、帰国はこのあとのことである（比較的信頼できる伝承は帰国を十一月とする。「利家公御代之覚書《としいえこうおんだいのおぼえがき》」）。

さらに利家の在国《ざいこく》時に出される年貢算用状（［高澤二〇一七］、第二章参照）が、十二月二十七日（「能登国文書」）・翌年正月二十八日（七尾市八幡区有文書）の日付で二例確認できるから、十月二十九日以降、翌年正月末までの在国が推測できる。また、印判状でとにかく普請を急がせているのは、右にみた秀吉の命令と符合する。

印判状では翌月の上洛が述べられていたが、あくまでも予定である。在国が思いがけず長引いた、とみればいい。後年、帰国を予定しながら（おそらく閏七月に発生した大地震のため）上方《かみがた》を離れられなくなった文禄五年（一五九六）の事例もある（「松雲公採集遺編類纂」ほか）。

以上の理由から、筆者はこの印判状を文禄二年(一五九三)のものとみる。

ところが、この印判状は従来、なぜか文禄三年(一五九四)に比定されてきた。戦前の『加賀藩史料』第一編(後述)以来、岩沢愿彦氏から尾下成敏氏にいたるまで、とくに疑われた形跡もない[岩沢一九八八、尾下二〇一六]。

根拠は不明である。しかも文禄三年(一五九四)冬には利家帰国の形跡がない。この年の利家は、十月二十八日、秀吉による上杉景勝《うえすぎかげかつ》邸への式正御成《しきしょうおなり》(正式の、儀礼に則った御成)に随行し、十二月十八日には京都聚楽第の関白秀次のもとに伺候している(「上杉邸御成帳」「鹿苑日録」)。

この間に利家が帰国したことを示す史料はない。むしろ十月~十二月の間、利家は上方にいた、と考えるのが自然である。印判状は上方から離れた場所、おそらく国許から出されたわけだから、それを文禄三年とみるためには、利家が十月末から十二月中旬という、ひと月半の短期間のうちに帰国し、さらに上洛した、と考える必要がある。誰がどうみても、従来説には無理がある。

屋敷普請に関する十一月十七日付の利家印判状は、筆者の考え通り、文禄二年にあてはめたほうが適切であろう。

以上は、ほんの一例である。通説の背景には、こうした誤認が少なからず紛れこんでいるといっていい。

基本的な事実関係の多くが再検証を待っている。本書では、通説をなぞるのではなく、利家・利長がいつ、何を考え、行動したのか、その紆余曲折の軌跡を、きちんと各種の史料によりながら追いかける。

史料の乏しさと残り方のいびつさ

二点目の問題は、史料の乏しさ、そして史料の残り方のいびつさである。その第一の理由は、利家・利長とその子孫の本拠地、加賀国金沢を襲った火災にあるだろう。

金沢城《かなざわ》（石川県金沢市）の火災事例を整理すると、天正十三年（一五八五）頃の城内への落雷を手始めに、慶長七年（一六〇二）十月にも天守に落雷、元和《げんな》六年（一六二〇）十一月には本丸御殿など城内が広く焼け、寛永《かんえい》八年（一六三一）四月には大火によって城内建造物のほとんどが被災、その後、宝暦《ほうれき》九年（一七五九）四月、文化《ぶんか》五年（一八〇八）正月と大火災に見舞われている。数多くの史料が焼失したことは想像にかたくない。

「藩祖」利家・「二代藩主」利長の関連史料もその例外ではなかった。たとえば、利家の権《ごん》大納言《だいなごん》・利長の権中納言叙任《ごんちゅうなごんじょにん》の口宣案《くぜんあん》（官位《かんい》叙任の伝達に用いる文書）は、加賀藩においては彼らの顕彰はもとより、ひいては大名前田家の高い家格を証拠づける最重要史料である。ところが、その口宣案が、もとは前田家に存在したとしても、徳川幕府が諸大名から集めた系譜類をもって「寛永諸家系図伝《かんえいしょかけいずでん》」を編纂していた寛永十八〜二十年（一六四一〜四三）頃にはすでに失われていたらしい。「寛永諸家系図伝」をみると、利家は権中納言を飛び越して権大納言に昇ったと明らかな事実誤認をおかしているし（「中納言を経ずして、慶長二年三月十一日、大納言に任じ……」）、慶長七年（一六〇二）十月の落雷時に、前田家の家宝はもとより家譜もことごとく焼失してしまったと記されている（「慶長七年十月　晦《つごもりのよるい》　夜亥のとき、雷震して加州金沢の城殿主回禄《てんしゆかいろく》の時、蔵《おさむる》ところの家譜・宝器等悉《ことごと》くやきうしなへり」）。

史料不足の理由は、火災による焼失以外にもある。史料の保管にあたって加賀藩はどうやら政治的な取捨選択を行ったらしい。

当然といえば当然である。年月とともに蓄積して膨大な量になってゆく各種史料は、加賀藩前田家にとって重要かどうか、藩政をとるに際して必要かどうか、といった基準のもと、不要なものは随時廃棄するなり処分していたにちがいない。

実用的な書類の分別である後者はともかく、前者の史料整理には要注意である。幕藩体制下における加賀藩前田家にとって、有害かどうか、という基準のもと、特定の史料を意図的に排除していた可能性が考えられるからである。

たとえば、宇喜多秀家の関連史料をみてみよう。秀家は利家の娘婿、利長の義弟である。利家・利長とも公私にわたるさまざまな交流があったにちがいない。ところが、秀家から利家へ、あるいは利家から秀家への書状類は、原本・写本の別を問わず絶無である。利長の場合もほぼ同様ながら、こちらは一通だけ、利長に宛てた秀家と毛利《もうり》輝元《てるもと》との連署状《れんしょじょう》が確認できる。

その一通は関ヶ原合戦のきっかけとなった、石田《いしだ》三成《みつなり》らの挙兵《きょへい》時、利長をその陣営＝「西軍」に誘った連署状である。利長はこの誘いを断り、いわゆる「東軍」についた結果、戦後、徳川家康から加増をうけて加越能三か国、およそ百二十万石の大名になった。

それから、利長が家康と紛争した慶長四年（一五九九）秋から翌年夏にいたる期間の確たる史料はどうだろうか。これも加賀藩前田家の内部、すなわち現在の前田《まえだ》育徳会《いくとくかい》尊経閣文庫《そんけいかくぶんこ》、および多くの藩政史料を同文庫から引き継いだ金沢市立玉川《たまがわ》図書館加越能文庫《かえつのうぶんこ》（以下、加越能文庫と表記）には、皆無といっていい（明治時代以後、収集されたものは除く）。筆者は、利長の発給文書《はっきゅうもんじょ》を一六〇〇通ほど整理したが［大西二〇一六b・二〇一八a］、この時期の史料があまりにも乏しいことには驚くほかない。

家康との衝突に対し、利長は関係改善を図り、実母芳春院《ほうしゅんいん》（いわゆる「まつ」の名前で有名な利家の正室《せいしつ》。一五四七～一六一七）を人質として江戸に送るなどした結果、武力衝突は回避された。その反動であろうか、利長は以後、家康やその樹立した政権＝徳川幕府に対する絶対的な服従姿勢を死ぬまで守った。

そうした利長の変節を如実に物語るのが、家康に刃向った「謀反人」宇喜多秀家の関係史料、そして家康との対立を伝える史料の消滅ではないだろうか。

では、一通だけ残った秀家・輝元の連署状はなぜ見逃されたのか。答えは簡単、利長が秀家・輝元による「西軍」への勧誘を断ったからである。断った事実はすなわち、「東軍」家康への忠誠を示すことにほかならない。その証拠物件として、秀家・輝元の連署状は加賀藩前田家に意図的に残されたのではないだろうか。

似たような例がある。大坂《おおさか》の陣直前、大坂城（大阪市中央区）に籠った大野治長《はるなが》から、味方に誘う書状が利長に対して送られた。写本《しゃほん》しか残されていないが、大野の書状もなぜか伝わった。利長がその誘いを断り、徳川幕府への忠誠を守ったからである。

加賀藩前田家が過去の史料をどのように取り扱っていたのか、その姿勢は以上の事実が雄弁に物語っている。幕藩体制下、加賀藩前田家にとって有害な史料は、おそらく処分され、逆に家康や幕府への忠誠を示す史料は、たとえ「謀反人」宇喜多秀家の関係史料であっても残された。さらにいえば、前田家の権威づけのために史料の捏造さえ行われた形跡がある（第一章・第四章）。

利家・利長をめぐる通説は、こうした史料的制約のなかで形成されてきた。だが、史料の乏しさや残り方のいびつさは、右の通り説明できるとして、では通説をどのように評価・批判すべきなのだろうか。

答えはそう難しくない。次節で触れる『加賀藩史料』など、加賀藩前田家の関係史料だけではなく、全国的視野に立って確かな史料を収集し、史料の内容をしっかりと吟味して、利家・利長の動向を復元することである。

幸い利家・利長には「大老」という国政上の立場もあったから、彼らの子孫に比べ、全国各地に（そう多くはないが）史料が残されている。

また、編纂史料《へんさんしりょう》の場合は、往々にして「藩祖」利家や「二代藩主」利長への顕彰が意識される場合がある。よって、やたらと称賛的な記事や、弁護的な内容については、できるだけ注意を払って、それがどこまで事実を含むのかを、同時代史料との突き合わせなどを通じて見極めたい。

以上は当然すぎる作業だが、こうした地道な検証を明らかに怠《おこた》ったような理解が、利家・利長に関する通説には少なくない（第五章など）。

『加賀藩史料』など刊本の危うさ

三点目は、『加賀藩史料』『加能古文書《かのうこもんじょ》』といった浩瀚《こうかん》な史料集の存在である。従来の研究の多くは、そうした刊本に依拠するかたちで行われてきた。

そもそも加賀藩および前田家関係の史料収集や歴史書編纂は、最後の藩主前田慶寧《よしやす》（一八三〇〜七四）が、明治二年（一八六九）に金沢に設けた家禄方《かろくがた》によって着手され、慶寧の遺志を継いだ息子利嗣《としつぐ》（一八五八〜一九〇〇）が、明治十六年（一八八三）に東京の本郷邸《ほんごうてい》内に設けた編輯方《へんしゆうかた》（前田家編輯方）によって継続・推進された〔菊池二〇一六〕。昭和四年（一九二九）に第一編が刊行された編年史料集『加賀藩史料』は、その成果の最たるものであろう（本編十五巻、編外一巻、藩末編二巻）。

家禄方に在籍した森田柿園《しえん》（一八二三〜一九〇八）や、編輯方に関係した日置謙《へきけん》（一八七三〜一九四六）らの著述も、旧藩主前田家の事業がその下支えにあった。森田が編纂した「加《か》藩国初遺文《はんこくしよいぶん》」（一八八八年）や「松雲公採集遺編類纂」（明治年間）などの古文書集、「金沢古《こ》蹟志《せきし》」（一八九一年）といった地誌、そして『加賀藩史料』を編集した日置による『石川県史』第二編や郷土史辞典『加能郷土辞彙《かのうきようどじい》』、古文書集『加能古文書』などは、現在もなお一般の歴史愛好者から研究者にいたるまで、このうえなく重宝されているのではなかろうか。

こうした戦前の成果が、加賀藩研究の推進に大きく寄与したことは事実であろう。しかし一方で、編纂・公刊から長い年月を経るなかで、その限界が指摘されるようになった。

たとえば、大野充彦《みつひこ》氏は『加能古文書』の問題を、次のように指摘した［大野二〇一六］。

一、文書の署判《しょはん》部分がすべて「在判」「在印」である
　→正文（原文書）か写本かの判断ができない
二、文書形式が損なわれている
　→年号の書き方や、宛先の位置が違ったり、省略された部分がある

大野氏はそこで、『加能古文書』からの無批判な引用は避け、正文と比較検討することの必要性を訴えた。従うべき意見であろう。

『加賀藩史料』についても同様の問題が指摘できる。慶長十年（一六〇五）までの各種史料を年代順に集成した『加賀藩史料』第一編の存在は、利家・利長の時代を考えるうえでは避けては通れない。利家・利長そして利常にいたる前田家三代の事績を詳しく物語る「三壺《みつぼ》聞書《ききがき》」（十七世紀末の成立。あまり信頼性は高くない）や、加越能三か国の地理・歴史を加賀藩

士富田《とだ》景周《かげちか》（一七四六〜一八二八）がまとめた大著「越登賀《えつとが》三州志《さんしゅうし》」、例の森田柿園が収集・筆写した古文書・古記録といった厖大な関係史料が適宜引用してあって、使い勝手は確かにいい。

だが、問題が多いのも事実である。木越隆三氏は『加賀藩史料』に対して「元禄以前の巻については、著作物・旧記・聞書・稗史などの二次史料が数多く引用されており、それらの書誌に精通していないと禍根を残す」「無年記文書の年記比定にミスが目立つ」（二三頁）などと述べて、この史料集への過信を戒めている［木越ほか二〇一五］。

なぜ『加賀藩史料』に依存できないのか。『加能古文書』に対する大野氏の視角とは別に、一つ具体例を挙げて、その問題をあぶり出しておきたい。

取り上げる史料は、利家に近侍した村井長明《ながあき》（勘十郎《かんじゅうろう》。重頼《しげより》とも。一五八二〜一六四四）という人物が書き残した覚書「利家公御代之覚書」である。利家の有力家臣村井長頼《ながより》（又兵《またびょう》衛《え》・豊後守《ぶんごのかみ》）を父（養父とも）にもった村井は、文禄四年（一五九五）正月に召し出され、利家最期の時まで側近くにあった。この覚書は、幸い自筆原本が加越能文庫に残されている。

村井長明は利家の言動を直接見聞きした人物である。「利家公御代之覚書」は利家の行動や人柄をうかがうには好適な史料といっていい。江戸時代を通して多くの写本が作成され、さまざまな標題がつけられて、広く流布した。藩主前田綱紀《つなのり》（利家の曾孫。利家を「藩祖」に数えると「五代藩主」。一六四三〜一七二四）が命名した「陳善録《ちんぜんろく》」という標題をもつ写本のほか、「亜相公御夜話《あしょうこうおんやわ》」「利家記《としいえき》」「菅利家卿語話《かんとしいえきょうごわ》」「創業雑記《そうぎょうざつき》」といった別名を掲げる写本が知られている。それぞれ逸話の配列や語句に、若干の違いがある程度で、すべて同一の編纂史料である。ちなみに、「利家夜話《やわ》」「村井勘十郎物語」と題される写本は、これらの抄本（抜粋）である。このうち「亜相公御夜話」は、加賀藩士で兵学者の有沢永貞《ありさわながさだ》（一六三九〜一七一五）の写本をもとに全文が『御夜話集《おやわしゅう》』上編（石川県図書館協会、一九三三年）に翻刻（活字化）され、「利家夜話」も『改定史籍集覧《かいていしせきしゅうらん》』第十三冊（近藤活版所、一九〇二年）に同じく翻刻されている。

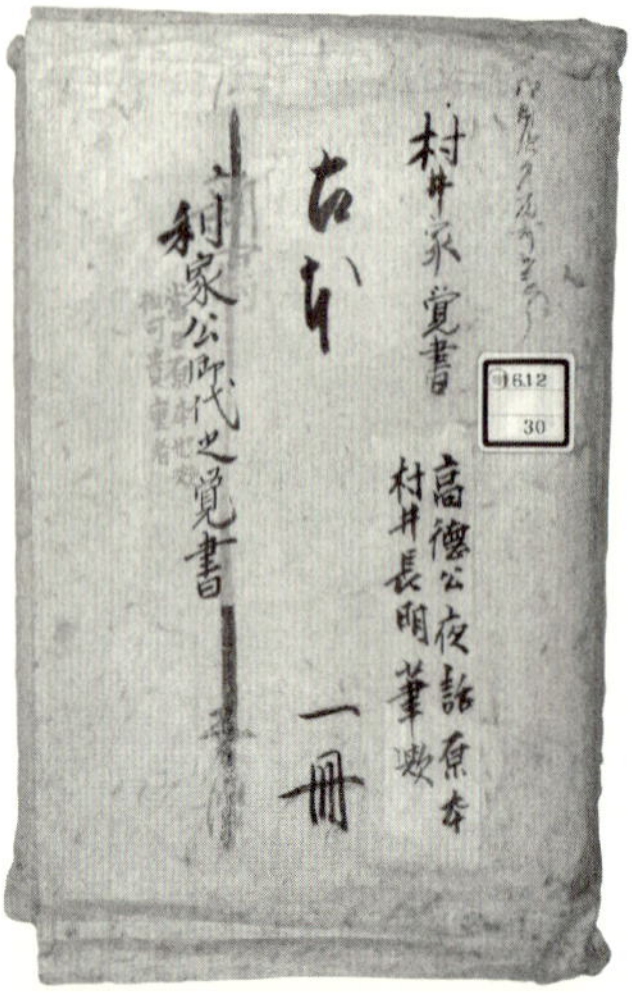

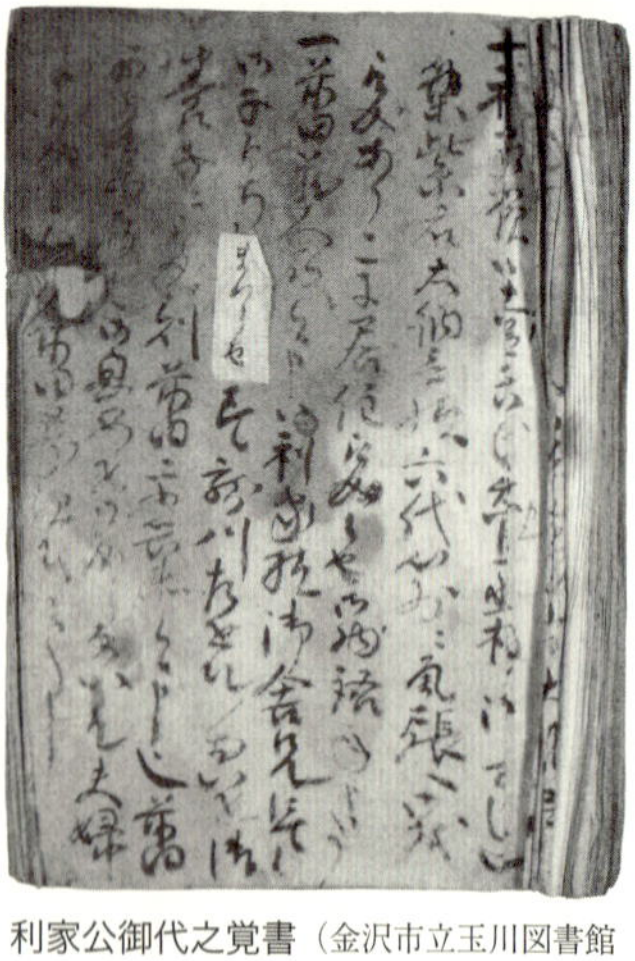

利家公御代之覚書（金沢市立玉川図書館蔵）

『加賀藩史料』も当然、この史料には注意を払って随所に引用するが、どうやら「利家公御代之覚書」とその写本との関係には無頓着だったらしい。標題の異なる写本を、すべて別々の史料として引用している。もとをたどれば一つの文献（「利家公御代之覚書」）であるにも関わらず、である。

試みに『加賀藩史料』第一編から、引用書目を集計してみた。すると「陳善録」一〇二か所、「菅利家卿語話」五九か所、「利家記」四三か所、「村井勘十郎物語」一か所が確認できる。さらに、この総計二〇五か所の引用史料を、逐一確認したところ（当然の結果だが）すべて「利家公御代之覚書」（全二八一項目）に存在する記事であった。

要するに、『加賀藩史料』第一編の編纂者＝日置謙は、「利家公御代之覚書」の各種写本の比較検討を怠り、「陳善録」「菅利家卿語話」「利家記」「村井勘十郎物語」がいずれも別名ながら、同一の史料であることを見抜けなかったらしい。

だから、「利家公御代之覚書」の一つの記事を、別々の写本から、別々の箇所に引用する、といった不可思議な引用が行われることになった。若き日の利家の逸話を、永禄《えいろく》二年（一五五九）六月条では「陳善録」から引き（三七頁）、慶長四年（一五九九）条では「利家記」から掲出する（六六五〜六六六頁）。ただ、日置謙もさすがに、この二つの記事が符合することには気づいたらしい。後者の引用箇所に「本文冒頭永禄二年六月の条に出せる陳善録の文に同じ」という注記（頭注）がある。ではなぜ、どちらかを省略するか、引用書目を統一しなかったのだろうか。なぜ数ある写本から「陳善録」と「利家記」を選んだのか、その意図もよくわからない。

この謎への回答はおそらく一つ。個々の記事レベルでは、同一の内容がある場合を多少は把握していたが、写本のすべてを見渡して、それらが同一の編纂史料から派生したことには気づいていなかったのである。

『加賀藩史料』の編纂者＝日置謙はつまり、「利家公御代之覚書」をめぐる書誌的な検討を怠った、と考えるほかない。

一つだけ、その弊害を挙げておこう。利家伝記の到達点とみられる岩沢愿彦『前田利家』がわかりやすい。岩沢氏は『加賀藩史料』のほか、同書が採用しなかった「利家公御代之覚書」の写本の一つ「亜相公御夜話」も参照したらしい。

そこで、岩沢愿彦『前田利家』の記述から、引用書目を集計してみた。すると、出典の注記として「亜相公御夜話」が七一か所、「陳善録」が二五か所、「菅利家卿語話」が五か所、「利家記」が二か所、「利家夜話」が一か所確認できた。ただし、いま指摘したように、これらは別々の史料ではなく、すべて出所が同じ＝同一の史料であるから、一〇四か所の注記は、どこをどう入れ換えても、まったく問題ない。おそらく『加賀藩史料』や活字本「亜相公御

〈表1〉「陳善録」と「利家公御代之覚書」対照表

『加賀藩史料』第1編43頁 永禄4年(1561)条「陳善録」	「利家公御代之覚書」(史料原文)
前田蔵人殿と申は、利家様御舎兄にて候云々。利家様御父は前田縫殿助様と申候由。御子七人御座候由。前田蔵人殿・五郎兵衛殿・利家様・十右衛門殿・高畠石見殿御うへ様・右近殿、此外御一人は若き御時御遠行被成候由承候云々。前田蔵人殿弐千貫の御家、今ほどは七千石計之御知行之由、大納言様も豊後も御申候事。	一、前田蔵人殿と申ハ、利家様御舎兄にて候、御子もち［(貼紙) まいらせ］す、滝川左近殿ノおいを御養子ニ被成、則前田宗兵衛と申也、前田五郎兵衛殿之御息女を御やしないニて、夫婦に被成候、［欠損］前田慶次殿之事、 一、利家様御［欠損］様ハ前田縫殿助様と申候由、御子七人御座候由、前田蔵人殿・五郎兵衛殿・利家様・十右衛門殿・高畠石見殿御うへ様・右近殿、此外御一人ハ御若キ御時御遠行被成候由承候、前田右近殿ハ加賀つはたノ城ニ、後ハ越中御手ニ入候て、きふねノ城ニ御座候由、其後大地しん、右近殿御遠行候て、御子息又次郎殿、今石動城ヲ御もち、四万石御取候、那古屋陳路次ゟ煩出、御帰候て病死也、大納言様御兄弟ノ内ニ、右近殿とは御中一入よく御座候由、つねに利家様御意被成候、年寄衆もかたり被申候事、 一、利家様十四ノ御年、信長公へ御奉公ニ御出候て、則其年八月御具足めしはしめ、御高名被成候由御意ニ御座候、十五ニ被為成候ゟハ、信長公御秘蔵ニて、一時も御はなれなく御奉公被成候由之事、 一、同十六ノ御年、信長公御舎弟勘十郎殿、後ハ武蔵殿と申候、御中あしく成、稲生合戦之時、武蔵殿人数三千計、信長公御人数方々へ参、又ハ俄ゆへ、七八百計にて御合戦之刻、武蔵殿御小性頭ニ宮井勘兵へと申者、弓をもちかけむかい、大納言様ヲ射申矢、大納言様右ノ御目ノ下ニあたり申候、則御鑓にて御つきふせ、首ヲ御取被成候、其御勢ヲ以テ、信長公御合戦御勝ニ成申候由、此儀ハ浅野又八郎殿ヲ御名を御付候て、則御具足きせまいらせられ候時、浅野弾正殿・同左京大夫殿此儀を承度由御所望にて、右之御物語被成候、 一、前田蔵人殿弐千貫ノ御家、今ほとハ七千石計之御知行之由、大納言様も豊後も御申候事、

＊下線部は相違点（『加賀藩史料』への掲載に際して省略された箇所）を示している

夜話」を適宜参照しながら岩沢氏はこの伝記を執筆したのであろう。原史料をきちんと比較検証せず、活字本からの孫引きで済ませたため、『加賀藩史料』における混乱がそのまま『前田利家』の出典注記にも反映されてしまった、というわけである。手堅い実証研究というべき岩沢愿彦『前田利家』ですらこの有様であるから、ほかは推して知るべしであろう。

『加賀藩史料』に話を戻す。このような書目の混乱に加えて、史料の引用がはなはだ恣意的という問題もある。引き続き「利家公御代之覚書」を例に、前頁の〈表1〉に『加賀藩史料』第一編の永禄四年(一五六一)条が引用する「陳善録」と、「利家公御代之覚書」のもとの記事との比較をまとめてみた。一目瞭然であるが、『加賀藩史料』は「利家公御代之覚書」の下線部の記事を、大胆に省略して、削った部分には「云々」の語をあてている(波線部)。一つの記事からの抜粋ならともかく、五か条にわたる記載を、何の断りもなしに〈表1〉のように整理されては、とくに筆者のような研究者にとってはたまらない。史料引用の手法としては、きわめて乱暴というほかない。

『加賀藩史料』に依存してはならない、という指摘はつまり、こうした考証のずさんさや、不適切な引用に惑わされるな、という警告なのである。

だから、本書では『加賀藩史料』をはじめとする刊本史料の内容を頭に叩き込んだうえで、できるだけ史料の原本や、刊本史料が見落としたり、新たに発見された史料にも視野を広げて、利家・利長の動向を考えてゆくことにしたい。

本書で明らかにすること

以上、三つの問題点とその対応について語ってきた。残り一つの問題は、本書の最後に触れるはずである。

利家・利長の実像がいま一つ明らかでないのは、こうした問題が複雑にからみあっていたからである。そこで本書では、先入観に囚われず、残された史料に幅広く目を通して吟味を加え、先人の業績は押さえたうえで、批判的にこれを活用し、いくつかのポイントに絞って、利家・利長の足跡を再構築したい。

そこでまず、利家の大名取り立てという本書の出発点にいたる、彼らの経歴を簡単に押さえておこう。

前田利家は尾張《おわり》国愛智《あいち》郡荒子《あらこ》（愛知県名古屋市中川区）の小領主、前田利昌《としまさ》（縫殿助《ぬいどのすけ》。利春《としはる》とも）の四男として生まれた。生年は羽柴《はしば》＝豊臣秀吉と同じ天文《てんぶん》六年（一五三七）である［岩沢一九八八］。通称は又左衛門尉《またざえもんのじょう》。織田信長《おだのぶなが》に仕えたのは伝承によれば天文二十年（一五五一）。信長の赤母衣衆《あかほろしゅう》として各地を転戦するなか、とくに認められて、永禄十二年（一五六九)、長兄利久《としひさ》(蔵人《くろうど》)から前田家の家督《かとく》を引き継いだという。その後、天正三年(一五七五)九月、越前一国を預けられた柴田勝家《しばたかついえ》への目付として越前国府中《えちぜんふちゅう》(福井県越前市)に移る。府中では、佐々成政《さっさなりまさ》・不破光治《ふわみつはる》と十万石の領知《りょうち》を三分割して与えられた(利家の所領は三万三千石という)。そして信長から能登一国を拝領したのが天正九年(一五八一)八月のことである。

利家の嫡男利長は、永禄五年(一五六二)に生まれた。母は芳春院。通称は孫四郎《まごしろう》。利家と同じく若い頃の動向はよくわからない。実名は当初「利勝《としかつ》」だったが、煩雑なので本書では利長に統一する。利家が能登一国を与えられると、越前国府中に領知を得たという。利家同様、柴田勝家の指揮下にあったらしい。この頃、信長の娘(玉泉院《ぎょくせんいん》)を娶《めと》ったというが、詳しい年代は不明である。

不確かな部分も多いが、以上をうけて本書は次のような構成をとる。第一章では、天正十一年(一五八三)の賤ヶ岳《しずがたけ》の合戦から、同十三年(一五八五)の秀吉による越中平定にいたる利家の動向を取り上げる。また、秀吉が「羽柴筑前守」の名乗りを利家に許した自筆書状といわれる史料が、利家・利長の権威づけのために偽作されたものであることを実証する。

第二章では、在地秩序を重視しながら組み立てられた、利家による領国支配の仕組みや、利家・利長による家臣団編成の特徴を考える。

第三章では、豊臣政権における前田利家の立場や位置づけがどのように変化していったのか、利家が豊臣「大老」にのぼりつめるまでの軌跡を追う。

第四章では、利家が利長に与えた遺言状を取り上げ、この著名な史料もまた、利家顕彰のために捏造されたとする私見を述べる。

第五章では、秀吉の最晩年、豊臣政権のなかで準「大老」の立場を得た利長が、さらに利家の死の間際、「大老」に格上げされるまでの姿を紹介する。

第六章では、利家の死後、徳川家康から利長が謀反の嫌疑をかけられ、「加賀征伐」が計画されたとの俗説を、確かな史料によって否定し、事実関係を明らかにする。あわせて、関ヶ原合戦を経て、支配領域の石高が百万石を超え、いわゆる「加賀百万石」の条件が整うまでの利長の動静をまとめた。

なお本書は、利家・利長の言動をあますことなく詳述、解説するというスタイルはとらない。そのような伝記であれば、さきの岩沢愿彦『前田利家』や見瀬和雄『前田利長』が存在するし、尾下成敏「前田利家の居所と行動」を参照されれば、利家のその時々の所在地も逐一わかる。

だから、彼らの網羅的な追跡や通説の紹介は、こうした文献に譲ることにする。本書で考えたいのは、通説に語られる利家・利長をめぐる重要事項のいくつかを、事実関係の解明から批判することにある。筆者なりの異議申し立てを通じて、何かしら新しい彼らの像と、彼らの試行錯誤から、中世から近世へと移り変わる変革期の時代像を読者のなかに結んでいただければ幸いである。

第一章　豊臣秀吉書状の偽作

——利家伝説の虚実①

賤ヶ岳合戦での利家をめぐる〝噂〟

前田利家の近習《きんじゅう》村井長明は、賤ヶ岳の合戦に臨んだ利家の行動が「無本《むほん》（謀反）」とみなされていることに対し、「合点もゆかぬ（納得できない）」「おかしく候」と異を唱えている（「村井重頼覚書《おぼえがき》」）。

のちの加賀藩、大名前田家は、いくつかの段階を踏んで、加越能三か国に支配領域を形成した。一つ目の画期は、いうまでもなく天正九年（一五八一）八月の能登一国の拝領で、二つ目は天正十一年（一五八三）四月の賤ヶ岳の合戦である。賤ヶ岳の戦後ほどなく、利家は加賀国の北二郡（河北《かほく》郡・石川《いしかわ》郡）を支配地に加えた。三つ目は天正十三年（一五八五）閏八月、羽柴秀吉の北国平定にともない、越中国の西三郡の領有権を得たこと、最後の四つ目は、関ヶ原戦後、加賀国の南二郡（能美《のみ》郡・江沼《えぬま》郡）の加増である。

二つ目に挙げた賤ヶ岳の合戦は、利家・利長親子にとっては負け戦であった。なぜ、敗北を経験しながら、支配領域を拡大できたのか。この不可解さは、近世初頭から疑問に思われていたらしい。じつは賤ヶ岳の合戦で、利家が柴田勝家を裏切ったから、恩賞にありつけた、という理解があったことを、村井長明の憤りは物語っている。

村井は謀反ではないという。史実はどうだったのか。

織田信長の死後、清須《きよす》会議を経て、信長の後継者にその嫡孫三法師《さんぼうし》（信長嫡男信忠《のぶただ》の子。のちの秀信《ひでのぶ》）、次いで次男の信雄《のぶかつ》を担いだ羽柴秀吉と、信長の三男信孝《のぶたか》をいただく柴田勝家との対立は、日を追って緊張の度合いを強めていった。両者のあいだで戦端が開かれたのは、本能寺の変からわずか半年、天正十年（一五八二）十二月のことであった。天正三年（一五七五）以来、柴田勝家の指揮下に編成されていた利家・利長親子は、成り行き上、柴田陣営にあってこの対戦を迎えた。

前田利家像（写真提供：石川県立美術館）

ただ、賤ヶ岳の合戦にからむ利家・利長の動向は、まことに不明瞭である。

三月十六日、家臣富田景政《かげまさ》宛の利家書状（富田文書）によれば、柴田方の利家は三月七日に近江国余呉《おうみよご》・木之本《きのもと》（滋賀県長浜市）に出兵して放火、同月十日にも出陣して「川切に（川に沿ってヵ）」ことごとく放火、その後は近江国柳瀬《やながせ》（滋賀県長浜市）に陣を据え様子をみていたという。三月十

豊臣秀吉像（高台寺蔵）

六日時点では、近江国椿坂《つばきざか》（滋賀県長浜市）に在陣している。賤ヶ岳の合戦はそれからおよそ一か月後、その間の利家の動向はよくわからない。

四月二十日、「江州北郡」において合戦あり（「兼見卿記」「多《た》聞院《もんいん》日記」）。秀吉方の中川清秀《きよひで》（瀬《せ》兵衛《びょうえ》）が討死《うちじに》、そのまま翌二十一日にも両者は交戦、北国《ほっこく》街道《かいどう》の要衝柳瀬にて柴田方は総崩れになった。秀吉の書状によれば、柴田方の軍勢約三万のうち、五千あまりを討ち取ったという（小早川家文書・毛利家文書）。

同時代史料に恵まれないが、前後の形勢からみて、利家もまた敗軍の将として勝家以下の諸将と同じく、越前国へ撤退したのであろう。四月二十一日の交戦が、いわゆる賤ヶ岳の合戦である。

四月二十二日、秀吉は越前国に兵を進め、府中城《ふちゅう》（福井県越前市）を攻略する（毛利家文書）。編纂史料「賤嶽《しずがたけ》合戦記」によれば、この時、府中城にあった利家は息子利長とともに秀吉に降《くだ》ったという。「利家公御代之覚書」も、秀吉が府中城に鉄炮を撃ちかけ、城内からも応戦したが、秀吉は講和のため堀秀政《ほりひでまさ》を派遣し、「それより無事に成り」、つまり和睦が整ったらしい。利家は人質として自身の三女を差し出し、以後、秀吉陣営に加わったらしい。この娘がのちに秀吉の側室になる加賀殿《かがどの》である。

四月二十四日、秀吉は柴田勝家を北庄《きたのしょう》城（福井県福井市）において攻め滅ぼした。翌日には加賀国に進出、「賀州・能登・越中」を制圧したと備前国岡山（岡山県岡山市）の宇喜多秀家に報《しら》せている（小早川家文書）。

利家もともに加賀国へ進んだ。四月二十五日、小松《こまつ》城（石川県小松市）を開城させ、これを堀秀政に渡す（富田文書）。同二十六日、宮腰《みやのこし》（石川県金沢市）着陣。この日、落城の様子とみえた金沢城から開城の申し出が来た。利家の金沢入城はおそらくこの日か、その翌日と考えられている［七尾市二〇〇二］。同二十七日には、富田景政に「羽筑《（羽柴秀吉）》我等へ一段入魂《じっこん》に候（秀吉は当方に一段と懇意である）」と書き送った（富田文書）。

四月二十八日、柴田方の佐久間《さくま》盛政《もりまさ》から奪った金沢城に、秀吉が入城して佐々成政と対面、しばらく滞在する。越前国北庄まで引き揚げた五月三日、秀吉は「北国の儀ことごとく平均に申し付け候（北国はすべて平定した）」（小川文書）と述べているから、北国平定はおそらく金沢城で行われた戦後処理において決着したらしい。明確な史料はないが、以後の事実関係からみて、越中国を富山城《とやま》（富山県富山市）の佐々成政に安堵《あんど》、利家に加賀国の北二郡を加増したのはこの時以外には考えがたい。越前国と加賀国南二郡は秀吉陣営の丹羽長秀《にわながひで》に与えられた。

以上、賤ヶ岳の勝利にはじまる秀吉の北国平定戦を眺めたが、柴田方から秀吉方に転じた利家が、賤ヶ岳の敗戦からわずか数日で秀吉と「一段入魂」との立場を得て、加賀国北二郡を新たに与えられた理由は、いまひとつはっきりしない。北庄城攻めでも金沢城の明け渡しにおいても、秀吉陣営にあって粛々と行動したのであろうが、とくに目立った手柄を挙げたようでもない。領知の安堵にとどまった佐々成政と、支配領域を広げた利家との間には、どのような差があったのだろうか。成政はともかく、秀吉はなぜこの投降者に対して、このように寛大であったのか。

そこで立てられたのが利家謀反、あるいは利家内通の噂であったらしい。賤ヶ岳の合戦で利家が寝返ったから、秀吉の北国平定はスムーズに進行した。その恩賞が加賀国北二郡であったという理解である。「当代記《とうだいき》」によれば、賤ヶ岳の合戦を描いて、「丹場五郎左衛門（丹羽長秀）・前田又左衛門（利家）秀吉に属し、柴田備え〈手を出すの間、すなわち敗北す（丹羽長秀・前田利家が秀吉に味方して柴田方の備えへ攻めかかったので、柴田方が敗北した）」という。だが、岩沢愿彦氏の指摘通り、この噂は「史料的に確定できない」（[岩沢一九八八]一〇八頁）。謀反とか内通といった仮説は、史料の裏づけを欠くのである。

だから、村井長明は反論した。賤ヶ岳の合戦では「小塚藤右衛門《とうえもん》・木村三蔵《さんぞう》・富田与五郎《よごろう》、そのほか五六人れき〳〵《（歴々）》」が戦死している。利家の家臣篠原一孝《しのはらかつたか》や村井長頼（長明の父）も秀吉方と戦って首を取った。戦場を逃れる柴田勝家を討ち取って秀吉への忠節を示せばどうか、という家臣大井九兵衛の進言を、利家は斥《しりぞ》けた。戦場にとどまる利家に、勝家は手をあわせておがみ、北庄へ逃れていったという（「村井重頼覚書」）。勝家を助けた逸話はともかく、横山長隆《ながたか》（長知《ながちか》の父）など、利家が多くの家臣をこの敗戦で失ったことは確かである。利家の内通が事実なら、秀吉の追撃に手心が加えられてもよさそうだが、そういう気配はまったくない。謀反・内通説はしたがって想像の域を出ない。

加賀国北二郡加増の背景

なぜ利家は加賀国北二郡を加増されたのか。利家と秀吉とが従来から親しく、のちに秀吉が「おさなともだち」（浅野家文書）と表現するような間柄であったから、と説明すればしっくりくる。しかし秀吉との親密さだけでは、この戦後処理を理解しきれない。

岩沢愿彦氏は、秀吉の北陸支配構想からこの加増を説明する［岩沢一九八八］。越前国以北を、「織田氏の姻族という特別の立場」（一〇七頁）があった丹羽・前田両家をもって固める、という秀吉の意志によるという。丹羽長秀の息子長重《ながしげ》、利家の息子利長は、ともに織田信長の娘婿であった。

そもそも賤ヶ岳の合戦は、信長の跡目争いに端を発している。とすれば、「織田氏の親族を一人でも多く傘下に収めた方が有利」（一〇七頁）と岩沢氏は考えた。事実、利長のほか蒲生氏郷・筒井《つつい》定次《さだつぐ》・丹羽長重・中川秀政《ひでまさ》という当時存命の信長の娘婿五人のうち、利長以外はすべて秀吉陣営にあった。だから、信長の姻族たる利家を手厚く遇することで、信長の跡目争いをより有利に、かつ安定的に進めようとした、という見立てである。

岩沢説は魅力的であるうえ、説得力に富む。筆者も同意見であるが、ここに若干の私見を付け加えてもよいのではないか。

筆者は、利家の四女で、秀吉の養女となった豪《ごう》（南《みなみ》の御方《おかた》・樹正院《じゆしょういん》）の存在に着目する。彼女がこれ以前、すでに秀吉のもとにあったことは明瞭な事実である。信長の生前、「おと丶」（父）と署名し、「五《ご》もじ」という女性をすぐにでも播磨《はりま》国姫路《ひめじ》（兵庫県姫路市）に呼び寄せると述べた秀吉の書状が残されている（石原重臣氏所蔵文書）。秀吉が姫路城を西国経略の拠点に据えた天正五年（一五七七）から同十年頃の書状とみられるが、この時期に「おと丶」を名乗る秀吉が「五もじ」と呼ぶ相手は、豪以外には考えられない。

彼女がいつ秀吉の養女に迎えられたのかは不明だが、備前国および加賀国周辺という離れた二地点に残される、比較的成立年代の早い編纂史料はそろって、天正十年（一五八二）六月、備中《びっちゅう》国高松《たかまつ》城（岡山県岡山市）の水攻め終結後、彼女と備前国岡山城主宇喜多秀家との縁組《えんぐみ》が成立したという（「浦上宇喜多《うらがみうきた》両家記《りょうけのき》」「政春古兵談《まさはるこへいだん》」）。本能寺の変後、高松城の包囲戦を城主清水宗治《むねはる》の切腹をもって終結にみちびき、明智光秀《あけちみつひで》を討つべく「中国大返し」を行う途上、秀吉から宇喜多方にもちかけられたらしい。

この伝承はおそらく虚構ではない。むしろ史実に近いのだろう。では、なぜ秀吉はこの養女を秀家に嫁がせることにしたのか。

賤ヶ岳の合戦から北国平定にいたる時期の秀吉は、その勢力範囲の西端に位置する宇喜多家領国には、黒田孝高《よしたか》・蜂須賀正勝《はちすかまさかつ》の二人を残して、安芸《あき》国を本拠に山陽・山陰を押さえる毛利輝元との国境画定（国分《くにわけ》）交渉を行わせ、秀家にも戦況を報せるなど、絶えず注意を払っていた。当時、秀吉の指揮下にある大名・領主のうち、（その擁立するところの織田信雄を除いて）最大の勢力は備前・美作《みまさか》二か国と備中国の一部を押さえる宇喜多秀家であった。

この事実を踏まえると、以後、秀吉の天下統一事業に協力した秀家に報《むく》いるという要素もあるが、豪の縁組は、そもそも秀家をみずからの陣営につなぎとめる、という目的が透けてみえる。

筆者のみるところ、この縁組は毛利輝元への牽制でもあった。賤ヶ岳の合戦を控えて、柴田勝家は輝元に宛てて「火急《かきゆう》に御出勢《ごしゆつせい》あり、御行肝心《てだて》に候（急いで出兵され軍事行動を起こすことが肝要である）」（徳山毛利文書）とその出兵を催促していた。勝家は輝元をも巻き込んで勝機をうかがったのである。

毛利・宇喜多間は天正七〜十年（一五七九〜八二）にかけて戦闘状態にあった。形勢が宇喜多方の不利に傾いた天正十年（一五八二）四月にいたって、秀吉が出馬して態勢を立て直し、備中国高松城の和議に持ち込んだ経緯がある。

したがって、輝元が勝家に味方して出兵した場合、近江国から北陸に展開する秀吉の援軍が望めぬ宇喜多秀家がどう動くのか。戦局次第で秀家が寝返れば、秀吉の勢力圏が備中国から播磨国にまで一気に後退する恐れすらあった。

そのリスクへの備えが、豪と秀家との縁組であったとみたい。とすれば、豪の実父である利家のことを秀吉は疎略にできなかったのではないか。利家の取り立てには、秀吉による西国対策の影響が及んでいた、というのが私見である。

ここまでの内容を整理しよう。四月二十一日、賤ヶ岳の合戦に柴田勝家方として参戦した利家は、味方の敗北をうけて越前国府中まで撤退、翌二十二日に同地で羽柴秀吉に降伏する。以後その陣営に属して加賀国へ進み、同月末の同国平定にいたって、能登一国を安堵され、加賀国北二郡を加増された。それは、事前に利家が秀吉に内通していたからではなく、従来からの秀吉との友好関係に加え、信長の親族を取り立てるという秀吉の意向、そして西国、とりわけ毛利輝元への備えを意識したものであった。

その結果、利家には厚遇が待っていた。しかも、秀吉による迅速な北国平定の裏には、降伏後の利家による積極的な協力があったことも充分に想像できる。その点で平定戦が終わった四月二十八日に、富山城から金沢城にかけつけて秀吉に対面した佐々成政とは、尽力の度合いに大きな差が生まれたのであろう。それが成政よりも手厚い、利家への処遇に結びついた。

前田家礼賛に利用された末守合戦

利家はその後、本拠地を金沢城に移し、以後、明治維新にいたるまで前田家はこの城を中心に広大な領国を維持・支配した。しかし、賤ヶ岳の合戦にはじまる一連の流れは、ここであれこれと検討したように、ややこしい。事実関係やその背景をあぶり出すには手間がかかる。そのわかりにくさや不可解さが、利家謀反・内通説を生んだのであろう。

そうした非難を避けるため、加賀藩前田家は後世、賤ヶ岳の合戦ではなく、天正十二年（一五八四）九月十一日の末守《すえもり》（末森）合戦を喧伝することに努めたらしい。瀬戸薫氏の卓見である［瀬戸二〇〇一a・二〇〇七］。

江戸の太平の世に創出された「武士道」は、賤ヶ岳における利家の行動を「裏切り」と評した。この非難を避ける意図で、『絵本太閤記』は、「利家は病気と称して越前府中（越前市武生）に止まり、賤ヶ岳には行かなかった。利勝は柳瀬《やながせ》（滋賀県余呉町）まで出陣したものの、病気と偽り決戦前に府中へ戻っていた」という荒唐無稽な脚色を行い、佐久間盛政が撤兵の時機を見誤って敗因を作ったとしたのであろう。

前田家も、賤ヶ岳に向けられる人々の目を逸《そ》らすべく、末守合戦を事実以上に喧伝することに努めている。寡勢で大軍を撃退したことを、信長の桶狭間に擬えて、家臣たちに研究も奨励した。

（瀬戸薫「末守城等の文献について」一四頁）

確かに、秀吉陣営に反旗をひるがえして加賀国に進出し、能登国の末守城（石川県宝達志水町）を囲んだ佐々成政をあざやかに撃退したのは、加賀藩前田家にとって称賛すべき過去の栄光であった。

天正十二年三月から同年十一月におよんだ小牧・長久手の合戦は、全国の諸大名を、秀吉陣営と徳川家康・織田信雄陣営に二分した。

北陸でも、八月に越中国の佐々成政が家康・信雄に与《くみ》して挙兵、秀吉に味方した利家の領国に攻め入った。加賀・越中の国境を軸に以降、繰り返された小競り合いのなかで、九月十一日の末守合戦が起こる。佐々方の攻撃に、城将奥村永福《ながとみ》（助右衛門《すけえもん》・伊予守《いよのかみ》）らが防戦に努めたうえ、金沢城から救援に向かった利家がこれを打ち破った。上方にも「大合戦」「討死二千ばかり」との記録が残っているように（「貝塚御座所日記」）、当時から末守での勝利は利家や秀吉陣営によって大きく宣伝されていた（なお、当時はおもに「末守」と表記した。「末森」と書くのはおもに江戸時代以降のこと）。

ただ、末守での敗戦で成政が亡《ほろ》んだわけではない。末守合戦は地域紛争、一局地戦に過ぎない。利家の支配領域が広がったわけでもない。加賀国北二郡の加増・金沢城の獲得のほうが、どう考えても加賀藩前田家の成立にとって重要視されるべきであろう。

しかし、利家寝返りの風説が「当代記」、謀反という非難が「村井重頼覚書」にみえるように、江戸時代初期の段階で、すでに賤ヶ岳の合戦を不名誉な歴史と捉える雰囲気が、前田家の周辺には漂っていた。そのため瀬戸氏の見立て通り、賤ヶ岳の合戦よりも、軍記物「末森記」などによって末守合戦が、さまざまな逸話とともに広く流布したようである。

前田家は、末守合戦をことさらに宣伝することに加え、さらに一つの偽文書を創作した。末守合戦の翌年、天正十三年（一五八五）の七月、従一位《じゅいちい》関白に叙任された秀吉が、八月、みずから北陸に出馬して、前年来、反秀吉陣営にあった佐々成政を降伏させた。成政は支配領域を越中国の東半分（新川《にいかわ》一郡）に削られ、残った越中国の西半分（利波《となみ》・射水《いみず》・婦負《ねい》三郡）は前田家に加増された。偽文書の作成は、前田家の版図が加賀・能登に加え、越中国にまでひろがったこの画期を、より過大に称賛するために行われたらしい。

金沢・尾山の地名と秀吉書状の謎

加賀藩前田家の関係史料は、豊富な印象が強いが、実際に収集してみると、その残り方はきわめていびつで、その内容にも偏ったものが多い。本書の冒頭で述べた通りである。

そのため、利家が金沢城を本拠に定めた日もじつはわかっていない。さきにみたように、利家は天正十一年（一五八三）の四月二十六〜七日頃、佐久間盛政からこの城を接収して入城した。だが、それも一時的なものだったらしく、実兄前田安勝《やすかつ》（五郎兵衛《ごろうびょうえ》）に宛てた六月四日付の書状には「爰元《ここもと》もはや隙明《すきあ》き候間、帰陣せしめ……（こちらは落ち着いたので帰陣して……）」という文言がみえる（前田育徳会所蔵文書）。新たに獲得した金沢城での戦後処理も落ち着いたので、安勝のいる能登国七尾《ななお》（石川県七尾市）に戻ると利家は述べているわけで、要するにこの時点ではまだ本拠は七尾で、金沢ではなかったのである。

そのあと九月頃の利家は上方にいて、国許を留守にしていたようだが、翌年三月になると、丹羽長秀を介して秀吉が利家への指示を伝えるなかで「金沢の惣構《そうがまえ》」という文言が登場する（「松雲公採集遺編類纂」）。利家に「金沢の惣構」を頼ってしっかり国許の防備をかためるように、との趣旨である。利家はおそらく、この時点までに本拠を金沢城に変更したのである。つまり、利家が金沢城を本拠に定めた時期は、天正十一年（一五八三）六月以降、翌年三月以前とし か、判明していない。

さらにいえば、利家時代には金沢城に尾山《おやま》城という別名があった事実すら、忘れ去られてしまった［大西二〇一六a・二〇一八b］。

この金沢・尾山問題については従来、佐久間盛政による尾山改称説が語られるか、「藩初（引用者注…加賀藩成立期の意味）ではこの町も城郭も、尾山及び金沢の二名を混用」したとの日置謙説（『加能郷土辞彙』「金沢」の項）が踏襲されるか、のいずれかであった。前者は、天正八年（一五八〇）の加賀一向一揆の潰滅後、その本拠であった金沢御堂《みどう》を接収した盛政が同地に「尾山」城を構築したという伝説であり（「越登賀三州志」など）、後者は学説というよりも、「藩初」の古文書にこの二つの地名が同時並行的に現われる事実を（こまかく分析するのではなく）、ただ「両者をごっちゃにしていたのでは?」と簡単にかたづけたに過ぎない。

この理解を一新したのが、田川捷一《しょういち》氏である。同時代史料の分析から、利家入城以前には「尾山」という呼び方が存在しないこと、つまり利家による「金沢」から「尾山」への改称を田川氏は明らかにした〔田川二〇一二〕。

さらに瀬戸薫氏は、天正十一年に「金沢」城に入った利家が、これを「尾山」城と改めたが、改称は不徹底に終わったとみる。豊臣政権は一貫して「金沢」と呼び続け、利家も晩年は「尾山」ではなく、「「金沢」で妥協しようとした形跡がある」と見通した〔瀬戸二〇一六〕。田川・瀬戸両氏の説は、江戸時代以来の俗説を一蹴した実証的な成果である。しかし、もっと史料を丹念に読み込むと、別の事実が浮かび上がってくる。たとえば、天正十五年（一五八七）、秀吉の九州平定にあたって利長が越中国から出陣する際、同国の真宗門徒に人質の提出を求めた二月十五日付有賀《ありが》直政《なおまさ》書状は、利家（の意向、あるいは利家がいる場所）を指して「金沢」、人質の送致先を「尾山」と書き分ける（善徳寺文書）。地元の前田家の家臣が、同時に「金沢」・「尾山」という呼称を用いているのである。従来説では充分な説明がつかない。

天正十二〜十三年（一五八四〜八五）頃の利長の書状にも「今日かなざわ（金沢）へ参り候間」とある（前田土佐守家資料館所蔵文書）。従来説を採って「尾山」改称が利家の指令とすれば、利長は当然これを知っていたであろうし、その呼び方を守って「尾山」を用いるはずだが、あえて「かなざわ」を用いたのは、何か理由があって書き分けたとみるべきであろう。

そこで、従来説のように地名と城郭名を一緒くたに、区別せずに論じるのではなく、この時期（天正年間）、前田家の内部では地名（町名）には「金沢」、「金沢」の城郭には「尾山」という使い分けがあったのではないか、というのが筆者の考えである（ただし、次第に混用されるにいたる）。

瀬戸氏は、天正十三年（一五八五）七月に加賀国を訪れた茶人山上宗二《やまのうえそうじ》が、出発前は「金沢」、到着後は「尾山」と書状に記した点を挙げて、「中央では「金沢」で周知されていても、現地では「尾山」に改められていた証左」と述べたが、史料をもう少し細かくみると、出発前は「加州金沢」「金沢」、到着後は「尾山着城」と表現している（賀茂別雷神社文書・古文書集）。要するに、出発前は広く地名（目的地）を記したに過ぎず、到着にいたって現在地＝城郭名を書いたとの解釈も、すんなり成り立つのではないか。ほかの同時代史料を調べても、筆者の見立てをあてはめて齟齬するものは見出せない。

ともあれ、こうした根本的な問題すら、現存する史料ではなかなか明らかにはできないのである。

秀吉書状は後世の捏造なのか

残存史料をめぐる問題点を、さらに挙げよう。

本書の冒頭でも述べたが、加賀藩前田家における史料の残り方はいびつである。肝心な史料がなぜか存在しない、というケースが少なくない。前田家にとって不都合な史料は、おそらく意図的に処分された可能性が高い。

ひるがえって加賀藩前田家にとって、その地位や権威を保証し、さらに歴代藩主の顕彰に役立つと思われる史料は、数多くの写本が作成された。いわゆる「夜話《やわ》」のたぐい、つまり歴代藩主の言行録などは、幅広く筆写され、藩士のあいだで共有されていた。

ただし、藩主関連の重要史料のなかには、第四章で検討する利家の遺言状など、写本のみで原本が確認できない不審な史料も少なくない。

その最たるものが、利家に宛てられた、天正十三年九月十一日（ないし二十一日）付の秀吉書状である［大西二〇一八a］。

秀吉による二度目の北陸平定にともなう富山城主佐々成政の降伏をうけ、秀吉が越中国三郡を前田家に与え、さらに利家が（秀吉の旧称でもある）「羽柴筑前守《ちくぜんのかみ》」と名乗ることを許したという、前田家の名誉を荘厳《しょうごん》する、加賀藩前田家にすれば最重要史料である。前田家による越中国三郡の領有の根拠となる、ほとんど唯一の史料でもある。

だから、多くの写本が残されているのだが、これらを収集して比較検討するうちに、その内容に疑問を抱くようになった。ありていにいえば、筆者はこれを後世の捏造ではないか、と疑い、そう断言できるおおよその証拠を揃えるにいたった。では、筆者の検討結果を詳しく述べていこう。

問題の秀吉書状の内容に疑いの目を向けたのは、筆者がはじめてではない。先人たちがこの書状をどう評価してきたか、まずは詳しく整理しておこう。

第一に、郷土史家日置謙の見解を確認したい。日置はこの書状を「袂草《たもとぐさ》」（「たもと草」）という史料から引用したうえで次のように述べている。

秀吉が前田氏に越中三郡を増封せるは、利家に対してなりや、将た利長に対してなりやに就きては、聊明瞭を欠けり。何となれば秀吉の書に、『残三郡は貴殿へまいらせ候。』とあるは、固より利家を指すものなりといへども、同じ書中に『然者越中三郡、孫四郎宛所に折紙調候。』といふものは、利長を指すものたるが故に、古人も甚だその判断に苦しめり。是を以て越登賀三州志に、『秀吉感其前役之功、賜越中於其子利長。』と利長の由緒に記し、『今年九月十一日瑞龍公（利長）越中三郡拝領あつて森山城へ移らせ給ひ、此時松任の四万石は上させらる。』と有沢武貞考に記したるを左証として、之を利長の領とせるなりと論断せり。且つ世に或はこの書状の日附に十一日とあるを怪しみて、その日は秀吉が尚加賀に在りし時なるが故に、恐らくは二十一日の誤ならざるかとするものあり。この説は、天正十三年の閏年なりしことを忘却せるものにして、八月越中平定の翌月は閏八月とし、九月ならざりしことを記憶せざるべからず。

（日置謙編『石川県史』第二編〔改訂版〕一〇二～一〇三頁）

菅家見聞録右と同文なるも、拾遺温故雑帖に載するものはこれと異なり。非なるべし。又この消息の初に自筆にて申入候といへども、用語文字を案ずるに口演を代筆せしめしものなるべし。

（日置謙編『加能古文書』七九八頁）

日置の疑問は、書状の文言に曖昧な点を残すこと（越中国三郡を加増されたのが利家か利長か判断しづらい）、あるいは秀吉の自筆でないらしいことなど、書状に盛られた内容にとどまっており、書状自体の信憑性には及んでいない。つまり、秀吉がこの書状を利家に与えたこと自体には疑いを抱いていない。

より進んで根本的な疑問をはじめて提示したのは、岩沢愿彦氏であった。

「羽柴筑前守」という称号は、秀吉が天正三年頃から実際に用いはじめたものであるが、今これを利家が継承したことは、当時の大名として最高の栄誉だったに相違ない。通説ではこの称号の付与を天正十三年九月とし、九月十一日付の秀吉消息（前田育徳会所蔵）を証拠とする。しかしこの消息はそのまま信用すべきものではない。

（岩沢愿彦『前田利家』一二四頁）

岩沢氏が「そのまま信用すべきものではない」と述べた意義は大きい。しかし、そうまで述べる根拠は何か。残念ながら岩沢氏はその断言にいたるまでの考証とか、論拠をまったく示さない。これだけでは、単なる印象批評に過ぎない。

同様に、原昭午氏の指摘も、秀吉書状の信憑性に疑問を呈するものだが、これも残念ながら具体的でない［原一九八一］。「それはそれなりに」以下、言葉を濁しているところをみると、むしろこの史料の全体はともかく、一部には事実を含んでいる、との主張なのかもしれない。

この消息は、疑問の点が多く、ただちに事実とみることはさけねばならないが、それはそれなりに歴史の一面を伝えてくれるかもしれない。

（原昭午『加賀藩にみる幕藩制国家成立史論』四六頁）

岩沢・原両氏の見解を整理すると、具体的な理由はわからないが、問題の秀吉書状はそのままでは（なんらかの限定をつけなければ）信用できない、といったところであろう。

その後の研究のなかでは、信憑性自体を疑問視するものではないが、『新修七尾市史』の指摘には注目すべきである。

秀吉が、利家父子の末森合戦以来の戦功を賞し、越中平定により佐々成政からとり上げた越中三郡を前田家（利勝）に与え、また利家には羽柴筑前守の称、利勝には羽柴の苗字を与えた書状。『加賀藩史料』や『加能古文書』は「袂草」を出典として大半を仮名書にするが、文章はこの「薫墨集」とほぼ同文。『加能越古文叢』は「拾遺温故雑帖」を出典とする殆ど漢字の文で、異同が多い。「自筆ニ而」とあるものの、秀吉の自筆説には疑点があり、利家の筑前守任官も翌天正十四年三月二十日とみられるので、検討を要する文書である。日付は、写本の多くが九月「十一日」となっているので、十一日を採った。

（『新修七尾市史』三・武士編、一三四頁）

というわけで、『新修七尾市史』は問題の秀吉書状（「薫墨集《くんぼくしゅう》」から引用）の信憑性については言及を避け、控えめに「検討を要する」とのみ述べるにとどめた。いくつかの写本を比較して、この書状には、仮名書き系統と和製漢文系統の写本があることを発見したのが一つの根拠らしい。日置謙が述べた自筆説への疑問も踏まえている。

つまり、仮名書き系統と和製漢文系統のどちらが正しいのか、「自筆ニ而《にて》」とあるが疑わしい、といったレベルの指摘にとどまる。岩沢・原両氏の指摘から一歩後退した観もあるが、写本に二系統あることを指摘した点は重要である。

ただし、『新修七尾市史』がなぜ数多くの写本から出典として「薫墨集」を採ったのか、その点はよくわからない。『加賀藩史料』などが採用した「袂草」は、加賀藩士由比勝生《ゆいかつなり》（一六三六〜一七一九）の雑記録だから、慶応《けいおう》二年（一八六六）に森田柿園が編纂した「薫墨集」より、はるかに先行する。素直に考えれば、原本が失われた史料の復原には、より古い体裁を残すとおぼしき、成立年代の早い写本を採用するのが筋ではなかろうか。郷土史家としての森田の眼力なりを評価して「薫墨集」を引用したのかもしれないが、それなら「袂草」のほか「懐恵夜話《かいけいやわ》」などの著述を残した郷土史家の大先達としての由比の筆記をなぜ落としたのか、『新修七尾市史』の意図はますますわからなくなる。

さまざまな写本を紹介するというねらいならば、なぜ『加賀藩史料』などで翻刻済みの仮名書き系統の写本を採用し、従来あまり紹介されない和製漢文系統の写本を採らなかったのか、という疑問もわいてくる。『新修七尾市史』は、問題の秀吉書状に原本が存在するのなら、仮名書き系統のものと推測し、和製漢文系統の写本を採用しなかった、ということであろうか。

ともあれ、『新修七尾市史』は「検討を要する」と、どこか違和感を覚えながらも、問題の秀吉書状を、さしあたり実際の史料として参照するに足る、と判断したのであろう。

なお、引用した『新修七尾市史』の「利家の筑前守任官も翌天正十四年三月二十日」という記述は、同日、利家を「とうしやう《（堂上）》（殿上人《てんじょうびと》）」に加えることが内定した事実（利家はその二日後に参内して少将任官を伝達される。「お湯殿《ゆどの》の上《うえ》の日記」）を踏まえ、この時、筑前守に叙任したのではないか、という推測に過ぎない。

三系統に分けられる写本群

天正十三年（一五八五）九月十一日付の秀吉書状について、先行研究の指摘を整理した。

岩沢・原両氏のように、その信憑性を疑いながらも具体的な論拠を示さないか、『新修七尾市史』のように、写本の比較検討こそするが、その評価については曖昧に処理して、信憑性があるのかないのか、どっちつかずの態度を示すか、いずれにせよ、なんとも物足りない評価しかない。

筆者はそこで、各種写本の比較検討を進め、具体的根拠を示したうえで、問題の秀吉書状が、ほとんど信頼できる内容をもたないことを指摘したい（なお、以下の検討に用いる史料は、石川県立図書館所蔵「三壺聞書」を除き、いずれも加越能文庫所蔵）。

では第一に、各種写本の比較を試みる。『新修七尾市史』の二系統にもう一つ加え、筆者はこれをA～Cの三系統に分けておく。

A.「村井重頼覚書」収録本系統（おもに和製漢文）
B.「拾遺温故雑帖《しゅういおんこざっちょう》」収録本系統（おもに和製漢文）
C.「菅家見聞集《かんけけんもんしゅう》」収録本系統（おもに仮名書き）

A系統の写本は、利家の近習村井長明の覚書類を、明治時代に前田家編輯方が写し取って合冊した「村井重頼覚書」のみにみえる。「村井重頼覚書」の内題の裏には「重頼自筆ノ原本ヲ写シタルナリ」（原文）との貼紙がある。村井の自筆という原本自体が散逸したため、問題の秀吉書状を写した箇所が、村井の自筆かどうかの判断材料はないが、後述の通り、B・C系統に比べてシンプルである点、秀吉の自筆を謳う文言が本文ではなく、問題の書状の注記（説明文）におかれる点から、おそらく写本のなかではもっとも成立年代が早いと推測できる。

次いで、B系統の写本は「拾遺温故雑帖」なる書物が出典だが、現時点で「拾遺温故雑帖」の原本は確認できていない。しかし、森田柿園が「加藩国初遺文」に「按《あん》ずるに拾遺温故雑帖には左の如くこれを載せる」、同じく森田が「加能越古文叢《かのうえつこぶんそう》」に「右拾遺温故雑帖これを載せる」として引用しており、その内容をうかがうことができる。A系統の写本と同じく、おもに和製漢文であるが、Aでは「御自筆にて」と注記されていた内容が、本文の冒頭に「自筆ニて申入候《もうしいれ》」と組み込まれている点に要注意である。

森田の注記（「加能越古文叢」。後述）によれば、寛文《かんぶん》～延宝《えんぽう》年間（一六六一～八一）に当時の加賀藩主前田綱紀の探索の結果、発見されたものらしい。この注記を信頼すれば、寛文～延宝年間頃の写本であろうか。少なくとも、本文冒頭に「自筆ニて申入候」とあって、A系統よりも鄭重《ていちょう》な文体であること、その変化が加賀藩前田家にとって望ましいものと考えられる点から推測すれば、A系統より後年の成立であろう。

なお、全編が漢文から成る「前田創業記《そうぎょうき》」という編纂史料にも、全文漢文で書き換えられているが、問題の秀吉書状が写されている。例外として検討から外してもいいが、冒頭に自筆であることを断る「自《みずから》染筆《ふでをそめて》感足下之大功《そつかのたいこうをかんず》……」（原文。ルビは筆者による）という文言と、C系統では消滅する「滝沢太郎八」の存在から、さしあたりB系統に分類しておく。ちなみに、「前田創業記」の成立は延宝三年（一六七五）、編者は加賀藩年寄役《としよりやく》長連頼《ちょうつらより》の家臣河内《こうち》山昌実《やままさざね》（与五右衛門《よごえもん》）なる人物で、タイトルから明らかだが、前田家の顕彰のために作成された史書と思われる。第四章でも利用するので覚えておかれたい。

次いで、C系統の写本はA・Bとは異なり、ほぼ仮名書きの書状である。このタイプのものは、出口政信《でぐちまさのぶ》の編著「菅家見聞集」（貞享《じょうきょう》元年（一六八四）成立）にみえるほか、由比勝生の編著「たもと草」、板垣惟精《いたがきこれきよ》（?～一七四〇）の編著「菅君栄名記《かんくんえいめいき》」、高畠定延《たかばたけさだのぶ》（一六九〇～一七六〇）の編著「菅君雑録《かんくんざつろく》」、そして森田柿園による「薫墨集」「加藩国初遺文」などに確認できる。あとで説明するように、文体やその分量から成立年代はBよりも降るとみていい。

以上、A～C三系統の写本について基礎的な説明を行った。では、実際の文章をみていこう。ただし、各種の写本をすべて取り上げるのは煩雑に過ぎるから、さしあたりA・B和製漢文系統の代表としてA「村井重頼覚書」収録分と、仮名が多いC系統の「たもと草」収録分を行論上、原文のまま引用する。なお、C系統の写本のうち成立年代が早いのは「萱家見聞集」であるが、明治時代の写本しか残っていないので、ここでは編者の自筆本が残る「たもと草」を掲げたい。いずれも主張は一致するから、現代語訳はA「村井重頼覚書」にのみ付した。

◎A系統

（原文）

○秀吉公越中御陣《ごじん》之時、御帰陣《きじん》之時、金沢にて御自筆にて利家公へ被遣御書《つかわさるるおんしょ》、立紙《たてがみ》一重《ひとえ》ニて之写《のうつし》、

去年ゟ《より》佐々内蔵介ひやうりものゆへ無本《むほん》いたし、度々《たびたび》かゞさかいまて人数出《いだ》し候へ共《ども》、貴殿心中でうぶ成《なる》ゆへ、すへもり後《うしろ》まき之時、きりかちおいくすし、其後《そのご》越中地へおしこミ、度々《たびたび》ノはたらき、殊《ことに》はすの間《ま》と云《いう》所をやきはらい、段々手柄之儀、上方ニても具承及《つぶさにうけたまわりおよび》候、誠可申《まことにもうすべき》様も無是《これなく》候、それゆへ日本国中へきこへと存《ぞんじ》候て、我等馬を出《いだ》し申候処ニ、くらの介、御本城《ごほんじょう》を頼《たのみ》、色々わひ事申《ごともうし》候、其上貴殿も其通《とおり》ニゆるし候様ニと被申《もうされ》候間、無是非《ぜひなく》、越中新川一郡までを遣《つかわし》、ゆるし申《もうす》はすニ存《ぞんじ》候、然者《しからば》越中を其方《そのほう》へ進《しん》し候事ハ、貴殿ほねおられ、鑓先ニて取被申《とりもうされ》候間、満足ニもおもわれ間敷《まじく》候、

即《すなわち》今度之御礼ニハ、我等名字名共ニ進《しん》し候間、今日ゟ《より》ハ前田又左衛門を引《ひき》かへられ候て、羽柴筑前守となのり可被申《もうさるべく》候、扨《さて》ハ子息孫四郎儀も羽柴をなのり可申《もうすべく》候、其方《そのほう》ニおとらさる心中ニ候、一々《いちいち》ほねおり手から共承及《うけたまわりおよび》満足申候付《もうしそうろうにつき》、其越中三郡之儀ハ、孫四郎名付《なづけ》ニ折紙《おりがみ》所望之儀、是又《これまた》いかやう共、貴殿次第ニ存《ぞんじ》候、将又《はたまた》貴殿舎兄《しゃきょう》前田蔵人入道《くろうどにゅうどう》、扨又魚住隼人《さてまたうおずみはやと》、此物共《このものども》昔ゟ存仁《よりぞんずるじん》ニ候、此《この》両人末森・はすの間《ま》之時、金沢城代ニおかれ候処、心しつかなる心中之躰聞及《ていききおよび》候、老《おい》て之武《ぶ》へんとかんし申《もうし》候、扨《さて》又《また》家来前田右近《うこん》・村井又兵へ・不破彦三《ひこそ》、此《この》三人之もの共儀ハぢきニ如申渡《もうしわたすごとくに》候、度々《たびたび》之手柄共不及申《もうすにおよばず》候、扨《さて》ハ能登ニおかれ候、長九郎左衛門・高畠孫次郎・中川清六・奥村助右衛門・滝沢太郎八なとも、ほねおり申《もうし》候由《よし》、此《この》もの共ニも礼を被申《もうされ》候て可給《たまうべく》候、猶《なお》浅野弥兵《やひょう》へ口上ニ可申《もうすべく》候、恐々謹言、

九月十一日　秀吉御判《ごはん》

羽柴筑前守殿　利家也

（現代語訳）　※日付・署名・宛所は省略

○秀吉公、越中御陣から御帰陣の時、金沢にて利家公に遣わされた御自筆の御書状、立紙一枚のものの写し、

去年、表裏者（言葉や態度が外面とは異なる、油断がならない者）の佐々成政が謀反を起こして以来、何度となく加賀国境まで出兵しているが、貴殿の心持ちが立派だから、末守城の救援で佐々に勝利し、次いで越中国に攻め込んで度々よい働きをした。ことに越中国利波郡蓮沼の焼き討ちなどの手柄は、上方にても詳しく聞き及んでおり、いうまでもなく素晴らしい。日本中に利家の武名が聞こえていると思っている。私が出兵したところ、佐々成政は織田信雄を頼んで、いろいろと謝罪を行い、さらに利家へも許しを求めたから、しかたなく赦免して、佐々に越中国新川郡を与えた。それ以外の越中三郡を利家へ渡すのは、利家の鑓働きによるものだから、満足してはいないだろう。だからこのたびの御礼として、私の名前を差し上げる。今日よりは、前田又左衛門ではなく、羽柴筑前守と名乗るとよい。子息の利長にも羽柴を名乗ることを許す。利家に劣らない働きをしたと思い、利長の武功を聞くにつけ満足している。越中三郡は、利長の名前で領知を認める折紙が欲しいというが、どのようなことでも利家次第に対応しよう。また、利家の兄利久や家臣の魚住隼人は、昔から知っているが、二人とも末守合戦や蓮沼の焼き討ちの時、金沢城代として、あわてず、沈着に努めたと聞き及んでいる。老武者の心得として立派である。また、家来の前田右近・村井長頼・不破彦三の三人は直接申し渡した通りで、たびたびの武功はいうまでもなくすばらしい。能登の長連龍《ちょうつらたつ》・高畠孫次郎・中川光重《みつしげ》・奥村永福・滝沢太郎八などの骨折りもねぎらってほしい。なお、そのほか浅野《あさの》長吉《ながよし》（のちの長政《ながまさ》）が口上で伝えるであろう。恐々謹言、

（「村井重頼覚書」）

◎C系統

（原文）

一、自筆にて申入《もうしいれ》候、近年内蔵助《くらのすけ》度々《たびたび》国さかひへ人数を出《いだ》し、ことにすへもりノしろ過半せめをとすところに、貴殿父子さつそくうしろせめ有《ある》ニより、大利《たいり》ゑられ、其後《そのご》越中はすぬまへ兵を入《いれ》、やきはたらきして、てきヲうつとり大てからのよし、上方へも大《おおい》にきこへ候て、こゝちよくおほえ候、なりまさハひやうりものニ而《て》、にやハさることおふく候、此度《このたび》きつとせいはいとけんとそんし候へとも、御本城《ごほんじょう》とのを頼《たのみ》、いろ〳〵《いろ》わひ、其上入道《そのうえにゆうどう》になり申《もうす》うへハ、其身《そのみ》も今ハかてん仕《つかまつり》候やとたすけ、にいかわ一郡あたへ候、のこり三郡ハ貴殿へまいらせ候、去《さり》なから度〳〵《たびたび》ほねおり、やりさきにて取申《とりもう》され候、いさゝかほうミとおほしめすましく候、此方《このほう》よりもほうミとも不存《ぞんぜず》候、つね〳〵《づね》の御礼ニハ我等か名ミやうじともにまいらせ候間、向後《きょうこう》ハまへ田又さへもんをかハり、羽柴筑前守と御名のりあるへく候、尤《もっとも》息孫四郎義もはしはと可被申《もうさるべく》候、そのほうニもお

とりなく、度々《たびたび》てからともうけたまハりおよひ候、然者《しからば》越中三郡孫四郎あて所に折《おり》かミと丶のへ候《そうら》へとも、もししよもうに候《そうら》ハヽ、いかやうにもそのほう次第ニ候、将又《はたまた》貴殿しやきやう蔵人入道《くろうどにゅうどう》ならひに魚住隼人《うおずみはやと》、むかしより能《よく》そんしの人ニ候、末もりはすぬまの時も、かなさわ城代に被居《おられ》候ところに、神妙《しんびょう》のてい是又《これまた》うけたまハり候、老《おい》の武篇《ぶへん》にて候、さて又まへ田うこん・不破彦三《ひこぞ》・むらい又兵衛、度々《たびたび》のほねおりともかんし入《いり》候、能登ニおかれ候まへ田五郎兵衛《ごろうひょうえ》・長九郎左衛門・高はたけ孫次郎・中川清六、別《べっし》て御てまへヽ心入《こころいれ》のよしきとくニ候、いつれも勇者のものとも二候間、真実頼もしく候、おく村父子ことハ、たひ〳〵《たびたび》如申《もうすごとく》するもりにて大手から、われ〳〵《われ》まてまんそく申《もうし》候、何《いずれ》もへ御こ丶ろえ候て礼を申《もうし》まいらせ候、なをあさの弥兵衛《やひょうえ》口上ニ申《もうし》のふへく候、恐々かしく、

九月廿一日　秀吉判

羽柴筑前守殿

（「たもと草」追加下）

「切り貼り」された可能性

以上、問題の秀吉書状を長文ながら引用してみた。ほぼ同様の内容をもちながら、一見してまったく印象が違う。文言をみてもかなりの違いがある。冒頭の文章にいたってはA「去年ゟ佐々内蔵介ひやうりものゆへ無本いたし、度々かゞさかいまて人数出し候へ共、貴殿心中でうぶ成ゆへ……」（原文）に対し、C「一、自筆にて申入候、近年内蔵助度々国さかひへ人数を出し……」（原文）と、違いのほうが共通点よりも多い。これらの原本が存在したと考えても、とても同一の原本から生まれた写本とは考えられまい。

とくにAとB・Cの間に大きな変化がある。その違いを整理すると、

＊冒頭の文章がまったく異なる。B・Cは「自筆ニて申入候」との一文からはじまる

＊A・BよりもCのほうが長文である（漢字・仮名表記の相違は考慮しない）

以上の二点である。もっと端的にいえば、AよりもB・Cが、前田家に対して、より手厚い。Cでは前田家の手柄を称賛する文言が、かなり露骨に増補されている。

たとえば、末尾にかけてA「能登ニおかれ候、長九郎左衛門・高畠孫次郎・中川清六・奥村助右衛門・滝沢太郎八なとも、ほねおり申候由、此もの共ニも礼を被申候て可給候」（原文）とある表現が、Cでは「能登ニおかれ候まへ田五郎兵衛・長九郎左衛門・高はたけ孫次

郎・中川清六、別て御てまへへ心入のよしきとく二候、いつれも勇者のものとも二候間、真実頼もしく候、おく村父子ことハ、たひ〳〵如申するもりにて大手から、われ〳〵まてまんそく申候、何もへ御こゝろえ候て礼を申まいらせ候」（原文）と膨れ上がっている。

漢字と仮名の表記の違いは無視して、単純に文字数（本文のみ。繰り返しをあらわす「〳〵」は、一文字として勘定した）を比べてみると、A「村井重頼覚書」五七二文字、B「拾遺温故雑帖」（「加能越古文叢」所収本）五二〇文字、C「たもと草」六八五文字である。漢語の多いBの文字数は少ないが、「自筆ニて申入《もうしいれ》候」とAよりも手厚く変化していることは前述の通りだから、おそらく年代が降るに従って内容が補われ、さらに文章が継ぎ足されていった様子は、この点からもうかがわれるのではないだろうか。

つまるところ問題の秀吉書状は、年代を追って、加賀藩前田家に都合よく内容が改竄されていった、としか考えようがない。

そのようなことがありうるのか——。

問題の秀吉書状は、さきに述べた通り、「藩祖」利家関係の重要史料、加賀藩前田家にとっては名誉の記録、越中国三郡領有の根拠でもあった。しかも写本の作成者は、村井長明が利家の近習、由比勝生・板垣惟精・高畠定延がいずれも加賀藩士、出口政信・森田柿園が加賀藩陪臣《ばいしん》と、いずれも加賀藩関係者である。これらの点を重視すれば、写本の作成者は、一

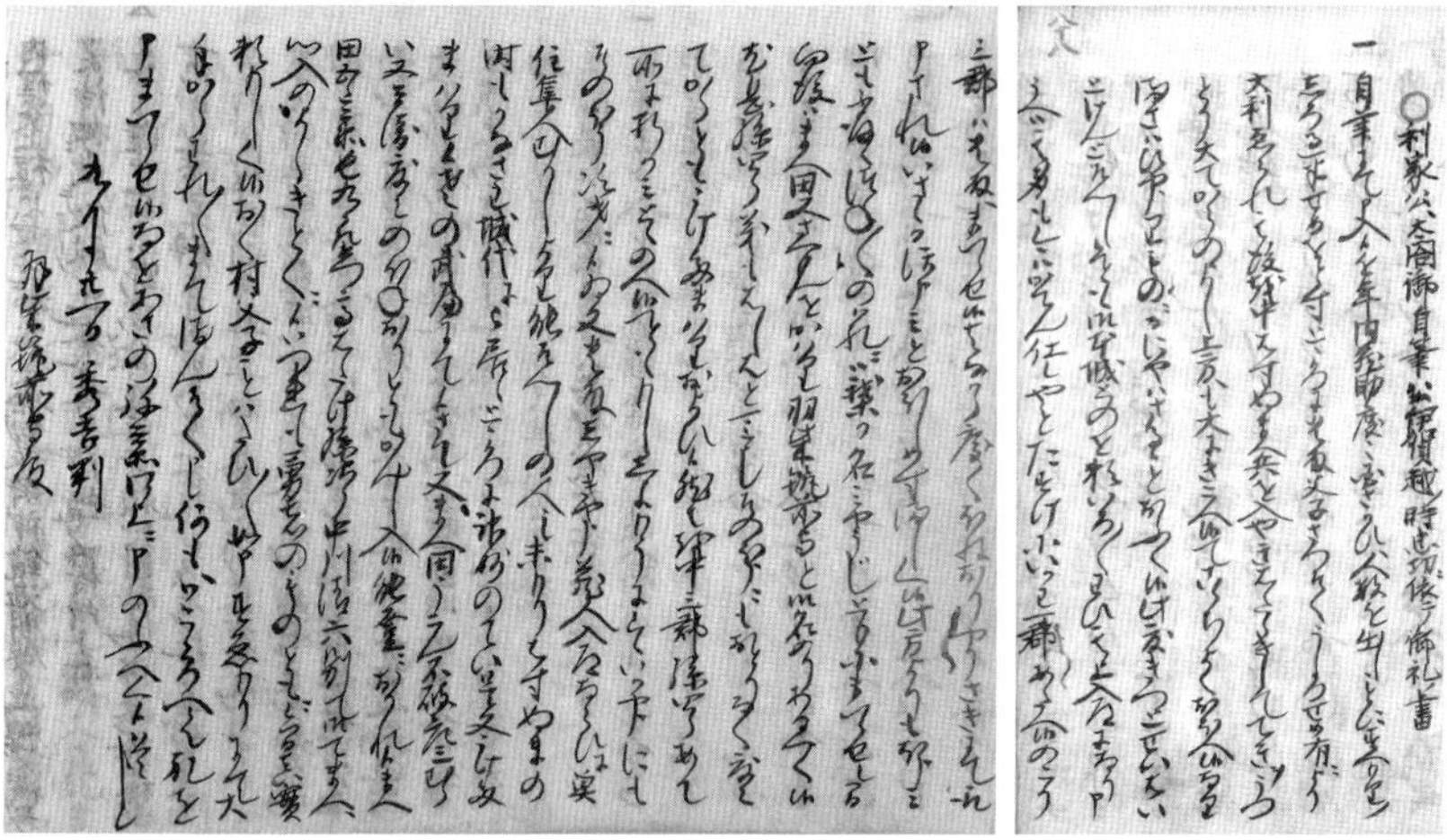

問題の秀吉書状（「たもと草」より、金沢市立玉川図書館蔵）

言一句を正確になぞるか、なぞろうと努力するはずであろう。B系統に分類した全編漢文の編纂史料「前田創業記」収録分は、同書の体裁にしばられて漢文に直されてしまったが、そうした規制をうけない、ほかの事例の場合、少なくとも積極的に内容を改竄するとは考えがたい。

「菅君栄名記」は「この御書《おんしょ》（秀吉書状）、御文言所々家々伝来の書籍異説これ多し、いま一旦これを記す也、その実否考え知る事はその恐れ少なからず」ともいう。加賀藩士にとって、こうした史料は「藩祖」に関わる「御書」だから、各家の書物によって「御文言」にさまざまな違いがあっても、本当かどうかを考えることは恐れ多い、というのである。改竄などもってのほか、というべきだろうか。

にもかかわらず、現実問題として、残された写本は多様性に満ちている。

本書のはじめに述べたように、村井長明の覚書「利家公御代之覚書」は、加賀藩士たちによって写し取られ、何種類もの写本が作成された。しかし、語句が若干違いこそすれ、問題の秀吉書状のように、登場人物が変化する（A・Bにみえる「滝沢太郎八」がCでは姿を消し、逆にAにない「前田五郎兵衛」がB・Cに登場）ようなことはない。筆者のみるかぎり、秀吉書状における写本間の相違は、異常というほかない。

写本の作成者たちが内容を改竄した可能性が低いとすれば、なぜ、このような写本の多様性が生じたのか。予測される結論は、真正な原本それ自体が存在しない、ということである。問題の秀吉書状は、何者かによって創作された偽文書であって、単独か複数かは不明だが、その作成者は、筆写するものが現われるたびに、その都度、異なる「原本」＝偽作された秀吉書状を提示した、ということではあるまいか。

写本の作成者たちが各自勝手に史料の改竄を行う可能性に比べれば、偽作者の存在を前提に、その偽作者が多様な「原本」を作成し、それを由比・出口・板垣・高畠らの加賀藩士ないし陪臣がさまざまな契機で入手して書き写した、と考えたほうがはるかに自然である。偽作者は、より前田家の名誉が引き立つよう文章を増補し、その過程で秀吉の「自筆」書状になってしまったから、不自然でないように、さらに仮名書きに書き換えもした（秀吉の自筆書状と伝わるものは、漢字をほとんど用いない仮名書きが多い）。AからCにいたる、多様な写本が残されたのは、こうした事情に基づくのであろう。

とはいえ、以上は筆者による仮説である。納得できない読者のために、筆者がそのように考える証拠をさらに提出しておこう。

秀吉書状の宛先は利家である。しかも史料の性格上、加賀藩前田家の丁重な管理下に置かれたとみるのが穏当である。ところが、Bの写本の注記には、森田柿園が次のように書きつけている。

（読み下し）

按ずるに、右は吾が旧藩（加賀藩）五世参議《さんぎ》従三位《じゅさんみ》綱紀（前田）卿、寛文延宝中、古記・古文書類捜索せしめられし時、何方《いずかた》よりか右写しを所持せしを呈上せしと聞く由、原書は既に焼失などせしにや、

（現代語訳）

思うに、この秀吉の書状は、加賀藩「五代藩主」の前田綱紀が、寛文～延宝年間に、古

記録・古文書を捜索した時、どこからかこの書状の写しを持っていたものが献上したということらしい。原本はすでに焼失などでなくなってしまったのであろう。

（「加能越古文叢」巻四二）

この記事を事実とすれば、問題の秀吉書状は、原本も含めて出所不明ということになる。藩主前田綱紀は、全国各地から史料を収集すると同時に、藩士にも史料の提供を求め、あるいは献上させていた。たとえば、利長関連の村井長明による覚書「利長公御代之《としながこうおんだいの》おほへ書《がき》」は、長明の息子から元禄元年（一六八八）に献上され（「葛巻昌興《かつらまきまさおき》日記」）、利長宛の（慶長五年）九月八日付の徳川家康書状は、享保《きょうほう》七年（一七二二）、藩士津田《つだ》猛昭《たけあき》（玄蕃《げんば》）から提出され、「まことに珍しい御書だから、早速書き写した」と綱紀を喜ばせている（「秘書」）。それぞれに綱紀が「御親翰《ごしんかん》」（加賀藩では藩主の書状をとくにこう呼ぶ）を与えたように、こうした史料の提出・献上は、家の名誉でもあった。

にもかかわらず、問題の秀吉書状には、出所に関する情報が何一つ残されていない。とすれば、前田家の内部にあったと考えるのが自然だが、そういう記録もない。原本が焼失、散逸した、といった伝承すらない。むしろ森田の言葉を信じれば、どこから出てきたのかわからない、大いに疑うべき史料である。

さらにいえば、秀吉書状の内容には特段のオリジナリティがない。くだくだと書き連ねられた内容は、村井長明の覚書類や、小瀬甫庵《おぜほあん》の「太閤記《たいこうき》」、末守合戦を叙述する軍記物「末森記」、これらを参照した「三壺聞書」といった十七世紀後半までに成立した編纂史料を参照すれば、十二分に知ることができる。逆にいえば、これらを切り貼りすれば、問題の秀吉書状ができあがる。

たとえば、「三壺聞書」には、佐々成政の降伏後、「残って三郡《(越中国)》を利家公へ安堵の御判を進ぜしめ……（秀吉が残った越中国三郡を利家に与える判物《はんもつ》を与え……）」とあるし、小瀬甫庵「太閤記」をみれば、末守合戦における利家の行動を「古今稀なる後巻《うしろまき》たるべきか（古今に例のない救援というべきか）」と褒めそやし、「その後秀吉公、又左衛門尉を同名《どうみょう》にし給ひけるが、忠義の程を感じ、羽柴筑前守の五字を賜りけり（そのあと秀吉は、前田又左衛門尉を同じ名字にしたうえ、その忠義に感じ入ったので、羽柴筑前守の名乗りを与えた）」とある。

佐々成政を赦免した秀吉が「越中新川一郡までを遣、ゆるし申はすニ存候、然者越中を其方へ進し候事ハ、貴殿ほねおられ、鑓先ニて取被申候間、満足ニもおもわれ間敷候、即今度之御礼ニハ、我等名字名共ニ進し候間、今日ゟハ前田又左衛門を引かへられ候て、羽柴筑前守となのり可被申候」（写本A原文）という話題の流れも、「利家公御代之覚書」に同様の記事がある。利家への越中国三郡加増について、「これは又左衛門鑓先にて取り申され候間、恩にも請けられまじく候と御意《ぎよい》にて、その時に羽柴筑前守という御名字・御名ともに利家様へ御進上」、つまり加増は利家の働きに報いたもので当然、さらに「羽柴筑前守」という名乗りも与えよう、との叙述である（「利家公御代之覚書」）。問題の秀吉書状にはやはり独自性がほとんどない。

利家の実兄利久や魚住隼人《うおずみはやと》が、末守合戦の際に金沢城を預かったとの話も、「利家公御代之覚書」に言及がある（「金沢御留守居」）。村井長頼による越中国利波《となみ》郡蓮沼《はすぬま》（富山県小矢部市）の焼き討ちもよく知られた武功譚だったらしく、「三壺聞書」は「この時、大きなる働き也」と表現する。

これらの要素に照らせば、問題の秀吉書状は、利家や加賀藩前田家の顕彰を目的に、おそらく十七世紀半ば以降、何者かによって捏造されたと結論せざるをえない。意図から推せば、偽作者は加賀藩前田家内部の何者か、ということになろう。

利家の顕彰を目的とする何者かは、事実かどうかはさておき、世間周知のさまざまな編纂史料の記事を、適当に取捨選択して、もっともらしく秀吉の自筆だという書状を作成し、流布させたのである。

第二章　前田利家の領国支配

豊臣大名としての利家・利長

一律に豊臣大名といっても、支配のありかたはさまざまである。徳川家康や上杉景勝、毛利輝元のように、秀吉に服属する以前から大名として一国以上の領域支配を行っていた旧族大名や、前田家や宇喜多家のように、秀吉の支配下に入った時期に、ちょうど大名としての支配体制を固める途上にあった新興勢力、そして加藤清正《きよまさ》や小西行長《ゆきなが》・石田三成のように、秀吉によって取り立てられた子飼いの大名たち――。

いわゆる太閤検地と兵農分離、その結果としての石高制の定着など、豊臣大名はこれらの施策を推し進めて、近世大名への脱皮を図ったというのが、教科書的な説明である。しかし、いま述べたように、豊臣政権のもと個性豊かな大名たちは、地域の特性に合わせて独自の支配を行っていた。そのすべてを解き明かすことは筆者の力量、紙数の都合からいって不可能である。

ここでは豊臣大名前田家の支配のありかたを、筆者なりに整理して語ってみたい。扶持百姓《ふちびゃくしょう》の取り立て、独自の検地、そして刀狩りの実行の三点に着目することで、前田家の、とくに利家の支配方針や、政策基調の変化がみえてくるだろう。

能登一国から加賀国北二郡、そして越中国西三郡の加増と領国は順次拡大した。しかし利家は元来、尾張国荒子の小領主の、それも後継ぎではなく四男であった。利家立身の過程は、そのまま家臣団増強の歴史であった。利家そして利長は支配地の先々で、これはという武士を召し抱えた。利長も信長の娘婿として、小規模ながら独自の領知を許され、家臣を取り立てていた。そうして膨れ上がった、寄せ集めの家臣団をどのように統制したのだろうか。利家・利長親子や両者の家臣団それぞれの関係についても私見を述べてみたい。

扶持百姓はなぜ登用されたのか

利家の発給文書を収集・分析した大野充彦氏によれば、その約四割が天正十〜十三年（一五八二〜八五）に集中するという［大野二〇一六］。その事実は、利家の領国支配がこの時期、急速に進んだことを物語っている。越後《えちご》国春日山《かすがやま》城（新潟県上越市）の上杉景勝との攻防、能登国守護《しゅご》畠山《はたけやま》氏旧臣の不穏な動き、佐々成政との角逐《かくちく》など、新たな征服地であった利家の支配領域は、絶え間のない軍事的緊張下におかれていた。切迫した状況がむしろ、利家の積極的な在地掌握を促したようである。

利家はどのように支配体制を固めていったのか。独自の政策のうち、いくつかの例を拾って、この人物の政策基調を読み取りたい。

まず特筆すべきは、能登国における有力百姓（長百姓《おとなびやくしょう》）の登用であろう。取り立てられた有力百姓には「天正期扶持百姓」ないし「初期扶持百姓」の語があてられるが、ここでは単に扶持百姓と呼んでおく［若林一九七〇、奥村一九八〇、原一九八一など］。

織田信長から能登一国を拝領した利家は、能登国の要所（沿岸部など）の有力百姓に、扶持米を与えて在地のとりまとめを委ねた。そのうち登用にあたって発給された利家の印判状が残る十七例を整理したのが〈表2〉である。

扶持百姓の子孫の多くが、やがて加賀藩の十村役《とむらやく》（十数か村をとりまとめる村役人）になっていく。彼らの子孫が語る由緒によれば、能登国を与えられた利家が各地を巡見するにあたってその案内役を務めたとか、利家の滞在時にその接待にあたったとか、そういう経緯がまずあって、そのあと扶持の給付と引き換えに、在地支配の一部が委ねられたらしい（「加越能里正由緒記」）。

先行研究は、彼らの仕事が、軍事行動への奉仕や年貢・夫役《ぶやく》の徴収、荒地の回復や開墾の奨励など多岐にわたったことを明らかにしている［若林一九七〇］。〈表2〉には、扶持の給付理由がざっくりと「惣地下《そうじげ》の儀」などと表現されているが、彼らがこうしたさまざまな役割を担いえたのは、地域の有力者として、多くの経験や実績を積んでいたからであろう。実

〈表２〉前田利家印判状と扶持百姓

No.	年月日	扶持百姓（在所）	扶持	扶持の理由（読み下し）	出典
1	天正10年 8月5日	行長（羽咋郡菅原村）	15俵	その在所肝煎褒美として、…いよいよ馳走をぬきんずべき者也、	国田文書、加藩国初遺文
2	天正10年 8月15日	太郎右衛門尉（羽咋郡中川村）	15俵	その在所肝煎褒美として、…いよいよ馳走をぬきんずべき者也、	加藩国初遺文、能登国古文書
3	天正10年 9月1日	与一（鹿島郡熊木村）	10俵	当村年寄の事に候間、…諸事いよいよ馳走すべき者也、	加藩国初遺文、能登国古文書
4	天正10年 10月10日	三郎左衛門（鳳至郡道下村）	15俵	惣地下の儀、情を入るべき事、肝要に候也、	立教大学所蔵文書、加藩国初遺文、能登国古文書
5	天正10年 10月10日	三郎左衛門（鳳至郡本郷荒屋村）	15俵	惣地下の事、肝煎すべき儀、肝要に候也、	加藩国初遺文、能登国古文書
6	天正10年 10月10日	高右近（鳳至郡阿岸中村）	10俵	地下の儀、情を入れ、馳走肝要に候也、	加藩国初遺文、能登国古文書
7	天正10年 10月10日	七郎兵衛（鳳至郡川島村）	10俵	地下の儀、情を入れ、馳走すべき事肝要に候也、	高橋文書、加藩国初遺文
8	天正10年 10月10日	鋳物師三右衛門（鳳至郡中居村）	20俵	諸事地下等の儀、馳走すべき者也	中居三右衛門文書、加藩国初遺文
9	天正10年 10月16日	番頭（鳳至郡長井村）	10俵	地下の儀、馳走すべき事肝要に候也、	能登国古文書
10	天正11年 11月22日	上戸真頼（珠洲郡上戸村）	10俵	—	真頼文書、加藩国初遺文
11	天正11年 11月22日	上浜（珠洲郡直郷）	20俵	—	上浜寛一家文書
12	天正11年 11月22日	堂ケ谷（珠洲郡直郷）	10俵	—	上浜寛一家文書
13	天正11年 11月22日	栃ケ平（珠洲郡直郷）	10俵	—	上浜寛一家文書
14	天正11年 12月1日	二郎兵衛（鳳至郡諸橋村）	20俵	惣地下の儀、肝煎すべき事専要に候也、	諸橋文書、加藩国初遺文
15	天正11年 12月1日	高橋（鹿島郡庵村）	15俵	惣地下の儀、肝煎すべき事簡要に候也、	高橋隆則所蔵文書
16	天正11年 12月1日	九郎左衛門（鹿島郡佐々波村）	10俵	惣地下、肝煎すべき事簡要に候也、	桑原家蔵文書
17	天正11年 12月1日	助（鹿島郡黒崎村）	10俵	地下の儀、肝煎すべき事専要に候也、	能登諸家文書

際、鹿島《かしま》郡熊木《くまき》村（石川県七尾市）の与一《よいち》は、「当村年寄の事に候間……」、つまり村落の有力者であることを理由に、扶持百姓に登用されている。

伝承も含めると扶持百姓は四十人あまり。利家は彼らに在地支配の一端を任せることで、支配体制の補完あるいは強化を図ったといえる。なぜ、こうした施策をとったのか。

奥村哲《さとし》氏は、織田信長の横死《おうし》（本能寺の変）がその背景にあるとみた［奥村一九八〇］。「前田政権の防御姿勢」（二九頁）とのみ奥村氏は表現するが、当時の状況に照らして言葉を補うと次のような理解になろう。信長の死後、その混乱に乗じて畠山氏の旧臣温井《ぬくい》景隆《かげたか》・三宅《みやけ》長盛《ながもり》らが蜂起した。温井・三宅らは上杉景勝の支援をうけて、能登・越中両国の境目石動《せきどう》山《さん》（山岳信仰の霊場。石川県中能登町・富山県氷見市）の一角に拠点（荒山《あらやま》城）を構えた。石動山天平寺《てんぴょうじ》の衆徒《しゅうと》もこれに加わった。

利家は越前国北庄城の柴田勝家、加賀国金沢城の佐久間盛政らと協力して石動山に攻めのぼり、佐久間勢が温井・三宅らを討ち、利家は長連龍《ちょうつらたつ》（能登国鹿島郡の国衆）らと天平寺の衆徒を殲滅《せんめつ》、石動山を焼き払った（荒山合戦・石動山合戦）。石動山焼き討ちは七月（ないし六月）二十六日のことである［瀬戸〔七尾市〕二〇一二］。

扶持百姓はこのあと短期集中的に取り立てられた。奥村氏はその事実を、信長の横死や石動山合戦後の混乱への対応とみた。いわば利家やその家臣たちが行うべき支配の一部を、非常時の応急措置として扶持百姓に肩代わりさせた、という見立てである。

こうした混乱対処説というべき見方は正しいのだろうか。残された史料から判明する最初の扶持百姓、羽咋《はくい》郡菅原《すがわら》村（石川県宝達志水町）の行長《ゆきなが》が十五俵の扶持をもって登用されたのは、天正十年（一五八二）八月五日のことである。奥村氏のいう通り、このあと十月までの間に、短期集中的に扶持百姓は取り立てられている［奥村一九八〇、原一九八一］。だが、扶持百姓はそうした混乱が収まり、利家が加賀国北二郡を加増されたあと、翌天正十一年の十一〜十二月にも複数の取り立て事例がある。混乱にともなう間に合わせ、といった消極的なニュアンスでは、この平時における扶持百姓の登用は説明がつけづらい。

扶持百姓は能登国全域に、広範に分布している。能登国全体が混乱状態にあったのだろうか。混乱時の対応として、やむをえず取り立てたにしては、扶持百姓は多すぎるうえに範囲が広い。混乱が収まったあとも、彼らがその立場を奪われたり、権限を制限された明らかな形跡がないことも、混乱対処説では説明しづらい。信長の横死や荒山・石動山合戦以外の理由を考える必要があるだろう。

どのような理由が考えられるのか――。

扶持百姓は利家の支配領域のなかでは、能登国にのみ存在する。〈表2〉に挙げた印判状をもらって、在地の元締めを指示された有力百姓＝扶持百姓は、なぜか加賀国や越中国には現われない。どうやら扶持百姓の取り立てには、能登国の地域性が関わっているらしい。

扶持百姓に登用された有力百姓は、いま語ったように能登国の要所に多い。この事実に注目したさきの奥村哲氏は、その背景を、彼らの海上における経済活動を押さえること、そして能登半島沿岸と富山湾の制海権を握ることにあったとも推定した［奥村一九八〇］。後者の目的は越中国富山城の佐々成政への備え、牽制である。

扶持百姓の取り立ては、確かに信長の横死など政情不安のもとで集中的に行われた。しかし、だからといって、急場しのぎの代替案ではなかった。在地領主的性格をあわせもつ有力百姓の経験や実績を、そのまま支配の仕組みのなかに取り込むことが、領国の安定化のためには、当時考えうる最適な方策だったのではなかろうか。

利家がなぜ扶持百姓を取り立てたのか、筆者の見方をまとめておこう。本能寺の変後の混乱のなかで、利家は在地支配の一部を、地域の有力百姓に委ねる、扶持百姓の仕組みを作り出した。それは彼らの地域における立場や海上における権益を、利家がそのまま追認し、掌握することであった。扶持百姓の任用は、新たな支配者である利家と在地との軋轢《あつれき》を最小限に抑えながら、能登国の実情にあわせて在地支配を円滑に行うために、利家が考え出した施策であった。新たな支配機構を構築せずに、新領国を安定的に治めるための、利家の積極的選択だったと考えていい。

だから、平時においても扶持百姓は登用されたし、支配が安定化したのちも、彼らはその立場を奪われることもなく、のちの加賀藩における村役人＝十村役《とむらやく》に変化していったのである。

領国の特性にあわせた検地

扶持百姓の登用は、利家独自の、また利家の支配領域でも能登国にのみ現われる特徴的な政策であった。利家・利長親子による検地も、いわゆる教科書的な豊臣大名のそれ（いわゆる太閤検地）とはかなり様相が異なっている。

加賀藩の石高（表高《おもてだか》。幕府公認の石高のこと）百十九万石（のち百二万石）は、慶長十年（一六〇五）までの検地の結果をもとに確定された数値である［木越二〇〇〇］。

利家の能登一国拝領後、利家・利長は立て続けに、そして繰り返し検地を実施した。木越隆三氏の整理によって利家生前のこれをまとめると、天正十年（一五八二）三～十一月・翌年八～十二月の能登国、天正十一年五～八月の加賀国（河北・石川両郡）を端緒に、天正十三年閏八～九月の越中国三郡、天正十四年三～四月・同十七年五～七月の能登国、文禄四年（一五九五）十一月の越中国新川郡、慶長三年（一五九八）九～十二月の加賀国（河北・石川両郡）、同年十月の越中国新川郡となる［木越二〇〇〇］。

検地の手法は独自のものであった。利家最後の検地となった慶長三年（一五九八）の加賀国北二郡の検地まで、一反＝三六〇歩制（いわゆる太閤検地方式では一反三〇〇歩制）を貫き、石高ではなく俵高《ひょうだか》を使用した。ちなみに、一反＝三六〇歩制は、加賀・能登両国では元和二年（一六一六）の総検地に際して一反＝三〇〇歩制に改められたが、越中国ではそのまま変更されなかった。俵高の石高への切り替えは、利家の晩年から徐々に行われたらしい。

また、能登国を対象にした天正十年（一五八二）三〜十一月・同十一年八〜十二月の検地では検地帳を作成したが、天正十三年閏八〜九月の越中国三郡検地以降は、検地の結果を一紙（一枚）の目録＝検地打渡状《うちわたしじょう》にまとめて、村方に渡すようになった。検地打渡状は、天正十二年、丹羽長秀による越前国検地で用いられたそれをモデルに作成されたとみられ、一《いっ》筆《ぴつ》（ひとくぎり）ごとの面積や名《な》請人《うけにん》（百姓）を省略し、田畠・屋敷地など地種別の面積や、村高《むらだか》のみを一枚にまとめてある。

検地打渡状の採用後、利家・利長は、検地帳＝土地台帳を作成しなくなった。検地帳の作成をやめた、ということは、在地掌握がずさんになったのであろうか。

天正十〜十一年（一五八二〜八三）の能登国検地は、村落の範囲・境界（四至《しいし》）を定めたうえで、村方から提出された土地帳簿をもとに、検地奉行がこれを点検のうえ、検地奉行と村方との共同作業として測量（丈量）が行われ、その結果、村高が確定されたという［木越二〇〇〇］。おそらく天正十一年の利家・利長による加賀国（河北・石川両郡）検地でも同様の手法が採られたのであろう。

つまり村落の石高は、大名が一方的に押しつけたものでも、村方の主張のみに基づくものでもなかった。大名・村方双方の承認によって確定された精度の高いもの、ということになる。結果的に、村高は大名・村落間の合意事項だから、村方は年貢米をその村高の通り、責任をもって納めざるをえなくなったという［木越二〇〇〇］。

そして基礎的なデータが揃えば、以後は手間のかかる検地帳の作成は省略できる。検地打渡状はそうした発想のもと編み出されたらしい。天正十三年の越中国三郡検地にあたって利長が導入した検地打渡状を、翌年の能登国検地以後に利家が採用した理由を、木越氏は「村高掌握の基礎が固められ、一筆ごとの掌握が不要となったから」（一七六頁）と説明している［木越二〇〇〇］。

確かに、検地帳の作成は、検地打渡状の登場によって省かれることになった。だが、村高の把握は決して曖昧ではなかったし、大名・村落双方で取り決めた以上、村高をもとにした年貢や夫役も、（理屈のうえでは）村方の責任において確実に徴収できた。検地打渡状の採用は、そのまま在地掌握のずさんさを示すものではなかったのである。

利家・利長による検地の方法は、このように独特ながら合理的である。しかも筆者のみるところ、独自の手法、とくに検地打渡状の登場は、利家・利長領国の特性にあわせた結果ではなかったろうか。

発想は扶持百姓の登用と同じである。利家・利長が、扶持百姓を押さえて彼らの縄張りを掌握したように、検地打渡状に記された村高という一点を村方に認めさせることで、村落の内部に立ち入ることなく、これを円滑に統治しようと考えたのであろう。

木越氏は検地打渡状に村高のみが記された点を、「村内の百姓個々の土地所持（占有）関係に関与せず村中に任せていることを示す」（四九八頁）と説明した［木越二〇〇〇］。おそらく利家領内の村落には、百姓個々の土地所有関係の調整や、個々の土地から年貢を集めて村高通りの年貢を納めるだけの能力が備わっていた。検地帳の作成を省いても、村落内部で各種の調整をして規定＝村高通りの年貢や諸役を請け負うだけの自律性が、利家・利長領国の村落にはすでに存在していたのである。

利家は地域社会に妥協したのか

かつて山口啓二《けいじ》氏は、藩政（藩体制）成立期の加賀藩を「「常備軍」的家臣団と一揆体制との妥協のうえに動揺を繰返してきた」（一九八頁）と評価した［山口二〇〇八］。前田家の家臣団は、利家・利長が支配地を転々と変え、また、支配領域を拡大するなかで、リクルートしてきた人材からおおむね形成されている。そのため彼らが最終的にたどりついた能登・加賀・越中三か国（加越能地域）出身の家臣は少数派で、有力家臣は利家・利長の故郷尾張国や越前国など、それ以前のゆかりの地で召し抱えたものが多かった。つまり家臣の多くは土着性が薄く、利家・利長は「常備軍」的な家臣団を、（他の大名に比べて）さほどの苦労もなく形成することができた。

だが、加越能地域（とくに加賀国）は一向一揆の盛んな土地柄である。地域社会の枠組み＝「一揆体制」を解体、あるいは、なだめすかして支配するのは難しい。だから、利家（利長）は有力百姓を扶持百姓として取り立て、「いわば一揆体制をそのまま地方支配に転じる」（一九五頁）方針を選んだ。有力百姓の在地領主的側面を否定しなかった。それが山口氏の見立て＝「妥協」なのである。

山口氏の説に若林喜三郎氏も同調した。利家の政策を「士農分離と現状との妥協を基本方針とする」（二〇五頁）と評価した［若林一九七〇］。妥協という表現にはやはり扶持百姓の登用や、独自の検地政策が、在地社会の現状追認に甘んじている、という批判がすけてみえる。

中世から近世への転換期にあって、半農半士というべき扶持百姓の公認や、太閤検地原則に従わない検地の方法は、兵農分離への逆行として、否定的に捉えられてきたのである。しかし昨今は、近世社会とはかくあるべき、という古典的理解が揺らいでいる。豊臣政権や豊臣大名が、自覚的に兵農分離を目指して石高制の確立に努めた、ときめつけることや、その到達度をもって先進的か後進的か、という評価を下すことが疑問視されるようになった。利家の政策もまた「妥協」の一言でかたづけるのではなく、豊臣大名の多様性を表わす一事例として、もっと前向きに評価できないのだろうか。

ここまで語ってきた通り、扶持百姓の登用や検地政策は、必ずしも消極的な妥協策とはいえない。領内の地域性を見極めて、利家や利長が積極的に選んだ支配安定策だったとも評価できる。

とすれば、利家が行った刀狩りも、別の観点から見直せるのではなかろうか。利家の刀狩りも、その唯一とみられる具体的研究、竹間芳明《ほうみん》氏の仕事によれば「一揆の対応に苦慮する前田氏の苦肉の妥協策」（八八頁）だという［竹間二〇〇〇］。ここでも「妥協」の語句が出た。山口・若林両氏の理解はこうして引き継がれているのだが、再考の余地はないのか。

そもそも秀吉の刀狩りには、どのような意味があったのか。古典的な理解を、たとえば『国史大辞典』から引くと、『前田利家』の著者岩沢愿彦氏が「刀狩」の項目を執筆している

〔岩沢一九八三〕。そこには「社寺・農民の所有する武器を領主を通じて没収させた政策」「重要な兵農分離方策として豊臣政権により全国的に実施され、封建体制を大きく前進させた」（三五九頁）とある。

通説的にいえば、刀狩りは、百姓から武具を取り上げることで、彼らの武装蜂起を禁じ、耕作者として農地に縛りつけるための政策であった。事実その通りだとすれば、武具を所持し戦闘に従事する「兵」と、田畑を耕作し年貢を負担する「農」との分離は、これで明確に推し進められる。

しかし、この古典的イメージは崩れつつある。秀吉の全国統一を、惣無事令《そうぶじれい》（大名間交戦権の否定）や喧嘩停止令《けんかちょうじれい》（村落間紛争の禁止）・海賊《かいぞく》停止令（海賊行為の禁止）、そして刀狩令からなる「豊臣平和令」によって解き明かそうとした藤木久志氏がその先鞭をつけた〔藤木一九八五・二〇〇五〕。

藤木氏によれば、「豊臣平和令」の一つ刀狩令は、百姓から完全に武器を取り上げる政策ではなかった。たとえば、加賀国南部の溝口秀勝《みぞぐちひでかつ》領では、いったん没収したうえで、改めて刀・脇差の所持を認めたし、各地の村々には以後江戸時代を通じて、刀槍・銃器のたぐいがおびただしく残されていた。

そうした実態に即して藤木氏は、刀狩令の目的を百姓の武装解除ではなく、その封印と説明した。すなわち、村落や百姓による武具の所持は認めるが、その武装、つまり武具を用いる実力行使を禁じたのである〔藤木一九八五・二〇〇五〕。

藤木氏の議論をうけた尾下成敏氏は、刀狩りの時期に着目した〔尾下二〇一二〕。天正十五年（一五八七）、秀吉の九州平定ののちも、九州の各地では豊臣政権に対する不穏な動きが存在した。その一つは結果的に、肥後国人《ひごこくじん》一揆として表面化し、混乱の責任を負わされた大名佐々成政の切腹に行き着く。翌天正十六年七月の刀狩令は、この肥後国人一揆の発生を受けて公布された。よって、刀狩りは「武力に拠らない形での【九州平定】の実態化と、九州以外の豊臣勢力圏の安定を目指す方策」（五一頁）だった、というのが尾下氏の見解である。

近年の研究動向を踏まえると、利家の刀狩りにも、通説的理解とは異なる評価が可能であろう。たとえば、尾下説に従えば、刀狩りを行った利家の領国は、相対的に支配が「不安定」な地域ということになる。

では、利家の刀狩りについて、残された三通の史料をもとに分析してみよう。刀狩りを命じた利家の印判状は、いずれも写しながら、すべて十一月六日付である。天正十六年（一五八八）のものであろう（以下、その前提のもと議論を進める）。

A．能登国羽咋郡の村々（給人《きゅうにん》知行地）への布達（青木善四郎・長田猪之助宛）

B．加賀国河北郡の村々（給人知行地）への布達（津田平三郎・三井加兵衛宛）
C．大名直轄地（おそらく能登）に対する布達（三輪藤兵衛・大井久兵衛宛）
そのうちAの印判状は次のようなものである。

（読み下し）

一、矢田村　　一、院田村
一、しなの田村　一、谷屋村
一、もろ村入町

右大仏殿《だいぶつでん》の釘かなもの《（金物）》の御用として、諸国在々百性共の刀・脇指を改め、これを上《あ》ぐべきの旨仰せ出だされ候間、在々家並に刀・わきさし《（脇差）》・鑓・鉄砲あり次第出だすべく候、もしかくし《（隠）》置くにおいては、後日に聞き出だし候共成敗すべく候、給人として急ぎ候て糺明せしめこれを上ぐべく候、そのうえ村々の長百性お山《（尾山）》召し出だし、せいし《（誓紙）》させ上ぐべく候也、

十一月六日　　利家御印

青木善四郎殿

長田猪之助殿

（現代語訳）※本文のみ

大仏殿（方広寺《ほうこうじ》）の金物に用いるため、諸国在々の百姓たちの刀・脇差をとり調べて、これを提出させるよう命令が出されました。（右の村々の）在々の家ごとに刀・脇差・鑓・鉄砲があれば提出するように。もし隠し立てすることがあれば、後日報告を上げても成敗する。給人たちに急ぎ調査させて、（武具を）提出させるように。そのうえ村々の有力百姓を尾山（金沢）に呼び出して、起請文を出させるように。

（「菅君雑録」巻二下）

A〜Cに、ほとんど文言の違いはないので、B・Cの引用は省略する。ただ、給人（家臣）知行地を対象としたA・Bでは、村々の有力百姓を尾山＝金沢城に呼び出して起請文《きしょうもん》を提出するよう命じたのに対し、大名直轄地への命令Cでは起請文をとるだけで尾山召喚の文言はない。

刀狩りを遅らせた利家の真意

竹間芳明氏は、利家の刀狩り文書を、次のように読み解いた［竹間二〇〇〇］。利家の刀狩り（十一月）が、秀吉の刀狩令（七月）から四か月も遅れていること、有力百姓の責任で「村の百姓に武器を所持させないという確認作業が行われた」こと。そしてこの二点を根拠に、「一揆の対応に苦慮する前田氏の苦肉の妥協策」との評価を導いた。

長百姓が誓紙を提出する以上、建前的には、彼らの責任において、村の百姓に武器を所持させないという確認作業が行われたことになる。ここに、一揆の対応に苦慮する前田氏の苦肉の妥協策が窺える。字句どおり、村々の家々ごとに、代官・給人がしらみつぶしに武器を改め没収すれば、どのような事態が起こるか、初めから想定できたからこそ、中央からの刀狩指令から、四ヵ月もたった後に家中への指示を行ったのである。つまり四ヵ月もの間、前田氏の支配中枢では、この施行に苦慮し、対策を検討していたことになる。

（竹間芳明「北陸の刀狩」八七〜八八頁）

この見方に異を唱えたい。まず時期の問題である。竹間説の論拠は、秀吉の刀狩令が天正十六年（一五八八）七月に広く施行（実施）されたことを前提に、それを起点として利家の刀狩りが四か月遅れた点を重視する。

確かに、加賀国南部の溝口秀勝領における刀狩りは、天正十六年八月十八日には、すでに没収した武具類の受取状が発給されており、七月の刀狩令への迅速な対応がうかがわれる（溝口文書）。だが、毛利領国の出雲《いずも》国では、受取状が翌年正月十一日付であるし、筑紫《つくし》国の筑紫広門《ひろかど》領や肥前《ひぜん》国の松浦《まつら》領への発令は翌年四月である（筑紫文書・松浦文書）。薩摩《さつま》国の島《しま》津義久《づよしひさ》はまた、天正十七年（一五八九）正月にいたって、刀狩りの遅延を、秀吉の意をうけた石田三成と長岡《ながおか》（細川）幽斎《ゆうさい》から叱責された［藤木一九八五］。

秀吉が「諸国百姓等」を対象に刀狩りを指令したのは、現存の秀吉朱印状《しゆいんじよう》によれば、確かに天正十六年七月である。しかし、実施時期については大名・地域によってまちまちで、別途時期をずらして改めて発令、という場合すらあった。

つまり、利家による十一月の刀狩りが、七月から四か月遅れである点は、それほど特別視する必要はなさそうである。

とはいえ、四か月の遅れがなぜ発生したのか、その理由は検討に値する。竹間説では、一向一揆の担い手であった百姓たちの抵抗を予測して、「前田氏の支配中枢では、この施行に苦慮し、対策を検討していた」から、四か月遅れたという。しかし、遅れた理由は想像に過ぎないし、なぜ四か月なのか、という疑問が解明されていない。

そこで、もっと視野を拡げて、刀狩り以外の史料、ここでは利家領国の年貢算用状に注目してみよう。髙澤裕一氏は、天正十〜二十年（一五八二〜九二）の間に発給された利家の年貢算用状が、いずれも直轄地（御台所入地《おだいどころいりち》）の年貢総決算（「惣算用」）の際に、在国する利家によって処理（作成・発給）された、ということを明らかにした［髙澤二〇一七］。

年貢算用状の発給時期や有無が、年によってバラバラなのは、そのためであった。たとえば、天正十五年（一五八七）は五月〜七月、天正十六年は八月〜十月の発給。小田原《おだわら》出兵と奥羽仕置《おううしおき》のあった天正十八年や、朝鮮出兵がはじまった天正二十年（文禄元年。一五九二）に関しては、おそらく利家の留守と多忙のため発給なし、といった具合である。

天正十六年の利家は、年始から少なくとも七月末までは上方（大坂・京都）で過ごした。四月十四日に後陽成《ごようぜい》天皇の聚楽第行幸《ぎょうこう》に供奉し、翌十五日には徳川家康らと秀吉に忠誠を誓う起請文を作成した（「聚楽第行幸記」）。上洛した毛利輝元が、利家邸を訪問したのは七月二十九日である（「輝元公上洛日記」）。

秀吉の刀狩りはこの間、七月（七月八日）付で発令された。つまり利家は、秀吉の刀狩り発令当時、上方にいた。このあと明らかにするように、利家の刀狩りは重要な内容（秀吉のそれより厳しい内容）を含んでいた。したがって年貢算用状と同じく、利家の在国時に発令する必要があったと考えられる。

四か月の遅れを解明する糸口は、おそらくその辺りにある。

毛利輝元の訪問をうけた利家は、その後ほどなく帰国したらしい。例の年貢算用状がさきに述べた通り、八月下旬から十月下旬にかけて発給された。利家の刀狩りはそのあと、十一月の発令である。

秀吉より厳しかった利家の刀狩り

筆者の見立てはこうである。刀狩りは利家領国にかぎらず百姓たちの抵抗、地域社会の混乱をまねく政策であった。したがって利家は、自身が上方にいて不在という事情にかんがみて、秀吉による七月の刀狩令をすぐには施行しなかった。そして帰国後も、地域社会を動揺させる刀狩りを後回しにして、まずは未処理だった前年以前の年貢の決算を行い、十月下旬までにその仕事を済ませ、そのうえで十一月六日、刀狩りに踏み切ったのである。つまり利家の刀狩りが四か月遅れた理由は、利家の居場所や年貢算用の処理、そして、このあと述べる内容の厳しさから説明できるのである。

以上、刀狩りの「施行に苦慮し、対策を検討していた」ために四か月遅れた、という竹間説が成り立たないことを確かめた。続いて、藤木氏が「他に類例は知られない」（［藤木一九八五］一八二頁）と特筆した、利家による刀狩りの内容を検討し、「一揆の対応に苦慮する前田氏の苦肉の妥協策」という竹間説が正しいのかどうかを検証したい。

さきに示した利家の刀狩りA〜Cは、わざわざ秀吉の刀狩令を一部要約したうえで、さらに利家の名のもとに命令している。現存する史料をみるかぎり、利家以外の大名はいずれも、秀吉の刀狩令（朱印状）をもって刀狩りを実施したようである。なぜ利家だけが、みずからの印判状を用いて、刀狩りを命じたのであろうか。

A〜Cの印判状を眺めると、考えられる可能性はおそらく次のように整理できる。秀吉の刀狩令とは異なる対処を行うため、そして秀吉の刀狩令にさらに条件を加えるため、である。秀吉の刀狩令にない二つの要素を、利家は付け加えた。

一つは「在々家並に」、あらゆる所の家ごとに、という文言である。秀吉の刀狩令にはこのような注文はない。利家は、すべての百姓家から、つまり徹底的に武具を集めよ、と命じたのである。

もう一つは、「村々の長百姓」に起請文を提出させる、という一文である。武具を集めたうえで、有力百姓に、それで手抜かりはない、まちがいないことを誓わせるという含みであろう。それは後日なんらかの不行き届きが発覚した場合、彼らが責任を負わされることを意味する。秀吉はそこまで命じていない。

その一方で、秀吉の刀狩令にみえる「百姓は農具さへもち、耕作を専《もっぱ》らにつかまつり候へば、子々孫々まで長久に候（百姓は農具をとって耕作に専念していれば、子々孫々まで永久に安泰である）」といった、刀狩りを正当化する理屈などを利家はすべて省略した。利家はただ、刀狩りの趣旨（「大仏殿の釘かな物《（金物）》の御用」）だけを述べて、武具を没収する、と命じた。利家の刀狩りは、秀吉のそれよりも、ずいぶん厳格な、容赦ない命令であったと評価できる。

利家が独自に刀狩りを発令したのは、おそらく秀吉よりも厳しくこれを命じるためであった。だから発令すれば、地域社会を混乱させることが充分予期されたので、刀狩りに先立って、年貢の決算を優先的に処理したのであろう。

とすれば、「一揆の対応に苦慮する前田氏の苦肉の妥協策」という竹間説は、たぶん成り立たない。利家は「苦肉の妥協策」どころか、秀吉よりはるかに厳しい態度をもって刀狩りを布達したのだから。

念のため、竹間説の論拠をもう少し考えておこう。竹間説では、利家の刀狩りにみえる「在々家並に」武具を取り上げることが「現実性を持ったかという点に関して、疑問を持たざるをえない」「国主に反抗的な加賀の北二郡で、百姓の完全な武器没収が、何の抵抗もなく、滞りなく実施できたなどありえるはずがない」（八七頁）などと述べていた。

筆者もこの部分に異存はない。刀狩り＝武装解除説を否定した藤木氏の研究などを踏まえても、法令の文言通りに武具の没収が行われたとは考えがたい。一向一揆が盛んな土地柄ゆえに、百姓たちの抵抗が予想される、という竹間説の見方も、もっともである。

竹間説では続いて「刀狩指示の意図の如く、百姓の武器を根こそぎ没収した形跡はない」（八七頁）と述べる。確かに、利家領国における刀狩りの結果を示す史料は、何一つ残されていない。この叙述にも問題はないだろう。

ところが、竹間説では「指示の最後に書かれているように、村々の長百姓を金沢城へ参上させ誓紙を取るという手段のみが厳格に行われたと考えられる」（八七頁）と論を進めるのである。要するに、百姓からの刀狩りは法令の文言通りには行われなかったが、有力百姓からは、法令の文言通りに起請文をとることができた、というのが竹間説である。だから、在地に対して「妥協」した、という結論になるらしい。

きわめて不自然な見方である。法令の文言通りに実際の物事が運ばないことは、確かに想定できよう。だから、百姓からの武具没収はうまくいかなかった。そこまではわかる。では、なぜ有力百姓からの起請文だけはとることができたのか。普通に考えれば、百姓からの武具没収ができないなら、有力百姓の起請文をとることも難しい、という理解になるだろう。利家領国における刀狩りの結果を示す史料が何一つ残されていないのと同様に、有力百姓から起請文をとったことを示す根拠も何一つ存在しないのである。個々の百姓の抵抗によって刀狩りが不調に終わるのなら、彼らの上位に立つ有力百姓は、より強力に抵抗するはずであろう。

刀狩りに関する竹間説は、これでほとんど崩れたのではなかろうか。現実に実施されたかどうかはともかく、利家は「苦肉の妥協策」どころか、刀狩りを行ったうえで有力百姓から起請文をとるという二段構えの、より厳密な刀狩りを命令したのである。

村落のまとまりを重視した政策

ここまで扶持百姓、検地政策、刀狩りという三つの政策を眺めてきた。その結果、利家（場合によっては利長）がどのような考えのもと領国経営にあたったのか、という政策基調がおぼろげながらみえてきたのではなかろうか。

利家はみずからの支配を行き渡らせるために、どうやら村落やその有力者を重視したようである。

当時の有力百姓は、扶持百姓が軍事行動への奉仕を行っていたように、在地小領主としての性格や、地侍《じざむらい》的な側面を色濃く残していた［若林一九七〇］。たとえば、能登国羽咋郡の有力百姓藤右衛門《とうえもん》の息子は、利家の家臣となって知行百四十俵を与えられ、上島弥五郎《うえしまやごろう》を名乗ったが、天正十一年（一五八三）四月の賤ヶ岳の合戦で討ち死にしてしまった。利家はそこで、弥五郎の弟弥六《やろく》を登用しようとしたが、父親の藤右衛門は跡取りがいなくなるから、とこれを断り、結果的に弥六は八十俵の扶持を与えられた（「富来弥六書上」）。有力百姓の身分は、このように兵（士）と農とのあいだで揺れ動く、きわめて流動的なものであった。

加賀国の村落の場合でも事情は変わらない。村落の有力者は、半士半農といった性格をもっていたらしい。しかも彼らのなかには、加賀一向一揆の基盤であった「郡《ぐん》」（郡単位の一揆組織）を構成した「組」（地域単位の一揆組織）の有力者も少なくなかった。室町幕府は加賀国の守護権を本願寺《ほんがんじ》に与え、その現地における執行者が「郡」であったともいう［神田一九九八］。

天正八年（一五八〇）、柴田勝家に制圧されるまで、本願寺の指揮下、加賀一向一揆の末端につらなった彼らは、他国の大名などとの対外交渉権や、独自の軍事指揮権こそもたなかったが、治安維持などの在地領主的な権限を共有していた［金龍二〇〇四］。

利家がなぜ村落を、また有力百姓を重視したのか。それは、年貢や夫役を確実に徴収するには、彼らの過去や性格を否定することなく、むしろ容認、すなわち従来通りの権益をある程度認めたほうがいい、と判断したからにほかならない。

彼らの有する従来の権益なるものは、地域によりさまざまだったにちがいない。しかし、各種の権益をいちいち追認することも利家は行わなかった。それは、たとえば能登の場合、扶持百姓の任用にあたって、先の〈表2〉のように「惣地下の儀」の「肝煎《きもいり》」、「地下の儀」を「馳走」といった、きわめて曖昧な指示を与えた事実からも明らかであろう。

検地政策からこれを説明すれば、いわゆる太閤検地の原則を厳しく適用して、利家が直接、個々の田地や百姓を把握することは、それまでの村落秩序の破壊にほかならない。有力百姓の反発や抵抗を予想して、利家は太閤検地原則の適用を得策とみなかった。検地帳の作成にあたって、従来の区画（郷・庄・組）を用いたりしたのも［若林一九七〇］、検地帳の作成に代えて検地打渡状を村落宛に発給するようになったのも［木越二〇〇〇］、地域における秩序をおおむね、そのままの形で残すことを意味している。

利家は、有力百姓に従来通りの権益を許し、また、地域ごとの、あるいは村落のまとまりを重視した。従来からの村落秩序の有効活用である。利家は地域社会の現実に向き合い、みずからの流儀で、安定的な領国支配をめざした。決して「妥協」したわけではない。

過酷な要求がなされた在地社会の現実

かつての「妥協」という消極的な評価の背景には、一向一揆の残存勢力が意識されていたらしい。だが、具体的にその一揆の残党がどのような動きをみせ、利家に抵抗したのかは、意外なことにほとんど明らかにされていない。

秀吉は天正十五年（一五八七）六月十八日付の伴天連《ばてれん》追放令のなかで、次のように述べている。

（読み下し）

一、伴天連門徒《もんと》の儀は、一向宗よりも外に申し合わせ候由、聞こし召され候、一向衆その国郡に寺内をして、給人へ年貢をなさず、ならびに加賀国一国門徒になり候て、国主の富樫《とがし》を追い出し、一向宗の坊主もとへ知行せしめ、そのうえ越前まで取り候て、天下のさわりになり候儀、その隠れなく候事、

（現代語訳）

一、キリスト教徒は、一向宗を上回るたくらみを行っているとのことを（秀吉は）聞い

ている。一向宗の門徒は国郡に寺内をつくり、領主へ年貢を納めず、加賀国は一国全体が一向宗門徒になって、守護の富樫氏を追放して一向宗の坊主が支配を行い、越前国まで進出して、天下の障害になったことはみなが知っている。

(「三方会合記録」)

加賀一向一揆の猛威は、天下周知のことであった。だが、秀吉の言葉は、当時一般的だった加賀一向一揆のイメージを語ったに過ぎず、「現実の」課題であるキリスト教を排撃するために、「過去の」加賀一向一揆をひきあいに出した、ようにも受けとれる。

伴天連追放令における加賀一向一揆は、天正十五年の時点におけるその脅威を語ったものではない。あくまでも過去の、通俗的な加賀一向一揆像である。

繰り返すが利家・利長親子が大名であった時期、加賀一向一揆の残党が何を企《くわだ》て、どのような行動を起こしたのか、はほとんどわからない。

利家や利長が加賀一向一揆の残党を恐れていた、というのならば、具体的にどこの誰が抵抗なり蜂起を企てていたのかを確かな史料から実証しないかぎり、そうした理解は想像にとどまるのである。少なくとも利家や利長の生前において、彼らの支配領域において、一向一揆が組織立って武装蜂起した事実はない。

これまで一揆対応への苦悩が、発令時期を規定したとすら考えられてきた刀狩りが、さきに考えたように、一揆の問題を持ち出さなくても説明できること一つをとっても、従来の研究者がいかに、この実態のみえない一向一揆の〝幻〟に引きずられてきたかがよくわかる。利家や利長の政策を、すべて一向一揆対策という理屈で解き明かすのは、北陸地方の一向一揆の中核が加賀国のそれにあったという事実からの類推でしかない。

だから、ここではあえて、一向一揆という要素ぬきに説明しておきたい。

利家はただ、いかに領国支配を安定させるかを考え、行動していた。在地社会の現実に向き合った結果が、扶持百姓の登用であり、検地打渡状の出現であった。

だが、村落やその有力者重視の政策基調は、刀狩りを厳命した天正十六年（一五八八）あたりから変化のきざしをみせた。

利家の刀狩りが実際に、どれだけ文面通り実行されたのかはわからない。しかし、刀狩りの内容は秀吉の指令よりも過酷なものであった。家ごとに刀狩りを行ったうえで、村落の有力者に起請文を出させる、という命令は、これまでの利家の政策を眺めれば当然の処置であろう。刀狩りの実情が、藤木久志氏が明らかにしたように武装解除ではなく、百姓たちの武装凍結にあったとすれば［藤木一九八五・二〇〇五］、それをより確実に実現するには、百姓たちを指導する村落の有力者たちを押さえこむ必要がある。利家の刀狩りは、文面だけをみれば、これ以上に周到なものがないほどである。

刀狩りの事例にうかがわれるように、利家の政策はこの時期から、村落やその有力者を重視しつつも、地域社会に対して過酷な要求をつきつけるものに変化していった。

刀狩りの天正十六年までに、荒地の開拓、未進《みしん》（未納付）年貢の解消、年貢の米納化《べいのうか》がおおよそかたづいた。秀吉が統一基準として採用した京枡《きょうます》（従来の枡よりも小さい）も導入され、同年分の年貢から、利家領国における俵高が一俵＝三斗から五斗に切り替わっている［高澤二〇一七］。こうして利家領国における年貢・夫役の徴収システムはほぼ固まった。近世的な徴租法（石高・米納制）がここに確立する。

そして翌年五月から七月にかけて実施された能登検地において、利家は機械的に一律二十四パーセント（二免四分《にめんしぶ》）の打出《うちだし》（石高増加）を断行したのである［高澤二〇一七・木越二〇〇〇］。しかも二十四パーセントの増加分は、前年すなわち天正十六年分の年貢にさかのぼって徴収された。

結果は目にみえている。年貢の未進や百姓の逃散《ちょうさん》（耕作地の放棄）が多発した。従来この事態の説明には、一律二十四パーセントの年貢増徴がおもに持ち出されてきた。「おそらく大規模な軍事行動の必要から」（四四頁）このように年貢が増やされたという［高澤二〇一七］。

ただ、もう少し丹念にみてみよう。年貢増徴の指令を行った天正十七年（一五八九）中盤の時点では、翌年の小田原出兵や三年後の朝鮮出兵開始は当然、その日程すら決まっていない。この時点で確定・実施されていたのは、天正十六年七月五日付の秀吉朱印状で発令された翌年七月〜八月における東山の大仏殿普請の人夫負担一万人である（肥前小城鍋島文書。利家・利長領国に賦課）。小田原出兵まで「大規模な軍事行動」はなかった。

したがって、天正十六年分の年貢増徴は、さしあたり大仏殿普請をめぐる財政的要請によると考えたほうが穏当である。それから、未進年貢の増加や耕作地の放棄も、そのすべてを年貢増徴だけから説明するのではなく、どこまで厳密に履行されたかは不明だが、法文上は容赦のない刀狩りを含めて理解してはどうだろう。在地社会の混乱は、刀狩りに年貢増徴、そして大仏殿普請が重なり合った結果ではあるまいか。

フレキシブルな領国支配

おもに利家による在地支配やその政策基調を眺めてきた。その独自性はしかし、給人＝家臣団統制にも発揮されている。以下、利家・利長の家臣団について語ってみよう。

繰り返しになるが、利家はそもそも尾張国荒子の地侍、それも四男の生まれである。織田信長の引き立てによって、長兄利久に代わって家督を継いだのが（伝承によれば）永禄十二年（一五六九）である。その後、天正三年（一五七五）に越前国府中で三万三千石、同九年（一五八一）に能登一国、同十一年（一五八三）に加賀国の北二郡を加え、その支配領域は急速に広がっていった。

支配領域が広がる都度、利家は家臣に加増したり、必要に応じて有望な人材を見出して、家臣団の増強に努めた。こうして能登拝領の時点で、のちの加賀藩前田家の家臣団は、ほぼその骨格が形成されていたという。それは、家臣団の中核が、利家の尾張時代から仕えた荒子衆、越前時代の府中衆であること、そして身分の上下の別なく、家臣団のほとんどが加越能地域以外の出身者で占められていた事実からうかがえる［浦田二〇一六、若林一九七〇］。そうした傾向は、利家の家臣団から分岐し、独自に形成された利長の場合にもあてはまるらしい。

利長の履歴は、天正十三年（一五八五）に越中国三郡の大名に取り立てられるまで不明な部分が多いが、彼もまた利家と同じく各地を転々とした。父利家の能登入国にあたって越前国府中で一万石、利家が加賀国に領知を広げ、金沢城に移ると、加賀国松任《まっとう》（石川県白山市）で四万石、そして越中国三郡の大名となるわけである。

利家・利長の家臣団には、どのような特徴があったのか。端的にいえば、利家・利長の一族を含む多くの家臣が、尾張・越前・加越能へと異動を繰り返した結果、在地領主的性格をほとんど失った、ということである。土着性がない、と換言してもいい。

唯一の例外は、能登国鹿島半郡を支配する長連龍である。能登国守護畠山氏の旧臣長連龍は、天正八年（一五八〇）九月一日、織田信長から鹿島半郡を安堵され、信長の死後、利家に従属した。利家は長連龍独自の在地支配に介入せず、連龍も利家・利長とは異なる基準＝太閤検地の原則に従った検地を行うなど、その存在は利家の家臣団のなかでは異色である［木越二〇〇〇など］。だから、長連龍は利家の家臣ではなく与力大名、との見方もかつてはあった［伊東一九八四］。以下の検討では、ひとまずこの例外的存在は置いておく。

利家・利長の家臣ほぼすべてに共有される特徴は、彼らの権力基盤が在地社会にはほとんどない、という事実である。彼らの立場を保証するものは、利家・利長との結びつき、大名当主への忠誠であった。いかに利家・利長に尽くすかが、家臣たちの生存に直結した［奥村二〇一六、浦田二〇一六］。大名当主への集権化が進んでいた、といいかえてもいい。したがって他の大名に比べて、利家・利長は家臣団の統制にはそれほど苦慮することもなく、安定的に彼らを従えていたと考えられる。

しかも、家臣が在地社会に深く根をおろさないよう、つまり給人による在地支配の制限にも余念がなかった。知行地からの年貢徴収を「縄打田地《なわうちでんち》」、つまり検地を行った田畑に限定したり、知行の方式も、知行地の細分化と相給《あいきゅう》（一つの村に複数の家臣が給人として存在する形式）を基本にした。利家はまた、大名直轄地の拡大によって、家臣に対する大名の優位をより高めることにも努めていたらしい［若林一九七〇、奥村一九八〇、金龍一九八七、木越二〇〇〇など］。

先行研究が明らかにした利家・利長家臣団の特徴は、以上の通りである。しかし、筆者はさらに、家臣団の統制・把握の仕方に独自性があるとにらんでいる［大西二〇一八ａ］。結論からいえば、利家・利長はそれぞれ別個の大名として並存したが、彼らの家臣団は、一括して把握されていたらしいのである。

そもそも利家・利長それぞれの領国が、豊臣政権からは一括して把握される場合があった。家臣への知行宛行《あてがい》などの事実から、加賀国（河北・石川両郡）・能登国は利家、越中国三郡は利長と、支配地の領有権は明らかに分かれていた。ところが、豊臣政権は軍役や夫役を、利家・利長領国＝前田家の領国にまとめて賦課《ふか》する場合があった。その結果、〈表３〉のように、利家・利長は、互いの領国をまたいで、上方への蔵米（年貢米）の輸送などで協働（利家・利長領国の区別を問わず一括して対応）した。いずれかがいずれかを補完する場合もあった。石野友康氏はこれらの事例から、越中国三郡も「利家領分」と考えたが［石野二〇一六］、さきに述べたように知行宛行の主体は明確に分かれている。利家が越中国三郡を対象に知行の給付や安堵を行った事実はなく、利長の場合も同様に、加賀・能登両国の知行宛行には無

〈表3〉前田利家・利長への軍役など一括賦課および両者協働・相互補完の事例

No.	年月日	内容	典拠
1	天正13年 9月19日	「さゝ川村鮭川の事」を留守の利長に代わって利家が指示	同日付利家印判状写 （川合文書）
2	（天正14年） 5月23日	常陸国の大名佐竹家の使僧の伝馬につき定書。秀吉、金沢～富山間を利家・利長に指示	同日付秀吉朱印状写 （佐竹文書）
3	（天正15年） 2月15日	有賀直政、利長の九州出陣のため、越中の真宗門徒の人質を「尾山」＝金沢城に集めるようにとの利家の指示を通達	同日付有賀直政書状 （善徳寺文書）
4	天正15年 4月18日	「当所畠方千四百余」の開作を、九州出陣中の利長に代わって利家が指示	同日付利家印判状写 （菊池文書）
5	天正15年 4月21日	陸奥国南部家領「田名部」からの逃れ船の取り押さえを加越能三か国の「浦々百姓中」へ利家が指示	同日付利家印判状 （前田育徳会所蔵文書）
6	天正17年 7～8月	大仏（方広寺）普請につき、秀吉、利家・利長に一括して一万人の人夫負担を指示	天正16年7月5日付秀吉朱印状 （肥前小城鍋島文書）
7	天正18年 3月13日	利家、信濃国楢井の原孫右衛門に加越能三か国での商売につき諸役免除	同日付利家朱印状 （反町文書）
8	天正19年 4月27日	利長、加賀・越中の米売却を指示	同日付利長書状 （小宮山文書）
9	天正19年 5月24日	利家、越前国敦賀の高島屋に加越能三か国の米裁許を命じる	同日付利家書状 （小宮山文書）
10	（天正20年、ないし文禄2年） 正月3日	朝鮮出兵につき、利家、加越能三か国から水主の徴発を指示	同日付利家黒印状 （前田育徳会所蔵文書）
11	（天正20年） 正月	朝鮮出兵につき、利家、利長配下の軍勢を加えて出陣する（秀吉の「御諚」による）。利長、「北国御番」として領国に留まる	正月7日付利長書状 （近藤文書）
12	（天正20年） 10月10日	秀吉、「加賀・越中御台所入」（加賀・越中に設定された前田氏の在京賄料＝無役分か）からの苧・鉄の調達を利長に指示	同日付秀吉朱印状 （妙法院文書）
13	（天正20年カ） 10月14日	利長、秀吉の造船命令をうけ、大安宅船の材料（木材）につき、奥能登での調達を指示	同日付利長書状写 （松雲公採集遺編類纂）
14	文禄4年 正月15日	「高麗城々留守居の事」に「一、千五百人　加賀中納言（利家）人数」、「なごや関白殿御そばにこれ在る衆」に「一、千人　この外千五百人は高麗城々るすい　羽柴越中少将（利長）」。朝鮮渡海の兵1,500人の負担につき、秀吉、利家・利長に一括して指示したか	同日付「高麗国動御人数帳」（島津家文書）
15	慶長4年 2月14日	利家、「能州浦々」「越中浦々」に対し、佐渡金山へ渡海の「ほりこ」一人につき五貫目ずつを徴収すべきこと等を指示	同日付利家印判状写 （松雲公採集遺編類纂）

＊カッコ内の年月日は推定。［大西2018a］より転載（一部変更）

金沢城石垣（文禄期、著者撮影）

関係であった。

〈表3〉中に取り上げた確実な事例のほか、伝承の世界ものぞいてみよう。利家・利長の協働（相互補完）を想定しなければ、整合的に理解できない言い伝えもある。

たとえば、金沢城高石垣の構築伝説である。天正二十年（文禄元年。一五九二）の春（二月ないし三月）、利長が金沢城高石垣の構築に失敗し、利家の不興をこうむった。そこで利家の有力家臣篠原一孝が利長に代わって普請にあたり、高石垣を築き上げた。それが現存する金沢城のいわゆる「文禄石垣」である、という。「三壺聞書」「新山田畔書」「政春古兵談」（いずれも十七世紀後半、加賀藩士の著述）などにみえる伝承である。

「藩祖」利家や「二代藩主」利長の顕彰

に努めるこうした編纂史料が、あえて利長の不名誉を言い立てることから推測すれば、この逸話はことさらに創作されたフィクションとは思われない。石材や積み方の特徴からいっても、「文禄石垣」が、この伝承の時期に築かれたとみて、そう不自然な点はないようである。金沢城高石垣の構築伝説を仮に事実とみる。そうすると、独自の支配地をもつ大名の当主が、豊臣政権からの動員（公儀普請）とは別に、他の大名の本拠地の（城郭）造営に携わったことになる。通常ならばありえない行動ではないだろうか。

この特異な事例は〈表3〉と同じような仮定、利家・利長の協働（相互補完）という筆者の枠組みで考えなければ、説明がつかないのである。

家臣団編成も柔軟に

利家・利長の家臣団もまた、同様であったらしい。たとえば、上方において伏見城造営を指示された利長は、文禄三年（一五九四）の正月二十日、国許の家臣団に対して人足の派遣を指示した（東京古典会『古典籍展観大入札会目録』所収文書。［大西二〇一八a］）。「百石に二人役」（百石の知行につき二人の動員指示）だが、できるだけ人数を用意するように、と中川光重（宗半《そうはん》）らに命じたのだが、指示対象は、利長の家臣もあれば、利家のそれも含まれた。

残存史料から厳密な区分けは難しいのだが、利長書状の宛先のうち、太田長知《ながとも》、近藤掃部助《かもんのすけ》、菊池《きくち》安信《やすのぶ》は利長の家臣、中川光重、岡島一吉《かずよし》、山崎長徳《ながのり》は利家の家臣というべきであろう。

青山吉次《よしつぐ》・片山延高《のぶたか》の両人は「利長様御内《みうち》」＝利長の家臣（「国祖遺言《こくそゆいごん》」）ともいわれるが、文禄四〜慶長二年（一五九五〜九七）頃の正月、利家から能登国所口《ところのくち》城の縄張《なわば》り（建物の配置を定めること）を指示されているから、利家のそれとみたほうがいいのだろう（「松雲公採集遺編類纂」）。

豊臣政権は、伏見城の普請役を、（利家・利長を区別せず）前田家領国に一括して賦課したのであろう。利家は在国中であったから、政権の命令は上方にいた利長に下され、利長が国許にこれを通達、動員指示をかけたのではなかろうか。利長はこのように自身の家臣に加え、利家の家臣にも指示をかける権限をもっていたらしい。

利家・利長の家臣団は、どうやら一体的に把握されていた。文禄三年（一五九四）四月八日、秀吉が前田利家邸に御成（式正御成）した際に、「家中御礼《かちゆうおんれい》」として名前が挙がる面々は、利家および利長の家臣たちが混在している。すなわち中川光重、篠原一孝、村井長頼、前田長種《ながたね》、長連龍、高山右近《うこん》、青山吉次、徳山則秀《のりひで》、寺西宗与、奥村永福、不破源六《げんろく》、片山延高、太田長知、岡島一吉、山崎長徳、横山長知、村井長次、菊池安信、奥村栄明《はるあき》、富田重政《しげまさ》、木村景行《かげゆき》、岡田長右衛門《ちょうえもん》である。

彼らの知行宛行なり安堵は、利家の印判状か、利長の花押《かおう》（書判《かきはん》。サイン）が据わった判物で確定していたと思われる。その点では利家・利長家臣団は、まったく別の組織である。だが、彼らの実際の行動をみると、さきに述べたように、どちらの所属か、厳密な区分けは難しい。

そのようなことがありうるのか。利家・利長と同じく、複数の一族大名が複数の国を領知する、という条件を満たす例には、関ヶ原合戦後だが、池田家がある。関ヶ原合戦後、慶長十八年（一六一三）正月の池田輝政《てるまさ》の病没以前、播磨国姫路城主輝政のもと、備前国岡山城の池田忠継《ただつぐ》（輝政の子。異母兄利隆《としたか》が後見）、淡路《あわじ》一国を治める忠雄《ただお》（輝政の子）の領国統治は、輝政の指示下にあり、「池田家臣団」（輝政・忠継・忠雄家臣団）も一体であったという（輝政死後、この「池田家臣団」は徳川家康の指示を仰いで解体される。［次田二〇〇五、倉地二〇一一、伊藤二〇一七］）。

前田家と比べて、輝政の子息はいずれも幼少という相違点もあるが、利家・利長による三か国支配に、池田家と似たような家臣団構造を想定しても、それほど無理はない。

そこで、あくまでも見通しであるが、利家・利長家臣団が基本的に一体であって明確に分別されていなかったと仮定したい。そうすれば〈表3〉に示した利家・利長の協働（相互補完）が、もっと整合的に考えられる。

ここまでの私見を整理しよう。

利家・利長領国の領有権は、加賀国（河北・石川両郡）・能登国＝利家、越中国三郡＝利長と分離されていた。しかし、行政的な命令・執行権は、通常は領有権の帰属と一致するが、利家の不在時は利長、利長の不在時は利家、あるいは豊臣政権から夫役等を一括賦課された場合には、協働する両者が加越能三か国に対して包括的に有していた。豊臣政権も利家・利長個別に夫役等を課す場合と、両者に一括賦課する場合があった。利家・利長は、知行宛行権以外の各種権限を共有し、豊臣政権もその点を認識していたのであろう。

各種の権限共有、という一点に限れば、利家・利長の行動形態は、土佐《とさ》国の大名長宗我《ちょうそか》部《べ》元親《もとちか》・盛親《もりちか》親子による「二頭政治」とも相通ずるものがある［平井二〇〇八］。

だが、知行宛行以外の各種権限が独立した二大名（利家・利長）によって共有されていた点、共有された各種権限はいずれかの単独で行使された点（長宗我部家のように新旧当主が連署状を発給して、共有権限を同時的に行使した事例は確認できない）、共有権限の発動はいずれかの不在か、豊臣政権の指示などの要因に基づく例外的行為であった点、両者ともに上方においても、遠隔地からの命令による領国支配が機能したと類推できる点（長宗我部家などにみられる奉行人制の整備等が確認できない）において、利家・利長による領国支配は独自の特質を備えていたと評価できる。

家臣団構造もそのために特殊性を帯びた。変則的な領国支配に対応するため、利家・利長家臣団の面々は、知行宛行を通じて利家・利長いずれかに一元的に帰属するが、それ以外の局面では両属的＝一体的に把握・編成されていた。

では、その見通しが事実として、なぜこのような特殊な家臣団編成が行われたのだろうか。読者もお気づきであろうが、それはおそらく、利家・利長両者の親子関係に由来する。つまり利家の隠居なり死によって、利家の領国と家臣団はいずれ利長に吸収される、という必然がある。この予定された将来に備えるために、家臣団の統合時にいらざる軋轢を生まないよう、利家・利長がいずれも独立した大名として並存する時点において、すでに緩やかな統一が図られていたのではあるまいか。

豊臣政権もいずれ利家の領国は、利長の領国に引き継がれるとわかっていたから、両者を時に一体のものとして軍役や夫役をかけたのであろう。

ただし、この問題を考える時、文禄二年（一五九三）九月に、秀吉の命によって利家から能登一国を譲られた利家の次男利政《としまさ》の家臣団をどうみるか、という課題がある。

すでに石野友康氏が実証しているように、能登国の実質的支配権はそのあとも利家が握り続けたようだが［石野二〇一六］、利政の家臣団はどうも利家・利長家臣団のような一括把握の対象外であった。

たとえば、家臣が従五位下《じゅごいのげ》に叙され、なんらかの官職に任じられる「諸大夫成《しょだいぶなり》」は、「清華《せいが》成《なり》」大名（第三章）に許された特権であった［矢部二〇一一］。

利家が「清華成」大名になった天正十九年（一五九一）、さっそくその有力家臣村井長頼が従五位下豊後守《ぶんごのかみ》、同じく篠原一孝が従五位下肥《ひ》前守《ぜんのかみ》（のち出羽守《でわのかみ》）に叙任された。このあとも家臣の叙任は続くが、明らかに利長の家臣である太田長知が慶長二年（一五九七）「諸大夫成」の栄誉に与かったのは、利長の家臣が利家のそれと同一視されていたためであろう。「清華成」大名利家に対して、当時、利長は一段下の家格である「公家成《くげなり》」大名に過ぎなかった。

前田利政像（長齢寺蔵、写真提供：石川県七尾美術館）

だが、利政の家臣は扱いが違っていた。慶長元年、利家の有力家臣奥村栄明（河内守《かわちのかみ》）、富田重政（下野守《しもつけのかみ》）、木村景行《かげゆき》（土佐守《とさのかみ》）、岡田源太左衛門《げんたざえもん》（丹後守《たんごのかみ》）が「諸大夫成」を遂げた際、前田孫左衛門《まござえもん》、村井長次（左馬助《さまのすけ》）、富田次太夫《じだゆう》、山崎彦右衛門《ひこえもん》らが、利政家臣（「孫四郎様衆」）であることを理由に「諸大夫成」を許されず、利家が立腹したとの逸話が残されている（「利家公御代之覚書」「国祖遺言」）。この逸話を書き留めた村井長明はこの当時すでに利家の近習であったから、おそらく史実とみていい。

つまり、利長はいずれ「清華成」大名利家から家督を受け継ぎ、その家臣団を吸収する。だが、利政は違う。利家の隠居や死によって統合される新たな大名前田家とは別に、おそらく能登国の大名としての存続が予定されていた。つまり、利政は分家を立てたとみなされ、利政の家臣団もまた、分家のそれとして、利家・利長の家臣とは明らかに区別（差別）されていたのである。だが、能登一国の大名利政は関ヶ原合戦後に改易されてしまう（第六章）。

その結果、こうした特殊な家臣団編成は、慶長四年（一五九九）閏三月の利家の死去、および利政の改易を経て、加越能三か国が利長領に統合され、解消されたと考えられる（利家・利長・利政家臣団の一元化）。

第三章　前田利家と豊臣政権

豊臣政権における利家の立場

前章では、前田利家・利長親子の大名としての姿に着目して、その領国支配を考えた。ここでは、豊臣政権の構成員としての利家について整理する（利長と政権とのかかわりは第五章で考える）。

豊臣政権における利家といえば、「大老」という利家の立場がまっさきに思い浮かぶ。織田信長の家臣時代からの、羽柴＝豊臣秀吉との親密さが、政権における利家の出世、「大老」抜擢につながった、という見方もよく紹介される。

しかし、それ以前の政治的立場や役割はどうだろうか。利家の出世が、秀吉との個人的関係に基づく、という通説は果たして史実とみていいのか。実際に史料をあたると、秀吉との関係が終始良好だったわけでもなく（秀吉の勘気に触れたこともある）、「大老」の立場も必然ではなく、周囲の状況によって利家の地位が急浮上した、という事実もみえてくる。

豊臣政権における利家の立場は、どのように推移したのか。おおよそ時系列に沿って追いかけながら、そのなかで秀吉との個人的関係や、利家を「大老」に押し上げた理由について通説を再検証してみたい。近年の議論を踏まえて、「大老」利家の立場や役割も具体的に整理する。

「秀吉と仲良しだから」の特別待遇

秀吉と利家とは、ことのほか親密な間柄であった、といわれる。第一章でみたように、実子に恵まれない秀吉は、利家の四女をもらいうけて養女にした。宇喜多秀家の正室豪である。賤ヶ岳の合戦では敵味方に分かれたが、敗軍の将利家は降伏後わずか数日にして、秀吉と「一段入魂」であるとその書簡にしたためた（富田文書）。これは利家の変わり身の早さゆえではない。利長が信長の娘婿であったことや、娘婿になる秀家の存在、そして長年、秀吉と良好な関係を築いてきた、という経緯からと考えるのがいいだろう。

本願寺法主《ほっす》顕如《けんにょ》に祐筆《ゆうひつ》として仕えた宇野主水《もんど》は、天正十一年（一五八三）七月に筆を起こした日記（「貝塚御座所日記」）の表紙見返しに、秀吉の実弟秀長《ひでなが》や石田三成など「筑前家中出頭《しゅっとう》面々」、つまり秀吉の家臣団で「出頭」した人々を書き連ねたが、そこには利家・利長親子の名もあった。豊臣政権が形作られていくその途上において、能登一国と加賀国北二郡を領する国持《くにもち》大名利家の存在感は大きい。のちに豊臣「大老」を形成する徳川家康・毛利輝元・上杉景勝はいまだ秀吉の支配下には入っていない。天正十三年（一五八五）七月の関白任官以前、秀吉が当初推戴《すいたい》していた織田信雄（信長の次男）を別格にすると、秀吉の支配下にあって複数か国を領有していたのは、備前国岡山の宇喜多秀家（備前・美作二か国と備中国の一部）、越前国北庄の丹羽長秀（越前国および加賀国南二郡）、そして利家の三人を数えるに過ぎなかった。

天正十六年（一五八八）四月、秀吉は自身が造営した聚楽第に、後陽成《ごようぜい》天皇を迎えた。いわゆる聚楽第行幸である。

この時、秀吉は大名統制の一策として、新たに創出した武家家格を、儀礼を通じて諸大名に披露した。矢部健太郎氏のいう「武家清華家《ぶけせいがけ》」である［矢部二〇一一］。摂関家《せっかんけ》・清華家といった公家の家格を、武家にあてはめて、関白秀吉の豊臣＝羽柴家（秀吉は天正十四年〔一五八六〕十二月に豊臣姓を賜《たまわ》ったが、以後も家名・名字は羽柴であった。ただし煩雑なので、彼とその一族は以下、一般的な呼び方＝豊臣秀吉・豊臣秀長・豊臣秀次のように表記する）を武家における摂関家として、その下に武家の清華家として豊臣＝羽柴家（豊臣秀長・秀次）、織田家（織田信雄）、徳川家（徳川家康）、そして宇喜多家（宇喜多秀家）を位置づけたのである。同年のうちに上杉家（上杉景勝）、毛利家（毛利輝元）が加わる。

前田家の「武家清華家」加入は、やや遅れて天正十九年（一五九一）の正月を待たなければならないが、聚楽第行幸時に諸大名が提出した起請文をみると、利家独自の立場がうかがえる。

天正十六年四月十五日、関白秀吉＝政権への忠誠などを誓う二通の起請文が作成された。一通は織田信雄をはじめ政権最上位の面々が連署、もう一通は長宗我部元親以下、その他の大名たち二十三人が連署したものである。宛先はいずれも「金吾殿《きんごどの》」、政権の次代を担うことを期待されていた秀吉の甥秀俊《ひでとし》（のちの小早川秀秋《こばやかわひであき》。秀吉の正室北政所《きたのまんどころ》の兄木下家定《いえさだ》の子）であった。

利家の名はこのうち前者の起請文に記された。「聚楽第行幸記」から署名部分のみを拾ってみる。

右近衛権少将《うこんえごんのしょうしょう》豊臣利家（前田利家）
参議左近衛中将《さこんえのちゅうじょう》豊臣秀家（宇喜多秀家）
権中納言豊臣秀次（秀吉の甥）
権大納言豊臣秀長（秀吉の実弟）
大納言源家康（徳川家康）
内大臣《ないだいじん》平信雄（織田信雄）

署名の順番は官位による。高いものほど奥に名が記されていることは、一見して明らかであろう。織田信雄から宇喜多秀家まではいずれも参議以上のいわゆる公卿《くぎょう》であり、さらに「清華成」を許された面々（翌十六日に勅許）、「武家清華家」の「清華成」大名である。かたや利家の官位は右近衛権少将、家格は「清華成」大名の下に位置づけられる「公家成」大名（従五位下侍従《じじゅう》以上の大名）。利家はひとり例外的にここに名を列《つら》ねていた。

なぜ、ここに利家の名があるのか。起請文の文面も、二通のうちどちらに署名するかも、おそらく秀吉の指示であった。したがって家格や官位以外の面で、織田信雄らに匹敵するなにか特殊な立場を、秀吉が利家に認めていた、というほかない。少なくとも、いま一通作成された起請文の大名二十三人とは、利家は一線を画する存在である、と秀吉が認めていたことはまちがいない（ちなみに、越中国三郡の大名利長は二十三人連署の起請文のほうに署名している）。

豊臣政権における序列は、秀吉の意のままに決められていた。政治的・軍事的経験に乏しい宇喜多秀家が、なぜ「清華成」大名に列し、しかも早々に公卿の仲間入りを果たしたのかといえば、この少年大名が秀吉の娘婿（養女婿）であったからにほかならない。

利家がここに割りこんでいるのも、秀家と同じく、ひとえに秀吉の意向であった。そこで秀吉の心中を忖度《そんたく》すれば、利家とはひときわ親密だから、というところにたどりつく。

秀吉との個人的関係以外の、利家の特殊な立場、特別な存在感を示す具体的な構成要素は、残存史料からはみつからないのである。

徳川・上杉・毛利といった大々名が、次々に上洛して秀吉に臣従するなかで、大名としての利家の存在感は、普通に考えれば埋没してゆかざるをえない。ところが、どうも実際にはそういう相対的な地位の低下はなかった。

やはり結論はこうである。利家の政治的手腕や武人としての力量、あるいは領国の規模とは別の次元で、この人物は秀吉に評価され、政権のなかで独自の地位を築いていった。秀吉が利家を親しく思うかぎり、その立場が揺らぐことはないということであろう。

だが一度だけ、その秀吉との関係が破綻に瀕《ひん》したことがあった。天正十八年（一五九〇）の小田原出兵に際しての出来事である。

秀吉の勘気をこうむる利家

天正十七年（一五八九）十一月、秀吉は上洛要請を拒んだ相模《さがみ》国小田原城（神奈川県小田原市）の北条氏政《ほうじょううじまさ》・氏直《うじなお》親子を攻めるべく、諸大名に出陣を命じた。秀吉自身の京都出立は翌年三月のことである。

利家の出陣はそれに先立つ二月二十日。信濃《しなの》国を経て上野《こうずけ》国に進出した（伊達家文書）。その途上、越後国春日山城の上杉景勝らと合流、北条方の諸城に迫った。内訳は不明だが、利家・景勝の軍勢はあわせて三万五千（「天台座主記」）の大軍であった。

この出兵時に、利家は秀吉から勘気をこうむったらしい。浅野長吉の尽力で事なきをえたが、具体的にどのような出来事であったのか。

日置謙は、「按ずるに豊臣秀吉の不興を買ひしといふものは、前田利家が八王子戦前に在りて諸城を招降せし手段の寛大に過ぎたるに与るもの丶如し」（「日置一九四四」八四三頁）という。武蔵《むさし》国八王子《はちおうじ》城（東京都八王子市）攻めの前後に何かあったようだが、推測の域を出ないらしい。

また、岩沢愿彦氏は次のように述べている［岩沢一九八八］。

このころ利家は秀吉の勘気を蒙り、浅野長吉がいろいろと尽力していたらしい。そして七月二十五日ごろ、ようやく秀吉から赦免された（『浅野家文書』）。はじめ利家は長男の利長とは別に行動し、謹慎していたらしい（『上杉家文書』二）。

（岩沢愿彦『前田利家』一六一～一六二頁）

岩沢氏はこの危機を、「木村一などの嫉《ねたみ》によって讒言されたためとも（『亜相公御夜話』）、関東衆に対する処置が寛大に過ぎ、多人数の降伏を許したためとも言われている（『加賀藩史料』所収「袂草」）」（一六四頁）と説明するが、具体的なところは不明らしい。そこで、謎の多いこの出来事を再考してみたい。

まず秀吉の勘気それ自体が事実であるかどうか。これは従来からよく知られる「浅野家文書」七月二十五日付の浅野長吉宛の利家書状をみれば、事実であったことが大体わかる。

（読み下し）
御札《ぎょさつ》つぶさに拝見申し候、よって我ら事、御前《ごぜん》御赦免の段、かたじけなき次第に候、御状のごとく、我らは待ち申し候条、貴殿御目をかけ候て、仰せ出の様子承るべく候、人数は山中へ繰り越し申すべく候、さてさて方々御苦労とも推量申し候、

（現代語訳）
書簡詳しく拝見した。私のことにつき秀吉様がご赦免くださったとのこと、かたじけない。書簡の通り、私は待っているので、貴殿には世話をかけるが、秀吉様が（赦免について）仰せになった様子を聞かせていただきたい。軍勢は山中（未詳）へ移動させるつ

もりである。（浅野長吉の）ご尽力を推測して（感謝して）いる。

（『大日本古文書　家わけ第二　浅野家文書』五三号文書）

この書状をみると、確かに利家が秀吉の勘気に触れ、浅野長吉の尽力によって、それがとかれたことがわかる。利家の赦免は七月二十五日以前、そうさかのぼることもない某日であろう。では、勘気をこうむったのはいつなのか。

小田原出兵時の利家の軍事行動を追いかけてみる。三月二十八日、利家・景勝らは大道寺《だいどうじ》政繁《まさしげ》の守る上野国松井田城《まついだ》（群馬県安中市）に攻めかかった。四月二日には秀吉が、伊豆国《いず》山中城《やまなか》（静岡県三島市）の陥落など戦況を報せるとともに、松井田城攻めにつき利家・景勝両人に指示を下している（堀口堅一郎氏所蔵文書）。四月十四日にも、秀吉は松井田城攻めについて、利家・景勝と相談して油断なく攻め立てるよう真田昌幸《さなだまさゆき》に命じ（真田家文書）、四月十六日には松井田城攻めにあたる利家・景勝をさらに督励した（「旧記集」）。

四月二十日、松井田城が陥落。利家は降伏した城主の大道寺政繁を連れて小田原城を包囲する秀吉の陣へ赴いた（伊達家文書）。四月二十二日、利家は秀吉に戦況を報じ、さまざまな指示を与えられ、四月二十七日の朝、秀吉の陣を出立《しゅったつ》、松井田城近辺に展開する自陣に戻ったのは五月一日のことであった（金沢文書、上杉家文書）。

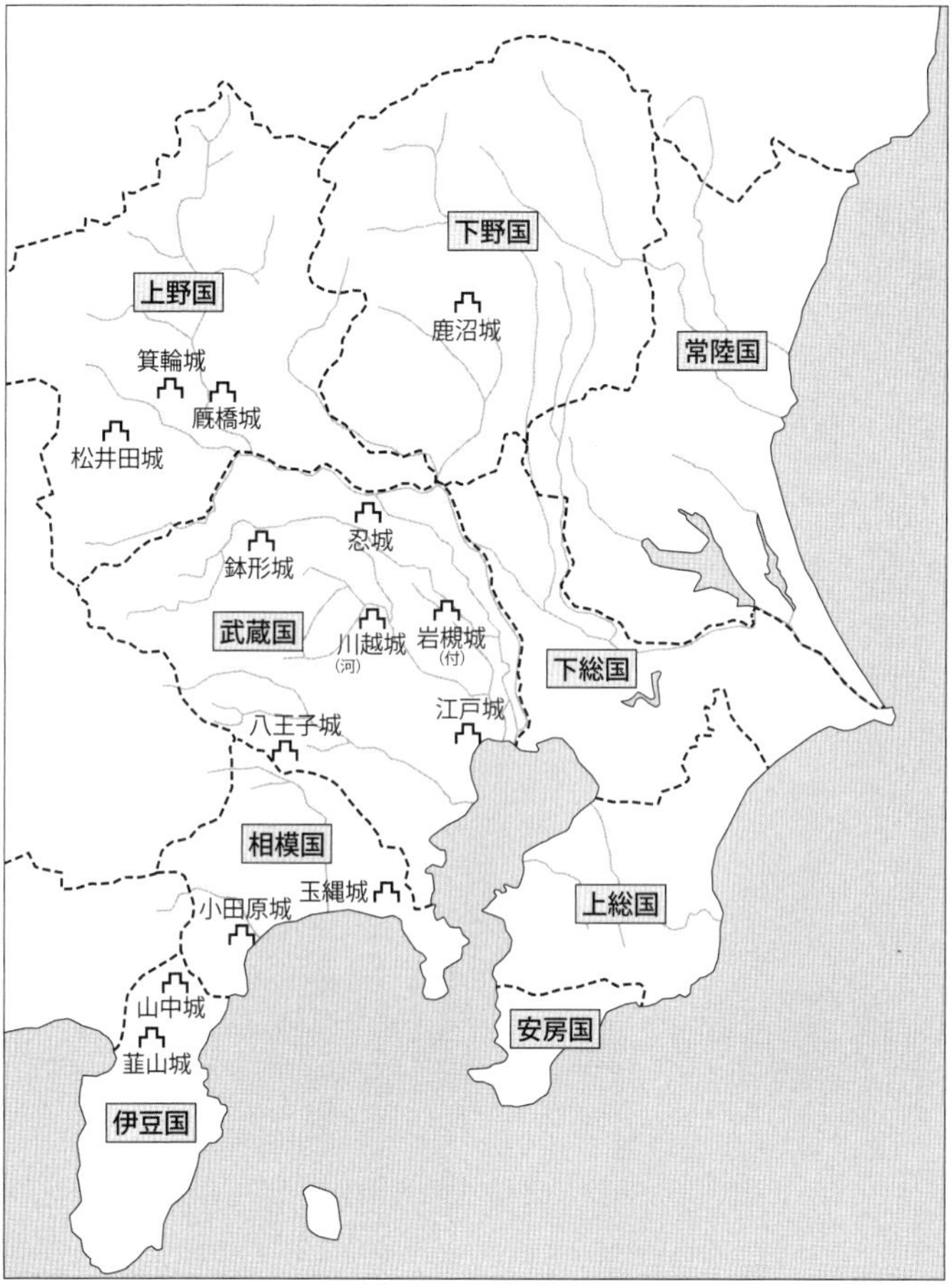
下野国
上野国
鹿沼城
常陸国
箕輪城
厩橋城
松井田城
忍城
鉢形城
武蔵国
川越城
(河)
岩槻城
(付)
下総国
江戸城
八王子城
相模国
玉縄城
上総国
小田原城
山中城
安房国
韮山城
伊豆国

小田原出兵関係略地図

この時点ではまだ、なにも問題はない。五月二日、利家の家臣河島重続《かわしましげつぐ》が伊達政宗《だてまさむね》の家臣片倉景綱《かたくらかげつな》らに「この面《おもて》の儀、勿論筑前守惣奉行として召し出だされ候（この方面には、いうまでもなく利家が総大将として派遣され、任されている）」と報じている（「伊達家治家記録」）。ちなみに利長は、利家とは別行動をとっており、この頃、上野国箕輪《みのわ》城（群馬県高崎市）を攻め落とし、同城を請け取っている（真田家文書）。

四月二十八日、浅野長吉に宛てた秀吉朱印状によれば、松井田城を落とした利家・景勝は、開城を申し出てきた武蔵国川越《かわごえ》城（埼玉県川越市）の請け取りに派遣されたらしい（浅野家文書）。利家はまた、降伏してきた上野国の国衆依田《くにしゅうよだ》（松平）康国《やすくに》の赦免について秀吉に取り成している（依田家文書）。

五月三日以前、利家は川越城を請け取り、次いで北条氏邦《うじくに》（氏政の弟）が守る武蔵国鉢形《はちがた》城（埼玉県寄居町）攻めに向かった（『秀吉襲来』所収文書）。鉢形城攻撃も「北国口よりの人数取り巻き候へ（北国の軍勢で包囲せよ）」という指示であるから、景勝らとの共同戦線をとっている（「難波創業録」）。

五月十三日、秀吉は松井田城の処置につき、利家と相談して行うよう、また鉢形城攻めにつき景勝に指示を出した（上杉家文書）。鉢形城はこうして、利家・景勝をはじめ浅野長吉・木村一《はじめ》など五万余の軍勢に取り巻かれた（「阿部氏家蔵豊太閤朱印写」、立花文書、「黒田家譜」）。

この攻城戦はおよそひと月に及んだ。六月十四日、北条氏邦の降伏によって鉢形城は開け渡された（東京国立博物館所蔵文書）。

利家・景勝らは次いで武蔵国八王子城攻めに向かう。利長はこの辺りで利家らに合流したらしい。六月二十三日、利家・景勝・利長・木村一・山崎片家《かたいえ》によって八王子城は攻略された（東京国立博物館所蔵文書）。

利家が秀吉から勘気をこうむったのは、おそらくこのあとのことである。小田原出兵に関する秀吉文書に、利家を指す「加賀宰相《かがさいしょう》」が登場するのは、この鉢形・八王子両城の陥落を伝える六月二十八日付朱印状が最後である（東京国立博物館所蔵文書）。

六月二十九日、秀吉はみずからの陣中に送られてきた八王子城の捕虜（「女ども六十余人」）を助命したことを報じ、そして彼女らを元通りの在所に戻すようにとの指示を、景勝に与えている（上杉家文書）。また同じ日、景勝に対し、「おのおの事」「この面」へ移るよう、つまり景勝らの軍勢に小田原城攻めの陣に加わるよう、秀吉は指示を出した（上杉家文書）。この二つの指示は一見すると、別に問題はなさそうである。

だが、松井田城攻めの際など、秀吉の命令は共同戦線をとる利家・景勝両者に与えられ、彼らの指揮下にある真田昌幸には、彼ら両人と相談して軍事行動をとるようにとの指示さえあった。八王子城も利家・景勝らが協力して攻略している。にもかかわらず、八王子城の捕虜の対応を指示する秀吉朱印状に利家への言及は一切みられない。

しかも「おのおの事」つまり景勝とともにある諸将に対し、小田原城攻めの陣に加わるよう指示する秀吉朱印状の宛先は、景勝・利家の両者ではなく、「羽柴越後宰相中将《（上杉景勝）》」のみである。不自然というほかない。

以上のことから考えると、おそらく六月二十八～二十九日頃に、利家は秀吉から勘気をこうむったのではなかろうか。利家が何らかの失態を演じたのであれば、どこかに言及されてもよさそうだが、秀吉朱印状は利家の存在を無視している。その辺りから推すと、具体的な失態があったわけではなく、何らかの感情のもつれか、これ以前の利家の行動に対して、秀吉が怒るか、不興を催《もよお》したのであろう。

秀吉を怒らせた何かは、おそらく利家との個人的な関係のなかにあった。七月四日、秀吉は急ぎ小田原城攻めの陣中に加わるよう、景勝と利長に命じている（「歴代古案」）。ただ、あくる七月五日、北条氏政・氏直親子が降伏し、小田原城が開城の運びとなったためか、七月六日、秀吉は景勝、利長、木村一、山崎片家に宛てて、小田原ではなく、攻城戦が続いていた武蔵国忍《おし》城（埼玉県行田市）に向かい、水攻めのための堤防構築を命じた（上杉家文書）。

お気づきであろうか。この七月四日と六日の指示に、利長が唐突に登場する。おそらく勘気に触れた利家の穴埋めである。利家の軍勢も、あるいは嫡男利長の指揮下に組み込まれたのかもしれない。また、秀吉の怒りが利長に向いていない、利長が連座を免れている点から考えると、やはり利家への勘気は、秀吉・利家の間における個人的な何か、感情的なもつれのようなものではなかったろうか。

　利家自身の言葉に耳を傾けよう。七月十日、「くわんとう（関東）」から、おそらく芳春院に宛てられた利家の仮名書き書状が、写本ではあるが残されている（「松雲公採集遺編類纂」）。書状には七月五日の小田原開城や、眼病をわずらった次男利政を案じる文言は見当たるが、内容にこれといった不自然さはない。「われ〳〵わづら（煩）ひもなく候（私は病気もしていない）」などとある通り、利家の文章は冷静そのものである。

　とすれば、秀吉の勘気なるものは、やはり利家に特段の失態があったわけではなく、秀吉との間における何らかの意思疎通の問題、というふうに捉えるのが穏当であろう。

　さきに、利家の軍勢が利長に預けられた可能性を述べたが、それが事実であったとしても一時的ないし限定的な措置であったと推察される。勘気がとけていない七月十八日、利家が浅野長吉に送った書状によれば、下野国鹿沼《かぬま》（栃木県鹿沼市）への着陣と、翌日の大沢野《おおさわの》への移動などが報じられている（浅野家文書）。そして、このあと七月二十五日までの間に、長吉の奔走によって秀吉の勘気はとけるのである。

秀吉の勘気の理由を探る

小田原出兵時における利家の危機について考えている。利家が秀吉の勘気に触れたのは、六月二十八日～二十九日頃で、七月二十五日以前に浅野長吉の尽力によって解消された。秀吉の不興は、利長が連座していない点、利家にこれといった失態がみられない点から、個人的な利家の何らかの行動、おそらくは秀吉・利家間における意思疎通の問題にあったと考えられる。

利家自身はこの間も、とくに不自然な行動をとっていない。次男利政の眼病を気にかけるなど余裕のある態度を保っていた。七月五日には、長田作左衛門《おさださくざえもん》に対し、近在の町人を呼び戻して従来通りの商売を再開させるよう指示している（おそらく八王寺町の再建であろう。「桑都日記」）。浅野長吉に宛てた七月十八日付の書状では、下野国への進出を報じ、あわせて長吉のもとには鷹が多くいるように聞いたから、いい弟鷹《だい》（雌の鷹）をいただきたい、とせがんでいる（浅野家文書）。

軍事行動も継続していた。小林清治氏によれば、七月十七日の下野国鹿沼着陣は、壬生《みぶ》氏の所領を収公するため、という［小林二〇〇三］。

以上から考えれば、利家はこの問題をさほど深刻に捉えていなかったらしい。軍事行動の事実からは、秀吉の勘気もそう重大なものではなかった、とも推測できる。

ただし、勘気の内容、その核心を捉えるには残存史料が不足している。岩沢愿彦氏は、利家が秀吉の意志や命令に背いたとは考えがたいとしたうえで、北条方に厳格な対応を求めた秀吉に対し、利家らが北条方の城兵の助命に動いたり、穏便に城を明け渡させたりといった、寛大な処置をとったその方向性に、勘気の原因があったと推定した［岩沢一九八八］。少しわかりづらいが、具体的な命令には背いていないが、北条方に対する利家らの態度が甘かったことが勘気の原因、という見立てである。

確かに、岩沢氏の指摘通り、武蔵国岩槻《いわつき》城（埼玉県さいたま市）の攻略時、城兵の命を助けた浅野長吉・木村一に対し、秀吉は「沙汰《さた》の限りに候（論外である）」と譴責《けんせき》を加えている（浅野家文書）。北条方に容赦するな、という秀吉の厳しい態度が、北条方に甘い利家にも及んだというわけである。

この理解は正しいのか――。

さきに触れたように、松井田城を降した利家は、城将大道寺政繁をともなって秀吉の陣に赴いているが、その前後の秀吉文書を見渡しても、とくに秀吉が不快の意を示したような形跡はない。利家もそれまで通りの軍事行動を続けている。

また、鉢形城や八王子城における処置が不適当だったとすれば、なぜ利家だけが譴責されたのか、その説明が難しい。小田原出兵時、秀吉文書に現われる利家・景勝の両人は、必ず「景勝・利家」の順番である。両者の官位は同じだが、景勝のほうが先任、すなわち格上だからであろう。加賀藩関係史料には、利家が北陸諸将の大将だったと明記するものもあるが（「国祖遺言」）、実際には景勝の立場のほうが上か、せいぜい同格であろう。

とすれば、共同の軍事行動をとる景勝や利家らのうち、なぜ利家だけが秀吉の勘気に触れなければならなかったのか。さきの浅野・木村の事例では両者あわせて叱責されている。利家らの軍事行動に落ち度があれば、当然、景勝も連帯責任を問われただろう。

ところが、六月の末からひと月あまり、利家と陣をともにしていた景勝や木村一・浅野長吉の身の上には、おそらく何事もなく、浅野長吉にいたっては利家赦免のため、秀吉に口添えしているのである。しかも八王子城の攻略は激戦であって、落城の二日後、利家自身が「討ち死に・手負い際限なく候（討ち死に・負傷したものは数えきれない）」と、家康の重臣本《ほん》多《だ》忠勝《ただかつ》らに報じている（精忠神社文書）。利家が（さきの浅野・木村らのように）攻撃の手を緩《ゆる》めたとは、とても考えられない。

以上から考えた場合、岩沢説では納得できない。やはり利家個人に、何か問題が起こったと考えざるをえない。なお、岩沢氏は利家が謹慎していたらしい、とも述べるが、現在のところそれを裏づけるような史料もない。

そこで、参考史料ながら「利家公御代之覚書」をみると、「関東陣の刻《きざみ》、太閤様御前さゝへられ御前あしき時……（小田原出兵の時、秀吉に〔利家を〕中傷するものがあって〔秀吉の機嫌が〕悪かった時……）」「八王子を攻め候とき、結句われらをさゝへ言上申し候（八王子城を攻めた時、秀吉に〔利家のことを〕讒言した）」云々というエピソードがある。

どうやら利家のことを中傷する者がいたらしい。その内容は「我ら人数壱万余これあるを、よこめ《（横目）》心に参り候て、利家様人数は四五千これあるべきよし申し候（前田家の軍勢は一万あまりいたにも関わらず、監視役のつもりで、利家の軍勢は四五千と〔秀吉に〕伝えたりした）」ということで、なぜこれが中傷になるのかわかりづらいが、おそらく軍役をきちんと果たしていない、と秀吉に告げ口した、といった意味合いであろう。

秀吉にこうした讒言を行ったのは木村一などであったが、蒲生氏郷・浅野長吉のおかげで赦免された、というのが「利家公御代之覚書」の筋書きである。浅野の尽力という部分は、さきの利家書状（浅野家文書）と一致するから、この記事もある程度は史実とみていいのではなかろうか。

また、日置謙はおそらくこの記事、それも「八王子を攻め候とき……」以下の部分を参照して、「前田利家が八王子戦前に在りて諸城を招降せし手段の寛大に過ぎたるに与るものゝ

「加賀少将」前田利家邸が描かれた『聚楽第図屏風』（三井記念美術館蔵）

如し」と推定したのではあるまいか（「日置一九四四」八四三頁）。

「利家公御代之覚書」と同じく利家の近習村井長明の覚書とみられる「国祖遺言」（第四章参照）には、やはり小田原出兵の時、秀吉に対して利家のことを讒言したものがあったことを語り、翌年、聚楽第にて両者が和解した、という記事がある（「大納言様関東陣にて、上様御前をさゝゑ悪く御帰陣候て、明る年じゆらく《（聚楽）》にて、御中なをり……」）。

さきの検討を踏まえてこれらの伝承をみる時、利家個人を「さゝえごと」つまり讒言するものがあって、秀吉の不興をこうむった、と考えるのが穏当ではなかろうか。「国祖遺言」が両者の和解を

「御中なをり」と表現するのも気にかかる。つまり秀吉の勘気なるものは、利家の軍事的・政治的な行動に基づくもの、というよりも、利家がなんらかの讒言をされて、秀吉との感情のもつれが生じた、と考えたほうが史実に近そうである。

だからこそ、勘気をこうむっても利家は比較的安穏と構えていたのだろう。しかも「御中なをり」は翌年のことであったという。

確かに失脚の危機ではあったが、じつは（政治的ではない）個人的な関係悪化という実態があったからこそ、この事実は後世それほど重大に取り扱われなかったのではあるまいか。むしろ、小田原出兵から翌年まで仲違いが続いていたのかと思うと、秀吉・利家の関係はほほえましくもある。

台頭する利家と秀吉の意図

豊臣政権における利家の立場は、秀吉との親密さに下支えされた特別なものであった。

二人は旧知の仲である。繰り返すが、秀吉はその遺言で利家を指して「おさなともだち」と呼んだ（浅野家文書）。さきにみた通り、宇喜多秀家の正室豪は、利家の四女であると同時に、秀吉の養女であった。彼女の二つ年上の姉、利家の三女加賀殿は、天正十三年（一五八五）頃から秀吉の側室におさまったという（のち公家の万里小路《までのこうじ》充房《あつふさ》に嫁ぐ）。

ちなみに、秀吉の書状に加賀殿（「かゞ殿」。前田土佐守家資料館所蔵文書）のほか、「おまあ」（原富太郎所蔵文書など）とも呼ばれたこの女性は、京都吉田神社の神主吉田兼見《かねみ》の日記には、「殿主之御女中《てんしゅ》」「京都天主之御女房衆」「天主」として登場する（「兼見卿記」）。そのためであろうか、渡辺世祐《よすけ》『豊太閤《ほうたいこう》の私的生活』は、秀吉が造営した聚楽第の天守に彼女が住んでいたとする［渡辺一九八〇］。

秀吉・利家両人は親密な関係を築き、その結果、右の女性二人の存在によって親族になった。聚楽第行幸時、ひとり公卿ではない利家が織田信雄以下の武家公卿に交じって起請文を作成したのは、おそらくこうした秀吉との個人的関係が効いている。

利家の官位は天正年間（一五七三〜九二）の終わり頃まで、それほど高くはなかった。それが天正十八年（一五九〇）頃から急速に上昇する。

天正十八年正月二十一日、利家は正四位下参議《しょうしいのげ》に叙任され、翌日参内して、いわゆる公卿の仲間入りを果たす（上杉家文書、「お湯殿の上の日記」など）。小田原出兵の直前である。この昇進は、矢部健太郎氏によれば、利家同様、北陸（東山道）から小田原出兵に加わった上杉景勝（参議）との官位上の差を埋めるための秀吉の処置らしい。利家が景勝の風下に立たないように、との秀吉の配慮が働いたとの見立てである［矢部二〇一四］。利家は天正十七年

（一五八九）八月二日以前に、中将（右近衛《うこんえ》権中将《ごんのちゅうじょう》）に任官していたから（南部家文書、「柳原家記録」、［尾下二〇一六］）、参議（宰相）としては景勝のほうが先任だが、両人はともに同等の「宰相中将」となる。

翌天正十九年正月十二日、秀吉は諸大名を従えて参内し、その日、利家の「清華成」が許された（「お湯殿の上の日記」など）。

豊臣政権の「清華成」大名は、これで八家に達した。天正十六年四月、聚楽第行幸時の織田（信雄）、徳川（家康）、豊臣＝羽柴（秀長・秀次）、宇喜多（秀家）の五家、少し遅れて同年のうちに上杉（景勝）、毛利（輝元）の二家、そして今回の前田家（利家）である。このの ち文禄五年（一五九六）に、小早川家（隆景《たかかげ》）が加わる。

そして、第一次朝鮮出兵（文禄の役）をはさんで文禄三年（一五九四）正月五日、利家は従三位に昇り（上杉家文書）、さらに同年四月七日、秀吉の式正御成（前田邸への御成）を翌日に控えて権中納言に任じられた。

この時点で、利家に先んじて「清華成」大名になっていた宇喜多秀家、上杉景勝、毛利輝元ら三人を、官位のうえでは追い抜いた。秀家・景勝は文禄三年十月、輝元は翌年正月に権中納言になるが、彼らの序列はいずれも先任の利家より下位におかれた。

そして文禄五年（一五九六）四月、利家はさらに権大納言に任官した。ここに豊臣政権の大名として、ほぼ同じ時期に内大臣に昇った徳川家康と利家が、官位・家格ともに最高の地位に立ったのである。

このように小田原出兵前後から利家は累進するのだが、一体なぜだろうか。堀越祐一《ほりこしゆういち》氏は、秀吉の実弟権大納言豊臣秀長が天正十九年（一五九一）正月に没したことにより、官位上、突出した徳川家康の「対抗馬」にするため、と指摘する［堀越二〇一六］。

中野等《ひとし》氏はさらに、関白豊臣秀次の牽制にその狙いがあったという［中野二〇一四］。天正十九年（一五九一）十二月、秀吉は関白職を秀次に譲ったが、文禄二年（一五九三）八月、茶々《ちゃちゃ》（淀殿《よどどの》）が秀吉の実子秀頼《ひでより》（お拾《ひろい》）を産んだ。そうなると、秀吉の後継者としての秀次の立場は微妙にならざるをえない。家康に加え、関白でありながら秀吉後継の地位が揺らぎはじめた秀次を牽制するために、利家が引き立てられた、というのが中野氏の理解であろう。

このうち堀越・中野両氏に共通するのは、家康への対抗、家康の牽制という理由である。しかし、秀吉には老衰がきざしている。秀吉はこの時期なにを政治的（軍事的）優先課題としたのだろうか。まず思い浮かぶのは朝鮮出兵という外征の遂行である。全国の大名を動員しての大規模派兵であるから、その失敗は政権の求心力をたちどころに失墜させるであろう。

この派兵は是が非でも成功させなければならない。そのためには兵站《へいたん》の確保や、前線の戦況に応じて戦力の投入を継続的に行う必要がある。

とすれば、国内の政情をあえて荒立てるようなことは得策ではない。政権の安定こそが外征の遂行を助ける。したがって家康と利家を対峙させる、という対決的な構図をあえてつくるのは、あまり利口とは思われない。不要な軋轢を生むだけである。家康牽制説にはこうした弱点がある。

そこで参考になるのが、跡部《あとべ》信《まこと》氏の説であろう〔跡部二〇一六〕。跡部氏は、天正二十年（文禄元年。一五九二）以降、家康・利家両者が協力して秀吉を支える体制＝「二大老制」が出現すると主張した。両者の対峙ではなく、協調を重視するのが跡部説である。

確かに史実を追っても、利家は家康と協力こそすれ、この江戸の大々名を明らかに規制するような行動は見当たらない。この年六月、朝鮮出兵の前線基地、肥前国名護屋《なごや》において、渡海を望む秀吉を引き留め（文禄中日記紙背文書など）、七月、実母大政所《おおまんどころ》の危篤をうけて一時、大坂へ戻った秀吉から名護屋の留守居を任せられたのは、この二人であった（全昌寺所蔵文書）。

以上からいえば、秀吉の優先課題は、家康・利家の対決ではなく、むしろ両者を協働させて、政権の安定を図ることにあった。あくまでも重視すべきは政権内部の勢力均衡（バランス）である。内大臣・権大納言という他の大名とは大きく隔たった高い地位に二人をつけ、両者が協力することで強力に秀吉を支える体制こそ望ましい。その体制をつくるために、利家は引き立てられたのである。

秀吉の親族大名として

家康・利家両者の交流をみても、利家の行動が家康のそれを掣肘《せいちゅう》していたようには思われない。〈表4〉は、家康・利家が肥前国名護屋から上方に戻った文禄二年（一五九三）八月から、関白秀次事件までの間、双方の屋敷をそれぞれが訪れた事例をまとめたものである（参考までに家康・利長関係も付記した）。もちろん〈表4〉のほかでも、両者は頻繁に同じ場所で顔を合わせている。聚楽第や伏見城への出仕や、秀吉に随行しての参内などであるが、それ以外でも、両者は互いの屋敷を訪れて交流していたのである。

また、文禄四年（一五九五）六月二十一日には、江戸の家康から利家へ宛てて、在京する息子秀忠《ひでただ》の「万端御指南」を頼んでいる（前田育徳会所蔵文書）。京都の秀忠は四月頃から腫物《はれもの》をわずらっていたようで、五月下旬にいたっても歩行すらおぼつかない状態であった（「言経卿記《ときつねきょうき》」）。さらに六月三日には、秀忠の京都屋敷が落雷に見舞われている（「言経卿記」）。五月三日に上方を発って江戸へ向かった家康は、息子の様子を心配する一方、秀忠を頻繁に見舞ってくれる（「節々御尋」）利家を頼もしく、またありがたく思っていたのであろう。

〈表4〉徳川家康・前田利家（利長）による相互訪問事例

No.	年月日	行動	典拠
	文禄2年(1593) 8月頃まで、徳川家康・前田利家は在肥前国名護屋		
1	文禄2年(1593) 9月7日	徳川家康、前田利家の京都屋敷を訪問	「言経卿記」
2	文禄2年(1593) 閏9月12日	徳川家康、前田利長の京都屋敷を訪問	「言経卿記」
	文禄2年(1593) 10月29日以降～翌年2月20日以前まで前田利家帰国（推定。発着日は不明）		
	文禄2年(1593) 10月14日(京都発)～翌年2月24日(京都着)まで徳川家康帰国		
3	文禄3年(1594) 4月8日	豊臣秀吉、前田利家の京都屋敷を訪問(式正御成)。徳川家康ら随行	「文禄三年卯月八日豊太閤前田亭御成次第」、「鹿苑日録」
4	文禄3年(1594) 4月19日	徳川家康、前田利家の京都屋敷を訪問	「兼見卿記」
5	文禄3年(1594) 4月25日	前田利家、徳川家康の京都屋敷を訪問	「言経卿記」
6	文禄3年(1594) 7月29日	徳川家康、前田利家の京都屋敷を訪問	「言経卿記」
7	文禄3年(1594) 10月14日	前田利家、徳川家康の伏見屋敷を訪問	「言経卿記」
8	文禄3年(1594) 10月27日	徳川家康、前田利家屋敷に逗留中の豊臣秀吉を訪問	「言経卿記」
9	文禄4年(1595) 3月28日	豊臣秀吉、徳川家康の京都屋敷を訪問(式正御成)。前田利家・利長・利政ら随行	「文禄四年御成記」
	文禄4年(1595) 5月3日(京都発)～7月24日(伏見着)まで徳川家康帰国		

＊文禄2年(1593) 8月～文禄4年(1595) 7月の秀次事件以前に限定

つまりこの時期の家康に、利家の台頭を警戒するような挙動は見当たらないのである。むしろ家康にとって、利家の台頭は望ましかった可能性すらある。具体例を一つだけ挙げておこう。右に触れたように、天正二十年(一五九二)六月、朝鮮半島への渡海を望む秀吉に対し、家康が利家とともに内々に起請文を差し出して、引き留めにかかった時の話である(文禄中日記紙背文書)。家康・利家の進言をうけ、評定が開かれた。その席上、秀吉の渡海を主張する石田三成に対し、家康はこう反論した。

(読み下し)

家康存分は、船頭ども申し候は、土用《どよう》中七月は不慮の風御座候間、万一の儀御座候時は、天下一同相果てる儀に候間、両人を先ず差し越され候《そうらわ》ば、上意の趣、涯分《がいぶん》申し付くべきの由に候、落涙候て申され候、

(現代語訳)

家康の意見はこうである。船頭がいうことには、土用のうちの七月には思いがけない風が吹くとのこと。(秀吉の船が遭難するなど)万一のことがあった場合は、天下のものすべてが破滅してしまう(ほど世間を揺るがす騒ぎになる)。だから、家康・利家の両人を

まずは朝鮮へ派遣されれば、上意（秀吉の意向）に沿うよう精一杯励むつもりである、と家康は涙を流して言上した。

（文禄中日記紙背文書）

秀吉の外交顧問ともいうべき禅僧西笑承兌《せいしょうじょうたい》の書状（案文）である（六月六日付）。この時の家康の様子をみるかぎり、利家への対抗意識はうかがわれない。むしろ秀吉の意向を変えるために、利家との協力を強調しているようにさえ思われる。権大納言豊臣秀長が存命なら、家康はこの秀吉の実弟と組んで秀吉を諫めたに違いない。

秀吉が頼りにしていた秀長の病気と死が、おそらく利家台頭のきっかけである。もし秀長が長命していれば、利家は秀吉と特別親しい、特殊な一大名として生涯を終えたのではあるまいか。

秀長だけではない。この時期、秀吉の親族が立て続けにこの世を去ってゆく。秀長に続いて天正十九年（一五九一）八月にわずか三歳の実子鶴松《つるまつ》、天正二十年九月には朝鮮出兵の陣中（巨済島《きょさいとう》）にて秀勝《ひでかつ》（秀次の次弟）、文禄四年（一五九五）四月には秀長の婿養子に入った秀保《ひでやす》（秀次の三弟）が亡くなった。

そして文禄四年七月には、関白秀次事件が発生する。表向きは謀反の嫌疑をもって、秀吉

徳川家康像（名古屋市博物館蔵）

は関白秀次の官位を剥奪して高野山（和歌山県高野町）へ追った（秀次はほどなく切腹）。

これに先立つ文禄三年に、小早川隆景の養子に送られた秀吉の甥秀俊（のちの秀秋）は、秀次切腹の混乱のなか、秀吉から不興をこうむったらしく（「御意あしく」）、本拠地「丹波の城」を召し上げられた（所三男氏持参文書）。秀俊は秀吉との距離を広げたうえに、一時的にではあれ、失脚したのである。

秀吉親族のこうした相次ぐ消滅や失脚が、親族といっていい利家の地位を底上げしたのではないだろうか。

ちなみに、利家の娘婿＝秀吉の養女婿であった宇喜多秀家も、おそらくこのような流れのなかで、のちの豊臣「大老」へと立場を浮上させたといっていい［大西二〇一〇］。朝鮮出兵時には、秀吉の渡海中止にともない、文禄二年（一五九三）二月、現地での体制が改められ、そこで秀家は日本軍の大将を務めることになった［中野二〇〇六、大西二〇一五］。この処遇も、秀吉の甥秀勝が巨済島で陣没していなければ、どうなっていたかわからない。二人はともに参議で、秀家が先任であったが（秀家の任参議は天正十五年〔一五八七〕十一月二十二日、秀勝の任参議は天正二十年〔一五九二〕正月二十九日）、秀勝は秀家より三つ年上であった。

利家の話題に戻ろう。天正十九年（一五九一）九月二十三日時点における、秀吉の御伽《おとぎ》衆《しゅう》（御咄衆《おはなししゅう》）を書き上げた史料が残されている（千手院文書）。御伽衆は、主君の側近くにあって雑談の相手や、講釈を行ってその無聊《ぶりょう》をなぐさめた人々である。ふつう隠居した大名や、話術・学問にたけたものがその任にあたった。

秀吉の御伽衆も、右の史料によれば、大村由己《ゆうこ》（秀吉の公式伝記「天正記《てんしょうき》」等の作者）や織田有楽《うらく》（信長の弟。茶人）、家督を息子長政《ながまさ》に譲った黒田孝高《よしたか》（官兵衛《かんびょうえ》。如水《じょすい》）など、その例に漏れないが、現役の大名利家・利長親子の名もここにはある。官位や立場がどれだけ上がっても、利家がいかに秀吉にとって身近な存在であったかが、よくわかる。

利家の台頭はつまり、秀長をはじめとする秀吉の親族たちの消滅がきっかけになり、彼らに代わる豊臣親族大名の筆頭として、有力大名を代表する家康とともに、秀吉の政務運営をしっかりと支えるために実現した、と評価できる。

関白秀次事件までの利家の立場

中野等氏は、利家の引き立てを家康だけでなく、秀次への牽制でもある、と見通した［中野二〇一四］。「秀次との緊張関係を前提にしつつ、秀吉は前田利家の地位を上げていく」「利家を故秀長に代わる存在として引き立て、秀次を牽制しさらに家康に対峙させようとした」という（九二頁）。確かに、秀吉の朝鮮渡海中止により、日本国内には伏見の太閤秀吉と聚楽第の関白秀次という二人の権力者が並立する事態になっていた。利家の官位が急浮上するのもこの時期でまちがいない。

しかし、矢部健太郎氏によれば、家康・利家が協働して政治的行動を行うのは、天正二十年（一五九二）頃は確かにそうだが、以降、秀次事件後の文禄五年（一五九六）頃まではその事実が確認できないという［矢部二〇一四］。だから、跡部信氏の「二大老制」［跡部二〇一六］は、あくまでも家康・利家にそうした立場を与えただけであって、秀次事件までは実働していない。活動期間のブランクを踏まえれば、「二大老制」で天正二十年（一五九二）以後の政局を説明しきるのは適切とはいえない、との批判であろう。

ただし、秀次事件に先立つ文禄四年（一五九五）春にも、両者の協働は確認できる。この年二月七日に病没した会津《あいづ》黒川《くろかわ》城（福島県会津若松市）の城主蒲生氏郷の跡目をめぐって、秀吉は家康・利家に諮問のうえで、遺児鶴千代《つるちよ》（のちの秀行《ひでゆき》）への相続を許可した事例である（安井彦三郎氏所蔵文書、［中村一九五八］）。家康・利家の二人は、前田玄以《げんい》・浅野長吉を加えて蒲生家への伝達にもあたった（「氏郷記」所収文書）。

関白秀次生前の家康・利家の政治的活動をどう評価すべきか。史実だけを拾ってみると、両者が協働して秀吉の意向を左右したり、その諮問に答える機会は、天正二十年頃の一時期や、文禄四年春の蒲生氏郷の死去時に確認できる。確かに矢部説の通り、協働的な政治的活動には一時的なブランクはあったが、その間に、家康・利家が別の人物とセットで重要案件を処理するような機会はなかった。とすれば、家康・利家の組み合わせは、やはり特別なもの、と考えたほうが穏当なのではなかろうか。「二大老制」というほどではないが、なにか大事があれば二人で動いて秀吉を補佐する（秀吉がそういう機会を与える）という慣例ができあがりつつあった時期、それが秀次の関白就任からその切腹＝関白秀次事件にいたる数年間であったのではなかろうか。

利家の立場を、おおまかに右のように捉えたうえで、問題の中野説に戻ってみよう。利家の官位や序列は確かに上がった。家康との協働という慣例も積み重なった。そうした利家の台頭が、秀次の政治的活動をなにがしか制限することにつながったか、といわれれば疑問符がつく。
文禄三年（一五九四）四月八日、諸大名に先駆けて行われた秀吉の利家邸訪問（式正御成）も、その意義は利家の格上げや、豊臣政権における武家儀礼の確立にあった［三木二〇〇三］。さきにみたように、利家の台頭はあくまでも「二大老制」を構成するため、家康とのバランスをとるための処置であろう。

通説では、秀頼が生まれたことが、そのまま秀次失脚につながるように語られがちだが、実際には秀次事件の直前まで、むしろ秀吉・秀次は融和的であった［堀越二〇一一、跡部二〇一六］。

秀頼誕生の翌月、文禄二年（一五九三）九月には、秀吉が日本を五つに分割し、その四つを秀次に、残り一つを秀頼に与える、との意向を秀次に示したという（「言経卿記」。「日本国五つに破り四分参らすべし」）。さらにその翌月には、秀吉が秀頼と秀次の娘との縁組を思いつき、利家夫妻（「羽筑州夫婦」）にその仲立ちをさせようとしていた（「駒井日記」）。跡部信氏は、これらの事実を「秀頼の誕生により不安定となった秀次の地位をあらためて保証しなおすため」（九三頁）と評価する［跡部二〇一六］。

秀次事件の直前まで、秀吉の考えは、秀次の追い落としではなく、共存にあったといえるようである。とすれば、秀次牽制のための利家の引き立てという見方は、あまり説得力をもたないように思われる。跡部説に引きつけていえば、利家の台頭は「二大老制」の確立・安定化のため、と考えたほうが自然である。

関白秀次事件と利家の動き

関白秀次の失脚と切腹、いわゆる関白秀次事件は文禄四年（一五九五）七月のことで、公家山科言経《やましなときつね》の日記によれば、秀吉・秀次両者の不和は七月三日にはじまった（「言経卿記」）。不和の原因には諸説あるが、実際のところはよくわからない。七月十日付の秀吉朱印状では「関白相届かざる子細これあるについて……（秀次に不届きの子細があるので……）」とするが（大阪城天守閣所蔵文書・島津家文書・吉川家文書）、具体的かつ確実な原因は何一つ伝わらない。京都吉田神社の神主吉田兼見は「殿下《でんか》別心《べつしん》の雑説《ぞうせつ》によって、大閤もってのほか御腹立ち（秀次が異心を抱いているという噂に、秀吉がひどく腹を立てている）」とする（「兼見卿記」七月七日条）。

切腹自体も秀吉から命じられたという通説に対し、矢部健太郎氏は秀次が無実を申し立てるために抗議の自殺を図った、と主張している［矢部二〇一三・二〇一六］。

原因についてはこの年四月に、秀次の実弟秀保が急死したことが重要との指摘がある［堀越二〇一一など」。それまでは秀吉が秀次を追い詰めれば、関白秀次と、紀伊・大和両国を治める秀保兄弟が、秀吉に刃向う可能性があった。だから、秀保の死は、秀次の立場を弱め、より処分されやすい状況をつくったといえる。

七月八日、聚楽第から伏見におもむいた秀次は、秀吉と「御義絶《ごぎぜつ》」の結果、「関白殿御遁世《ごとんぜい》」という事態になった。おそらくこの日、一切の官職剝奪と、高野山への追放が申し渡されたのであろう。七月十五日、高野山青巌寺《せいがんじ》で秀次は切腹した。その日、前野長康《まえのながやす》や木村一ら秀次を支えた人々が捕縛され(この二人は後日切腹)、同月二十五日には、秀次の正妻(一の台)の実父、右大臣今出川《うだいじんいまでがわ》(菊亭《きくてい》)晴季《はるすえ》が越後国への流罪に処された。秀次の妻妾子女三十人あまりが殺されたのは、八月二日、京都三条河原でのことであった。

豊臣政権は大きく動揺した。三鬼清一郎氏は「豊臣政権にとって空前の領主的危機」(一四九頁)と表現している[三鬼二〇一二]。

秀吉の対応は大きく二つに分けられる。まず、諸大名から起請文をとって、秀頼への忠誠と秀吉の定める法度《はっと》や置目《おきめ》(「太閤様御法度御置目」)の遵守を誓わせた。

そして八月三日、さきの三鬼氏が「公儀としての自己を確立した豊臣政権が制定した、殆ど唯一の体系的な法令」([三鬼二〇一二]一五〇頁)と呼ぶ「御掟《おんおきて》」「御掟追加」を有力大名の連署をもって発布した(〈表5〉参照)。「御掟」は大名に向けて、秀吉への服従はもちろん、

〈表5〉御掟・御掟追加（大意要約）

No.	御掟	御掟追加
1	諸大名の勝手な縁組を禁止（秀吉の許可を得ること）	公家・門跡は家の道（家職）に専念し、公儀への奉公とすること
2	諸大名の起請文交換を禁止	寺社は寺社の法を守り、学問などに努めること
3	喧嘩口論の場合も堪忍第一に、道理に従うこと	「天下領知方」（土地・百姓の支配、年貢）は、豊凶を見て収穫の3分の2を領主、3分の1を百姓がとること。田地が荒廃しないよう努めること
4	事実無根のことを訴えるものがいた場合、厳しく取り調べること	小身のものは本妻のほか一人の側室を許可するが、別宅を構えることは禁止とする。大名でも側室は「一両人」とすること
5	家康・利家・景勝・輝元・隆景および年老いた公家などに乗物（輿）を許すこと。若者は騎乗すること。五十歳以上・病中などは駕籠を許可すること	知行・分限を守って行動すること
6	——	直訴して訴訟を起こす場合、十人衆へ申し出ること。十人衆は吟味のうえ、六人へ伝え、必要があれば秀吉に耳に入れること
7	——	衣裳の紋所は、許可がなければ菊紋を用いないこと。拝領した御服の場合は問題ない
8	——	大酒を飲むことの禁止
9	——	覆面をつけて往来に出ることの禁止

大名間の縁組や起請文の交換、喧嘩口論の制限などを明文化したもの、「御掟追加」は公家・寺社に対する政権への奉仕などを命ずる内容である。「御掟」「御掟追加」は、全支配階級に統制を加える豊臣政権の基本法というべきもので、徳川幕府による武家諸法度などにその内容の多くが引き継がれた。

この二つの善後策に、当然ながら利家も関わっている。利家はまず単独で血判起請文を提出した（大阪城天守閣所蔵文書）。誓約事項をのみ引用しておこう。

（読み下し）

一、御ひろい様《（豊臣秀頼）》へ対し奉り御もり《（傅）》に仰せ出だされ候上は、いささかも表裏・別心を存ぜず、我ら実子よりも大切に存じ、諸事疎略なく御為しかるべき様にもり奉るべき事、

一、万端　大閤様《（豊臣秀吉）》御法度・御置目の通りを相守り、相違なく申し付くべき事、

一、御ひろい様の儀疎略を存じ、ならびに　大閤様御置目等を相背く輩これあらば、たとい縁者・親類ならびに知音たりといえども、ひいき《（贔屓）》・へんぱ《（偏頗）》なくおのおの相談、糺明の上をもって成敗の儀申し付くべき事、

一、我ら自然無分別の儀これあるにおいては、御置目をも仰せ付けられ候衆異見をうけ、多分に付いて相済むべき事、

一、不断在京致し、　御ひろい様へ御奉公申すべく候、私として下国仕るまじき事、

（現代語訳）

一、秀頼様の傅役を命じられた以上、少しも裏表なく、異心を抱かず、自身の子供よりも大切に思い、諸事疎略なく（秀頼様を）しかるべく守り立てること。

一、万端、太閤様の御法度・御置目をその通り守り、確実にそのように行動し、申し付けるべきこと。

一、秀頼様のことを疎略に思ったり、太閤様の御法度・御置目に背くものがあれば、たとえ縁者・親類、知音のものであっても、えこひいきをせず、皆と相談して糾明のうえで処罰を申し付けるべきこと。

一、自身にもし無分別の行いがあれば、御置目を定めるものの忠告をうけ、多数決によって対応すべきこと。

一、常に在京して、秀頼様へ奉公すべきこと。私事によって帰国しないこと。

（大阪城天守閣所蔵文書）

次いで八月三日付の「御掟」「御掟追加」には、秀吉の意をうけた格好で、この法令を制

定する側にまわっている（浅野家文書ほか）。ほかの連署者は徳川家康、宇喜多秀家、上杉景勝、毛利輝元、小早川隆景である。

徳川家康に次ぐ実力者に

起請文と「御掟」「御掟追加」、この二点から利家の立場や役割を考えてみよう。

まず起請文についてである。豊臣政権がこうした起請文を、「公家成」以上の大名をほぼ網羅する格好で提出させたのは、さきに触れた天正十六年（一五八八）四月の、聚楽第行幸時以来のことであった。

この時の諸大名の起請文は、公卿以上の「清華成」大名と利家が連署したものと、それ以外の「公家成」大名とが連署したものの二つが存在した。いずれも関白秀吉への忠誠などを誓う内容（同文）で、宛所も同じく秀吉の甥秀俊（小早川秀秋）であった。

聚楽第への行幸それ自体が、政治秩序の可視化と評価されるように［中野二〇一四］、二通の起請文からも秀吉の意図が透けてみえる。すなわち諸大名を大きく三つの階層に分けて、その上下の秩序を明らかにした。最上位の「清華成」大名＋《プラス》利家、それに次ぐ「公家成」大名、そして起請文を提出しなかった秀吉直臣やその他の大名、である。

起請文の宛所に選んだ秀俊が「年少の次世代に属する人物」だった事実も重要である。誓約事項が、当座のものではなく次の時代にも及ぶことをこれで明確化したらしい［中野二〇一四］。

秀吉はこうして、武家官位・家格の順に大名を編成して、彼らに永続的な政権への忠誠を誓わせたと考えていい。

関白秀次事件における起請文はどうであろうか。まず現在、原本や写本・案文で確認できる起請文のうち、おもなものは次の五通である。それぞれ日付や内容が少しずつ異なっている。秀次切腹以前、①七月十二日付の石田三成・増田長盛《ましたながもり》連署のもの、秀次切腹後の七月二十日付で次の三通。②宇喜多秀家、③前田利家がそれぞれ単独、④織田信雄（常真《じょうしん》）以下二十九人連署のもの。そして、日付がない七月付で⑤徳川家康・毛利輝元・小早川隆景の三大名連署の案文である。

以上の①〜⑤を「御掟」「御掟追加」とあわせて分析すると、聚楽第行幸時とは異なる秀吉の意図が浮かび上がる［岩沢一九八八、大西二〇一五など］。

聚楽第行幸時の起請文では、利家を除いて明確に官位・家格の高下で諸大名が分けられていた。ところが、秀次事件時の①〜⑤では、権中納言以上の大名が②〜⑤に分散するうえ、少しずつ誓約事項が異なっている。なお、権中納言以上の大名は、②秀家、③利家、④小早川秀俊（のち秀秋）・徳川秀忠・上杉景勝・織田秀信（信長の嫡孫）、⑤家康・輝元、である。④には元内大臣の織田信雄の署名もある。

この分散になにか意味があるのだろうか。そこで「御掟」「御掟追加」をみると、秀吉の上意をうけたその制定者たちが、上杉景勝を除いて起請文②・③・⑤の作成者と一致することに注意したい。

「御掟」「御掟追加」の連署者たちは、のちの豊臣「大老」につながっていく。豊臣「大老」制が現実のものとして立ち現われてきたのは、秀吉の最晩年、慶長三年（一五九八）に入ってからだが、その顔ぶれは、秀次事件時にあらかじめ選抜されていたともいえる。

そこで推測をたくましくすれば、このように理解できる。

聚楽第行幸時とは異なり、秀吉には老衰がきざしていた。みずからの死後に備えて、秀頼を支える現実的な政権組織を整える必要があった。

そのため有力大名には、各人の特性に合わせた役割（義務）を与える必要が生じた。聚楽第行幸時のような官位順で二通、しかも誓約事項が同一では、政権への忠誠という大前提を確かめ、諸大名の序列をつけるだけで終わってしまう。有力大名には、実地に政務をとらせる必要が遠からず生じるのである。彼らそれぞれに細かく、とくに尽力すべき任務を与えなければならない。だから、起請文を複数に分けざるをえなかったのである。

秀吉はさらに、有力大名のなかでもみずからの意にかなったものを、諸大名とは別格の地位に引き上げ、彼らが政権の屋台骨を背負って（少なくとも秀頼の成人までは）将来の政権を担う存在であることを明確化しようとした。「御掟」「御掟追加」の制定は、その絶好の機会でもあった。連署した家康・秀家・利家・景勝・輝元・隆景の六人はここに、政権中枢を担う存在として、しっかりと位置づけられたのである。

その見立ては、たとえば、訴訟の手続きを具体的に定めた「御掟追加」第六条からも補強できる。

（読み下し）

一、直訴致すべき儀、目安を挙げるにおいては、まず十人へ申すべし、十人衆訴人馳走をもって双方召し寄せ、たしかに申し分聞かるべし、直訴目安は、各別の儀に候間、この六人へ申さるべし、談合の上をもって、御耳へ入るべき儀においては、申し上げらるべき事、

（現代語訳）

一、直訴によって訴状が提出された場合、まず「十人」へ伝え、「十人衆」が訴人（原

告）と論人（被告）とを呼び寄せて、しっかり申し分を聞くこと。直訴によって訴訟を起こすのは重大なことであるから、「この六人」にも伝えること。談合して（秀吉の）耳に入れるべきと判断されるなら、そのように対応すること。

（『大日本古文書　家わけ第二　浅野家文書』二六六号文書）

ここにいう「十人」「十人衆」は、富田《とみた》一白《いっぱく》ら政権の実務官僚（奉行人）たち、「この六人」は明らかに、「御掟追加」に連署した家康、秀家、利家、景勝、輝元、隆景の六人を指している［三鬼二〇一二］。彼ら六人は、こうした重大な訴訟に関わる立場を正式に与えられた。そして有力大名六人には、それぞれに異なる役割が割り振られていた。

②～③の秀家・利家は、親族として、とくに秀頼を守り立てるべきことが求められたらしい。秀家・利家の二人のみが、単独で起請文を提出したことや、次に述べる誓約事項から、それは明らかである。

さきに引用した、③誓約事項の一条目と五条目をみられたい。利家は秀頼の「御もり」＝傅役《もりやく》を命じられ、そのためであろう、常時在京を誓っている（利家はこの年帰国を予定していたが、この誓約のためであろう、上方を離れられなくなった。青木文書）。④秀家は「御もり」でこそないが、利家と同じく常時在京義務をこの誓約で負うことになった。かたや⑤家康・

輝元は、隆景との連署であって単独での誓約ではない。基本的に在京だが、家康か輝元のいずれか一方が上方にいればいい、と利家・秀家に比べると扱いがやや軽い。ただし、家康は東国の、輝元・隆景は西国の政務が任されており、実際に東西の支配が彼らによって分担されたわけではないが、そうした立場を与えられた三人は、別の意味で利家・秀家よりも重くみられていた（毛利家文書）。

関白秀次事件からの三年間、すなわち秀吉晩年の政治状況は、短期間ながら流動的である。詳しく追っていけばきりがないので、以下、利家にのみ絞って整理しておこう。

秀頼の傅役という利家の立場は、文禄五年（慶長元年。一五九六）五月十三日、秀吉親子が諸大名をともなって参内した際に可視化され、広く周知が図られた。参内にあたって秀吉・秀頼親子と利家や乳母たちが牛車に同乗し、秀吉に先立って行われた秀頼の昇殿は、利家がこれを抱いて行われた（「言経卿記」「義演《ぎえん》准后日記」「兼見卿記」）。「兼見卿記」は「若公（豊臣秀頼）、前田筑州（利家）いただきて昇殿」と記している。

利家の立場は、徳川家康との協働がはじまった天正二十年（文禄元年。一五九二）頃から、官位の急上昇や式正御成を経て、秀吉の後継者＝秀頼の傅役に落ち着き、さらに文禄五年（慶長元年。一五九六）の参内において周知が図られた。そしてその立場は、慶長三年（一五九八）八月十八日、伏見城における秀吉の死を経て、みずからの最晩年に及ぶ。家康・利家の両人は、他の三「大老」（宇喜多秀家・上杉景勝・毛利輝元。なお、「御掟」「御掟追加」に連署した小早川隆景は慶長二年六月に死去）とは隔絶した特別な地位にあって、秀吉死後も引き続いて豊臣政権の運営に尽力するのである。

第四章　前田利家遺言状の偽作——利家伝説の虚実②

正室に口述筆記で書き留めさせたという遺言状

慶長四年（一五九九）三月二十一日、病床にあった前田利家は、死期の近いことを悟り、嫡男利長に宛てた遺言状を、正室芳春院に口述筆記のかたちで書き留めさせた。

その遺言状は、十一か条から成り、財産の分配から有力家臣の性格、奉公人に対する心得まで実に行き届いたものであった。利家の最期は、それから間もない、閏三月三日のことである。

以上は、最晩年の利家にまつわる、よく知られた逸話である。利家の病気は事実であるし、命日もおそらくまちがいないだろう。だが、本書の冒頭でこの逸話、というよりも、この遺言状が後世の捏造であると断言した。本章ではその筆者の見立てを詳しく紹介してみたい。

利家の遺言状に書かれていること

利家の遺言状（「遺誡《いかい》」「遺戒《いかい》」とも。以下、遺言状で統一）を検証するにあたって、まず確かめておくべきはその内容であろう。長文だが、検証の筋道がよくわかるように、原文のまま以下に引用して、条文ごとに現代語訳（意訳）を行っておく。

ただし、遺言状は、写本または編纂史料への引用でのみ伝わっているから、どのテキストを翻刻するか、が早速問題になってくる。テキストによって語句や言い回しが微妙に異なっているからである。

とはいえ、遺言状の文言は、幸いなことに、後述する一点の写本を除いて、第一章で取り上げた偽作された秀吉書状に比べれば、写本間における違いは些細なもので、大きく内容が異なることはない。

であれば、代表的な遺言状の翻刻を挙げて、これを手がかりに検討を進めるのがいいだろう。

郷土史家の日置謙は、少なくとも都合五度、遺言状を翻刻している。昭和三年（一九二八）の『石川県史』第二編（「越登賀三州志」。〔改訂版〕一三二～一三四頁）、昭和四年（一九二九）の『加賀藩史料』第一編（六二九～六三三頁「高徳公遺誡」）、昭和八年（一九三三）の『重訂越登賀三州志』（石川県図書館協会）および『御夜話集』上編（「両亜相公遺誡」）、昭和十九年（一九四四）の『加能古文書』（「越登賀三州志」）である。ここでは、日置が三度校訂にあたり、そして最後に選んだ底本をさしあたり代表的な翻刻として引用しておきたい。面倒な方は読み飛ばしていただいても結構である（条文の冒頭①～⑬の数字は筆者による。また、条文④の

「一万石」は底本をみると明らかに「一万五千石」の誤りであるから訂正した）。

（原文）

①我等煩《わずらい》弥《いよいよ》尓々無之《しかじかこれなく》候間、近々与《と》存《ぞんじ》候。相果候者《あいはてそうらわば》、長持に入れ金沢へ下し、野田山に塚をつかせ可被申《もうさるべく》候。則《すなわち》我等死骸と一度に、女ども加賀へ下し可被申《もうさるべき》事。

（現代語訳）

私の病状はよろしくない。死も間近であろう。遺体は長持に入れて金沢へ送り、野田山に塚をつくって埋めるように。遺体とともに、女房たちも加賀へ下すように。

（原文）

②一、孫四郎儀、金沢へ下し留守居に置《おき》、兄弟の人数一万六千ほどは可有之《これあるべし》と存《ぞんじ》候。八千あて為替《かわらせ》、大坂に為詰《つめさせ》、半分金沢に有之《これある》人数は、孫四郎下知に付《つく》様に被申付《もうしつけられ》、自然上方に申分出来《もうしぶんしゅったい》、対秀頼様《ひでよりさまにたいし》謀反仕《つかまつり》候者候はゞ、八千の人数を召連《めしつれ》、其時は金沢之城之留守居には、篠原出羽に貴殿の内にてなじみ深き者を一人相添被置《あいそえおかれ》、残《のこる》人数孫四郎上洛、則《すなわち》一手に罷成《まかりなり》候様に仕置可被仕《つかまつらるべく》候。然者《しからば》出羽事、せがれより我等側《そば》に

召仕《めしつかい》、心持存《こころもちぞんじ》候。片口《かたくち》なる律義者にて候之間、城など預置《あずけおき》候て能者《よきものに》候。其上末森之時分、若年に候得共《そうらえども》、手前殊之外能《よく》候。我等致姪聟《めいむこにいたし》候。関東陣之刻《きざみ》も、八王子にて能《よく》候。然処《しかるところ》姪相果候付而《あいはてそうろうについて》、青山佐渡聟《むこ》に可仕之由《つかまつるべきのよし》、女共噯《おんなどもあつかい》申候間、跡にて如《い》何《か》様《よう》にもと申《もうす》事に候。

（現代語訳）

利政を金沢へ下して留守居とすること。利長・利政の軍勢は一万六千ほどある。大坂と金沢に八千ずつ配置し、金沢の軍勢は利政の指揮下にいれるように。もし上方で秀頼様への謀反が起こったら、利政は上洛して利長と合流すること。金沢の留守居は篠原一孝に、利長のよく知ったものを一人補佐につけること。篠原は若い頃から私の側近くに仕えたもので性格はよく知っている。「片口なる律義者」である。城などを預けるのに適している。そのうえ末守合戦の時は若かったがよい働きをしたので、姪（利家の弟佐《さ》脇《わき》良之《よしゆき》の娘円智《えんち》院《いん》）婿にした。小田原出兵の時も八王子でよい働きぶりをみせた。姪は亡くなってしまったので、青山吉次の婿にするよう「女共」が世話をしたので、どのようにでもうまく取り計らうように。

（原文）

③一、其方子《そのほう》もなく、兄弟にも孫四郎計《ばかり》の義に候間、利長に対し致非義間敷候《ひぎをいたすまじく》。大納言同前に、親とも兄とも可存《ぞんずべく》候間、誓書を利政に為書置《かかせおき》候間進之《これをしんじ》候。可有御覧《ごらんあるべく》候。弥《いよいよ》子と思はれ、万事形義能成《ぎょうぎよくなり》候様に、被致異見《いけんいたされ》尤存《もっともにぞんじ》候事。

（現代語訳）

利長には子もなく兄弟も利政だけである。利政には、利長に対して義理に背くようなことはせず、利家同然に利長を親とも兄とも思うように誓紙を書かせたので確認するように。利長は利政を実子と思って、万事行儀がよくなるように意見してやってほしい。

（原文）

④一、我等隠居知行《いんきょちぎょうの》事、石川郡・河北郡・氷見庄肥前殿へ進之《これをしんじ》候。能州口郡《くちぐん》一万五千石孫四郎へ遣之《これをつかわす》事。

（現代語訳）

私の隠居知行である石川郡・河北郡・氷見庄（射水郡の一部）は、利長へ与える。能登の口郡一万五千石は利政へ譲ること。

(原文)

⑤一、判金《はんきん》千枚・脇指《わきざし》三腰《さんこし》・刀五《ご》腰《こし》札《ふだ》を付置《つけおき》候。孫四郎ニ遣之《これをつかわし》候間、御渡可有之《おわたしこれあるべく》候。其外遺物《そのほかゆいもつ》に遣《つかわし》候金銀、申置《もうしおく》ごとく可被遣《つかわさるべく》候。其外一々《そのほかいちいち》日記にして、不残《のこらず》利長へ進之《これをしんじ》候事。

(現代語訳)

大判金千枚・脇差三腰・刀五腰には札を付けておいたから、利政へ与えるように。金銀は、私が申し置く通りに分配するように。そのほかは目録にして、すべて利長に譲る。

(原文)

⑥一、金沢に有之《これある》金銀・諸道具、是又何《これまたいずれ》も其方《そのほう》へ進之《これをしんじ》候也。然者《しからば》三年加州へ下申義《くだりもうすぎ》無用に候。其内何とぞ埒明可申《らちあきもうすべく》候事。

(現代語訳)

金沢にある金銀や道具類は、すべて利長に与える。だから、三年は加賀へ下らないように。そのうちに何とか事態も打開するだろう。

（原文）

⑦一、兄弟に申置《もうしおき》候。第一合戦の刻《きざみ》、敵の畔《あぜ》きり成《なり》とも踏出《ふみだ》し尤《もっとも》に存《ぞんじ》候。他国より被押込候者《おしこまれそうらわば》、草の陰にても尤《もっとも》と存間敷《ぞんずまじく》候。跡々《あとあと》信長公、小人数の時より、何時も御国内にて合戦被成《なされ》たることなし。敵国へ踏入《ふみいり》、度々《たびたび》利を被得《えられ》候事。

（現代語訳）

利長・利政兄弟に言い遺す。合戦の時は敵地に踏み込んで戦うこと。他国から攻め入られてはならない。草葉の陰からでも、もっともとは思わない。信長公は小身の時分以来、敵に攻め込まれて合戦をしたことがないからである。敵地に踏み込んで、たびたび勝利を得られた。

（原文）

⑧一、奉公人の義は、早《はや》二十年ほど召仕《めしつかい》候者、其家の作法能存《よくぞんじ》候間、本座者《ほんざもの》同前に候。

利家人数佐々内蔵助と取合《とりあい》の刻《きざみ》、又は関東松枝・八王子、曖《あつかい》にいたし又乗崩《のりくず》し候時分も、新座者《しんざもの》を聞及《ききおよび》、過分《かぶん》の知行遣《つかわ》し呼寄候得共《よびよせそうらえども》、本座者を越事《こす》、我等家に不限《かぎらず》、信長公尾張一国御手に入《いり》候刻《きざみ》より、本座者新座に被越事《こさるること》なし。万事に付て、本座を捨《すて》る事可為越度《おちどたるべく》候。人は出来不出来はある者にて候間、はや其方《そのほう》は三ヶ国の主候之間《あるじにそうろうのあいだ》、万事心持大事《こころもちだいじに》候、近所に依怙《えこ》ひいき無《なき》者を、四五人も誓紙をさせ被召仕《めしつかわれ》候て、外様なりとも家久敷《いえひさしき》者は聞立呼出《ききたてよびだし》、被召仕候而被見尤《めしつかわれそうろうてみられもっとも》ニ候。其上新座者は、我身威勢の時は奉公仕《つかまつる》者に候、自然手前悪《あし》き時は、其身のかたつきを本《もと》として、結句《けつく》表裏《ひょうり》を致す者に候。又本座者は、日頃主人へ対し不足を存《ぞんずる》者にても、左様の時は其身の為を存不遁《ぞんじのがれざる》者なり。此義は不及申《もうすにおよばず》候。信長公御遠行《えんこう》之刻《きざみ》、安土より其方《そのほう》内義を引連被逃刻《ひきつれのがるるきざみ》、路次にて本座・新座の覚可有之《おぼえこれあるべく》候。其心持《そのこころもち》肝要の事。

（現代語訳）

奉公人は、二十年ほど召し使ったものは、家の作法もよく知っているので、「本座者（譜代の家臣）」同然である。佐々成政との合戦、小田原出兵の時も、「新座者（新参の家臣）」に過分の知行を与えて働かせたが、「本座者」を越えることはなかった。前田家にかぎらず、信長公が尾張一国を平定された頃以来、「本座者」が「新座者」に越されたことはない。万事について「本座者」を見捨てるのは誤りである。人には出来不出来がある。利長は今や加越能三か国の主なのだから、万事に気配りが大切である。依怙贔屓をしないものを四、五人、誓紙を書かせて取り立て、外様でも前田家に長く仕えているものはよく見立てて取り立てるといい。「新座者」は、我らの威勢がいい時には奉公に努めるが、威勢が悪くなると保身に走って、結局、裏切ったりする。「本座者」は、日頃は不満に思っていても、我らの威勢が悪くなると主家のために尽くして、逃げたりはしない。いうまでもないことである。信長公が亡くなった時（本能寺の変）、安土から利長の正室玉泉院を引き連れて逃れる時、道中で「本座者」と「新座者」の違いがわかったであろう。その時のことを忘れないように。

（原文）

⑨一、武道ばかりを本《もと》とする事有間敷《あるまじく》候。文武二道の侍稀《まれ》なる間、分別《ふんべつ》位《くらい》能者《よきもの》を見立聞《みたてきき》立《たて》、ケ様《かよう》の者は新座《しんざ》にても情《なさけ》を懸《かけ》られ召仕《めしつかい》不苦《くるしからず》候。我等も一代本座者に為仕置《しおきさせ》、合戦の刻《きざみ》は先手をさせ候得共《そうらえども》、終《つい》に越度《おちど》取らず候。第一諸侍《しょざむらい》共《ども》身上《しんしょう》成《なり》候《そうろう》様《よう》に、痛《いた》はり可被申事《もうさるべき》、

（現代語訳）

武道ばかりを大切に思ってはならない。文武両道の侍はめったにいないが、分別のよいものを探し出して、「新座（新参）」でもいいから情けをかけて召し使うように。私一代は「本座者」に政務をとらせ、合戦の時も先手をさせたが、これは誤りではなかった。家臣たちの身上が成り立つように、彼らをいたわるように。

（原文）

⑩一、長九郎左衛門・高山南坊《みなみのぼう》、世上《せじよう》をせず、我等一人を守り、律義人候之間《りちぎにんにそうろうのあいだ》、少宛《すこしずつ》茶代《ちやだい》をも遣《つかわ》し、情《なさけ》を懸《かけ》られ可然存《しかるべしとぞんじ》候。片山伊賀事、身上《しんしよう》より大気《たいき》を本《もと》と仕者《つかまつるものに》候の間、自然の刻《きざみ》は謀反する事可有之《これあるべく》候。言葉にも念頃《ねんごろ》の体《てい》を致し、油断有間敷《あるまじく》候。徳山五兵衛、世上《せじよう》を致し、国主共と、我等影を持《もち》、知人に成《なり》候と聞及《ききおよび》候。我等存生《ぞんじよう》の間は、悪心《あくしん》を致し候ては、足の立《たて》ども有間敷《あるまじく》候。主分別立《あるじふんべつだて》なる者にて候間、時節を待有之《まちこれあり》候と見《み》付《つけ》候条、我ら相果候《あいはてそうら》はゞ心表裏《ひようり》を企可申《くわだてもうすべく》候間、左様の仕置尤存《もつともとぞんじ》候。山崎長門、善者《よきもの》にて候。越中取合《とりあい》の刻《きざみ》も、鳥越にて能《よく》候。然共《しかれども》意地悪敷《いじあしく》、片むきなる武辺に候間、三十・四十の頭《かしら》可然《しかるべく》候。大《おおい》なる大将御無用之事。

（現代語訳）

長連龍と高山右近は、世間づきあいもせず、私一人を守って律儀に仕えてくれたから、少しずつ茶代を与えて、情けをかけるように。片山延高は、主人のことより「大気」を重んずるものだから、もしもの時には謀反など起こすだろう。ねんごろな言葉をよくかけて、油断をしないように。徳山則秀は世間を渡り歩いて、他の大名たちとも密かに交際しているらしい。私が生きているうちは悪い考えを起こしても居場所すらなくすだろうから問題ない。さも分別があるように装っているものだから、時節を待っているのだろう。私が死んだら裏切るから、そう思って対応するように。山崎長徳はよい家臣である。越中の佐々成政との合戦の時も、鳥越でよく働いた。しかし意地を張る、かたくなな武辺者だから、侍三十人か四十人程度の頭は務まるだろうが、それ以上の兵を率いる大将には向かない。

（原文）

⑪一、村井豊後・奥村伊予事、子共《こども》に家を渡し致隠居《いんきよいたし》、今程楽をさせ置《おき》候。然共相果《しかれどもあいはて》候《そうら》はゞ、弥《いよいよ》情《なさけ》を懸《かけ》られ、髪をもそらせ不被申《もうされず》、祝義などの刻《きざみ》も、此《この》両人家の老《おとな》に候之間召仕《めしつかい》尤《もっとも》候。其上大事の合戦の刻《きざみ》も、右両人の者、左様の事も仕付《しつけ》たる者《ものに》候之間、

人数千ほど充《ずつ》預け、前後を為守可被申《まもらせもうさるべく》候。伊予、一頃《ひところ》我等と中たがひにて、致牢人在《ろうにんいたしこれ》之《あり》候。越前義景陣の刻《きざみ》、はやき首を取参《とりまいり》候間、其時我等召置《めしおき》、其後内蔵助と取合《とりあい》の時分、末森を預置候得《あずけおきそうらえ》ば、持済《もちすま》し忠節仕《つかまつり》候。関東陣の刻《きざみ》は、彼等にも先陣を申付《もうしつけ》候之処、無越度仕済《おちどなくしすまし》候。豊後は、江州金賀森と云《いう》所にて、佐久間玄蕃と一所に有合《ありあい》、一番乗仕《つかまつり》候。其上能首取《よきくびをとり》、信長公へ懸御目見《おめみにかけ》候。大坂合戦の刻《きざみ》は、我ら傍にて鎗を突《つき》、致手柄《てがらいたし》候。長篠合戦の刻《きざみ》は、我等と致太刀打《たちうちいたし》候名有者《なのあるもの》の首を取《とり》候。此《この》義も常々其方《そのほう》へ語申《かたりもうし》候。越中佐々内蔵助と取合《とりあい》之時分は、末森の後巻《うしろまき》先手をさせ、又は蓮沼を焼《やき》候刻《きざみ》も、度々《たびたび》先陣を申付《もうしつけ》候処、貴殿如存度々致手柄《ぞんじのごとくたびたびてがらいたし》、忠節を仕《つかまつる》者に候。別して情《なさけ》を懸尤《かけもつともに》候。岡田長右衛門事、算用などさせ候て能《よき》奉公人に候間、主分限《あるじぶげん》に過《すぎ》候と貴殿も可被存候得共《ぞんぜらるべくそうらえども》、是《これ》もなじみの者に候間、隠居分二千石為取《とらせ》候。但此《ただしこの》者、貴殿奉公振《ぶり》御覧候て、目懸《めかけ》ぶりは其方《そのほう》分別次第に候。次に青山佐渡、魚津を預置《あずけおき》候。此《この》者律義人《りちぎにん》に候。弥情《いよいよなさけ》を被懸尤《かけられもつとも》に候。神谷信濃方へ宗半娘可遣《つかわすべき》かと、おしやう申《もうし》候。貴殿分別次第に候。

（現代語訳）

村井長頼と奥村永福は、子供に家督を譲って隠居し、今は楽をさせているが、私が死んだら、今よりも情けをかけて、出家をさせず、祝儀の時には両人を前田家の老臣として召し使うように。大事な合戦の時には、両人とも手慣れたものだから、千人ほどの人数を預けて前後を守らせるように。奥村は一時期、私と仲違いをして牢人になったが、越前朝倉攻めの時に敵の首を取って来たので再び召し抱えた。佐々成政との合戦の時、末守城を預けたが、うまく守り抜いて忠節を示した。小田原出兵の時には先陣を任せたが、手落ちなく務めてくれた。村井は、近江金森での合戦の時、佐久間盛政と一緒にいたが、一番乗りを果たし、名のある敵の首を取って、信長公のお目にかけた。石山本願寺攻めの時は、私のそばで槍をもって手柄を立てた。長篠の合戦の時は、私と太刀打ちをした名のある敵の首を取った。これらはいつも利長に語っている通り。佐々成政との合戦の時は、末守城救援の先手を任せ、越中蓮沼を焼き討ちした時も先陣を務めさせた。利長も知っての通り、何度も手柄を挙げ、忠節を尽したものだから、とりわけ情けをかけるように。岡田長右衛門は、算用などをさせるにはよい家臣である。分不相応と思われるかもしれないが、慣れ親しんだものだから、隠居料に二千石を与えた。ただし、利長への奉公ぶりをみて、利長の分別次第に待遇するように。青山吉次には魚津城を預けている。律儀者だから、なお情けをかけるといい。神谷守孝へ、中川宗半（光重）の娘を嫁がせようかと、「おしやう」（利家の娘。中川光重室）が言っているが、利長が判断するように。

(原文)

⑫右条々、心尽候得《こころづきそうらえ》ども、口上には跡先忘《わすれ》候間、書付進之《これをしんじ》候。万事我ら相果候《あいはてそうら》はゞ、心持《こころもち》肝要にて候間如斯《かくのごとく》候。以上。

(現代語訳)

これらの条々、気がもめるが口上では話の前後を忘れそうだから書付にして差し上げる。私が死んだら万事、こうした心持ちでいることが大切である。

⑬　慶長四年三月廿一日　ちくぜんの守（前田利家）　在判

羽柴肥前守（前田利長）殿

(日置謙編『加能古文書』二一七六号文書)

以上が遺言状の全文である。①~⑬の内容を要約すれば、①遺骸の処置、②豊臣秀頼に対する謀反発生時の対処法など、③前田利政の処遇など、④利家隠居料の分配、⑤遺品・金銀の分配、⑥金沢の遺品・金銀の分配と三年間利長の帰国を禁じること、⑦合戦の心得、⑧奉公人への心得、⑨武道偏重への戒めなど、⑩有力家臣（長連龍・高山右近・片山延高・徳山則秀・山崎長徳）のこと、⑪同じく有力家臣（村井長頼・奥村永福・岡田長右衛門・青山吉次・神《かみ》谷《や》守孝《もりたか》）のこと、⑫末文、⑬年月日・署名・宛所、となる。

遺言状は本当に「口述筆記」なのか

遺言状はずいぶん冗長で、利長宛といいながら、やたらと次男の利政が登場する。この雑然というか、不自然な内容からして、筆者にはすでに疑問なのだが、瀬戸薫「利家の遺言状はあったの?」によれば「利長を指す言葉も「貴殿」「利長」「其方」と不統一ですが、これは口述筆記の特徴と言えます」（［瀬戸二〇〇一b］一八六頁）と、かえって真実味がある、という捉え方もできるらしい。

口述筆記という俗説が事実かどうかわからないのに、原本の所在もわからず、内容も怪しげな遺言状の一部の語句から、その俗説まで含めて、遺言状があたかも信頼できるかのように語ってしまえるのは、それはそれで敬服するほかない。この論法でいけば、どんな不自然さでも、口述筆記の一語でかたづけられる。

だが、瀬戸氏ばかりをあげつらうのも不公平である。遺言状は利家の口述筆記、ということが長年にわたって信じられてきた事実を、先人たちの評価から押さえておこう。

ここでは、【参考1〜2】として戦前の日置謙の理解、そして【参考3】『金沢市史』資料編三・近世一、および【参考4】『新修七尾市史』三・武士編に掲載された遺言状（翻刻文）に付された注記を確認してみたい。

【参考1】　※傍線は筆者による

この間に利家の病益漸み、再起全く望むべからざるに至りしかば、二十一日彼はその夫人をして筆を執らしめ、遺誡十一条を制して之を嗣子利長に致さしめき。その言周到懇切、また生平思慮の清洽を窺ひ知るべし。

（日置謙編『石川県史』第二編〔改訂版〕一三一頁）

【参考2】

両亜相公遺誡

此の書は前田利家及び利長の遺言状である。それを分離した場合には、亜相公遺誡・贈亜相公遺誡といふこともある。何と言つても藩祖利家及び第二世利長二卿の遺言状であり、その内容も亦藩政の重大事に関して居るのだから、藩士といふ藩士は悉く之を伝写して襲蔵したものと見える。随つてその間に夥しい誤謬を生ずることになり、それを是正還元する為の学者の努力も亦尠くはなかつた。（日置謙校訂『御夜話集』下編、六一〇頁）

【参考3】

○前田利家の遺書には原本が残っていない。写本は数本あるが、それぞれ表現に不自然な部分があり、また表現も相互に異なっていて、翻刻対象を一本には絞りがたかった。しかし、諸本を校合した結果を全面的に表記することも困難であり、ここでは、中でも表現の自然な「利家卿遺書」（一六・一七―一一）をもって底本とし、その明らかな誤りと考えられる部分について他本との校合結果を記し、また、必要な校訂注を施すことに留めた。

（『金沢市史』資料編三・近世一、一六九～一七〇頁）

【参考4】

『高徳公遺誡』『利家卿御遺書』等の名で知られる利家の遺言状。異本も数多くあるが、本章では、新出の巻子本を翻刻した。利家が、改称したとみられる「尾山」を用いずに「金沢」とする等々、検討すべき点は多い。慶長四年の成立と断定できる根拠はないが、利政の処遇に関する内容は軽視できないので、とりあえず、芳春院が口述筆記したとの通説に従って、内容を要約しておこう。

（『新修七尾市史』三・武士編、一七九頁）

以上を整理しておこう。【参考1】によれば、遺言状は利家の思慮深さや先見性を物語るものであって、したがって【参考2】にあるように、多くの写本が作成されたが、そのためか【参考2〜3】で述べられている通り、写本間には語句の違いが多いという。また【参考3】では、遺言状の原本が残っていないこと、【参考4】では、内容に検討すべき点が多いことが指摘されている。

【参考1〜3】は、遺言状が利家の口述筆記であることを疑っていないが、【参考4】では「利家が、改称したとみられる「尾山」を用いずに「金沢」とする」「慶長四年の成立と断定できる根拠はない」と、若干の疑問が呈されている。

だが、【参考4】には、それ以上の具体的な言及はない。「とりあえず、芳春院が口述筆記したとの通説に従って」しまうので、釈然としない何かを遺言状に感じているのだろうが、結局のところ何を主張したいのか、いまひとつ判然としない。疑わしい部分もあるが、何らかの事実を含む可能性がある、といったところか。

ちなみに、「金沢」については、第一章で述べたように、利家の時代にも存在した地名で

前田利常像（那谷寺蔵）

ある。天正十一年（一五八三）、利家は金沢入城とともに、この城郭を尾山城と改めたが、城下の地名である金沢は残したようである［大西二〇一六a・二〇一八b］。だから、金沢という文言を利家が用いることに不自然さはない。また、「慶長四年の成立と断定できる根拠はない」という指摘は、『新修七尾市史』が引用するテキストに対しての疑問か、それとも遺言状の写本一般に対するものか、あるいは、いまだ確認されていない写本の原本に対してのものか、いく通りにも解釈でき、執筆者の意図ははっきりしない。

【参考4】の執筆者の一人、さきに登場した瀬戸薫氏の見解も改めて確認しておこう。【参考4】と同時期に刊行された既出「利家の遺言状はあったの?」では、「利家が「金沢」を用いている点や、家臣たちの以後の去就が一致しすぎる点等から、この遺言状は後世の偽作ではないかという見方もあるのです」と述べているが、結局のところ「家族の細かい点まで書けるのは、当主夫妻なればこそでしょう」、「利常を嗣子と認知していない」遺言状が「継承されてきた点にも信憑性を高くみてよいのではないでしょうか」とまとめている〔瀬戸二〇〇一b〕一八二〜一八七頁〕。つまり、瀬戸氏の結論は、あれこれ内容を検討のうえで俗説を認めるもの、と判断できよう。

岩沢愿彦『前田利家』もこの遺言状（「亜相公御遺誡」）を紹介する〔岩沢一九八八〕。三月「二十一日には夫人（芳春院）に遺言状を筆記させた」（二八三頁）とか、利家が「政局の変革が近いことを予測している」（二八一頁）などと述べており、とくべつ疑っている気配はない。見瀬和雄氏も遺言状を「利家の遺戒」として『金沢市史』、そして近刊『前田利長』に詳しく取り上げている〔見瀬二〇〇五・二〇〇一八〕。「大名利家のこれまでの総決算ともいえる内容である」と述べて要点を説明するなど〔見瀬二〇〇五〕一七〜一八頁〕、遺言状を疑う気配はみじんもない。

以上、遺言状に対する代表的な評価をいくつか挙げたが、いずれも俗説通り、利家の口述筆記として認めていることが明らかになった。多少の疑問は抱かれているが、利長を指す言葉が不統一なのは口述筆記のため、写本によって語句が違うのは伝写の過程での写し誤り、ということで、遺言状それ自体が根本的に疑われることはなかった。

しかし、筆者は遺言状を後世の捏造、つまり偽文書であると考えている。その論拠をこれから紹介していこう。

遺言状の各種写本を検証する

遺言状を内容・語句から検討すると、不自然な用法であっても、だから「後世の偽作ではないか」という理解ではなく、「口述筆記の特徴」(［瀬戸二〇〇一b］)などと、かえってその信憑性の高さの証拠に仕立てられてしまうおそれがある。

利長に宛てた遺言状でありながら、実弟利政への言及が目立つことや、条文③では、利長の兄弟は利政だけ、と言い切っていることなど(史実ではない。三男知好《ともよし》、四男利常、五男利孝《としたか》、六男利豊《としとよ》〔利貞《としさだ》〕がいる)、少し考えればすぐわかる。明らかにおかしい。条文⑥は、

＊金沢の金銀や道具類を利長に譲る
＊利長は、三年間は加賀へ下らないように
＊そのうちに何とか事態も打開するだろう

という三つの内容から構成されるが、どういう連関があるのか、うまく文章がつながらないし、意図が読み取れない。だが、これらの疑問も、超論理的な「口述筆記の特徴」を持ち

出せば、だから遺言状は実在したのだと切り抜けることができる。
しがたって、視点を変えて迫るしかない。遺言状の信憑性を考えるには、テキストの読み込み以外の、他の史料との突き合わせなど、別のアプローチが必須である。

筆者はそこで、他の編纂史料を、できるだけあまねく収集する方法を取った。利家の業績やその時代の出来事を描く、数々の編纂史料を眺めてみた。その結果を年代順に整理したものが〈表6〉である。

筆者が遺言状を疑うのは、〈表6〉の通り、これが十七世紀の後半に至って唐突に出現したからにほかならない。

遺言状は、その内容からいえば、【参考1】「その言周到懇切、また生平思慮の清洽を窺ひ知るべし」（［日置一九二八］〔改訂版〕一三一頁）、あるいは「利家の先見の明」（［瀬戸二〇〇一b］一八七頁）を如実に示している。しかし、利家の動向を詳しく描く村井長明の覚書類（「利家公御代之覚書」「利長公御代之おほへ書」「国祖遺言」）や、利家をはじめ名将の逸話を集めた加賀藩士・兵学者の関屋《せきや》政春《まさはる》「乙夜之書物《いつやのかきもの》」、加賀藩創業記というべき「菅家見聞集」などに遺言状は現われない。この事実は、どのように説明すればいいのだろうか。

とくに村井長明は、臨終にいたるまで利家の側近くに仕えていた。「利家公御遠行《えんこう》之五十日計《ばかり》さき」「大納言様御遠行十日計さき」「利家様御遠行五・六日以前」などと、その記録は

〈表6〉遺言状への言及

No.	書名	編者・作者等	成立年代	言及・引用
1	「利家公御代之覚書」	村井長明（1582〜1644）	寛永年間（1624〜44）以前	×
2	「利長公御代之おほへ書」	村井長明（1582〜1644）	寛永年間（1624〜44）以前	×
3	「国祖遺言」	村井長明（1582〜1644）カ	寛永年間（1624〜44）以前カ	×
4	「乙夜之書物」	関屋政春（1615〜85）	寛文9年（1669）〜同11年（1671）	×
5	「政春古兵談」	関屋政春（1615〜85）	延宝元年（1673）〜同7年（1679）	×
6	「前田創業記」4	河内山昌実	延宝3年（1675）	○引用有
7	「菅家見聞集」1	出口政信	貞享元年（1684）	×
8	「三壺聞書」6上	山田四郎右衛門カ	元禄年間（1688〜1704）以前	○
9	「たもと草」6	由比勝生（1636〜1719）	享保4年（1719）以前	○引用有
10	「漸得雑記」2	森田盛昌（1667〜1732）	享保17年（1732）以前	○引用有
11	「古兵談残嚢拾玉集」	有沢武貞（1682〜1739）	享保21年（1736）	×
12	「本藩譜略」	青地礼幹（1674〜1744）	元文5年（1740）以前	○
13	「菅君栄名記」3	板垣惟精（〜1740）	元文5年（1740）以前	○引用有
14	「菅君雑録」4	高畠定延（1690〜1760）	宝暦10年（1760）以前	○引用有
15	「越登賀三州志」鞬嚢余考12	富田景周（1746〜1828）	寛政年間（1789〜1801）	○引用有
16	「本藩歴譜」	不明	天保9年（1838）	○
17	「加藩国初遺文」5	森田柿園（1823〜1908）	明治21年（1888）	○引用有

＊「三壺聞書」は石川県立図書館所蔵。それ以外の史料はいずれも加越能文庫所蔵

詳細で、「利家様御遠行二日まへかと（利家死去の二日前）」の芳春院の動向（利家のために経《きょう》帷子《かたびら》をこしらえた）も押さえている（以上「利家公御代之覚書」）。ちなみに、このあと指摘するように、遺言状の文体は（利家というよりも）村井長明のそれに酷似する部分が多い。いずれにせよ、遺言状が実際に存在したのなら、利家の最期まで近習として仕えた村井が、これに言及しないというのはきわめて不審である。考えがたいことであろう。

以上が、筆者が遺言状を後世の偽作と考える第一の根拠である。

もちろんほかにも理由はある。遺言状の初出史料は、〈表6〉No.6に挙げた延宝三年（一六七五）成立の「前田創業記」である。しかし、「前田創業記」の遺言状――以下、創業記本と呼ぶが、このテキストには重大な問題がある。

表題の通り「前田創業記」は、利家・利長による加賀藩創業記だが、第一章でも軽く触れたように、全編漢文である。俗説に芳春院の筆記といわれる遺言状もその例外ではない。試みに条文[1]を引用してみる（創業記本の条文は順番に四角囲み数字で表わす）。

（原文）　創業記本[1]

一、吾儕病益重精神已衰矣、療之不可得大效、殆危而已、吾儕死即可入柩遣国葬野田山
　汝之母相共帰国夫然矣、

（読み下し）

一、吾儕《わなみ》病ますます重し、精神すでに衰えたり、これを療すれども大効を得るべからず、殆《ほと》んど危きのみ、吾儕死せば即ち柩に入れて国に遣わし、野田山に葬るべし、汝《なんじ》の母も相共に国に帰してそれ然らん、

（現代語訳）

一、私の病気はますます重くなり、気力も衰え、療養しているが大きな効果はない。もう少しで命を失うだろう。私が死ねば遺体を柩に納めて加賀へ送り、野田山に葬るように。利長の母（芳春院）も加賀に戻すのがいいだろう。

さきに、遺言状の各種写本における語句や言い回しの違いは些細である、と述べたが、ただ一つの例外がこの創業記本である。〈表6〉中の他の写本はいずれも、前掲『加能古文書』から引用したテキストと大差がない。これら『加能古文書』収録本などの写本を、以下、流布本と呼ぶことにするが、流布本に比べると、創業記本は、明らかに異なる文章である。

この問題はどう考えるべきか。「前田創業記」は、遺言状を俗説通り「芳春院殿手書」＝

芳春院の筆記と謳っている。しかし、原本・写本をあわせて三百通以上が残る芳春院の書状［前田土佐守家資料館二〇一七］は、いずれも漢字をほとんど使わない仮名書きである。どう考えても漢文の創業記本は、彼女の筆記ではありえない。利家がたとえ「吾儕」（一人称）と発声したところで、芳春院がそれを書き留められたとは到底思われない。「利家公御代之覚書」などをみるかぎり、利家の一人称は「おれ」である。

流布本も、芳春院の筆記そのままとはもちろん考えられず、現在確認できる芳春院の書状とはほど遠い文章である。創業記本にしろ流布本にしろ、実際に芳春院が筆をとった遺言状なるものが存在したのなら、大幅に書き改められているはずだが、改変の度合いは、どう考えても、流布本より創業記本のほうがはなはだしいだろう。

「前田創業記」には、問題の秀吉書状（第一章）も写されているが、これも漢文に書き改められている。遺言状も同様に、「前田創業記」の性格に合わせて全編漢文で収録されることになったのであろう。

文体の違いはいい。もっと大きな問題がある。

創業記本と流布本間では、文体以外の違いが大きすぎる。たとえば、流布本④利家隠居料の対応が、創業記本では6の箇所にある。流布本⑥にみえる三年間利長の帰国を禁じるという文章は、創業記本では2の箇所に、というように、条文の数こそ同じだが、〈表7〉の通

〈表7〉創業記本・流布本の内容比較

創業記本	流布本
①	①
②⑥	②
⑦	③
⑧⑨	④
⑧	⑤
④	⑥
⑤	⑦
⑥	⑧
③	⑨
⑪	⑩
⑩	⑪
⑫	⑫
⑬	⑬

＊流布本①〜⑬の内容が創業記本の何か条目に記されるかを整理
＊創業記本の記載順[1]〜[13]は省略

り、内容・構成は大きく異なっている。しかも、流布本⑥の条文は、おそらく創業記本[2]の一部と[8]とを合成したものらしい（次の引用文の傍線部）。さきに流布本⑥の条文の文章がうまくつながらないことを指摘したが、これは次のように、もともとは別々の箇所にあった文章を、一つにまとめたために起こった結果だったのである。

（原文）創業記本[2]

一、汝在大坂、補佐幼君、利政帰国当守加越能三州、（中略）汝三年之間勿敢帰国、居大坂窺察天下之安否而夫然而已、

（読み下し）

一、汝大坂に在りて幼君を補佐し、利政国へ帰し、まさに加越能の三州を守るべし、（中略）汝三年の間、あえて帰国することなかれ、大坂に居て天下の安否を窺察《きさつ》し

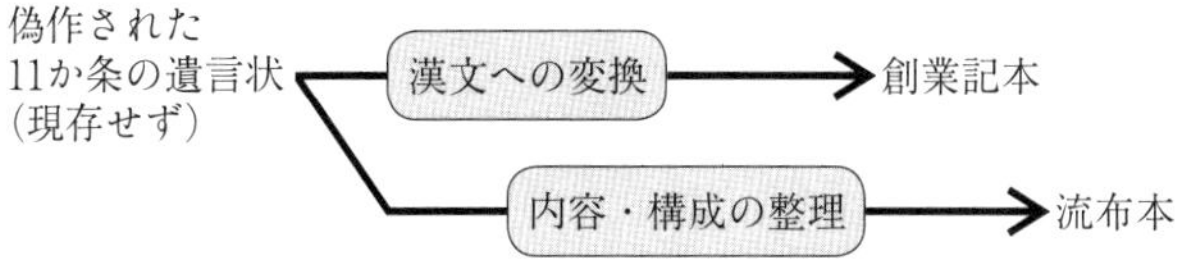

創業記本と流布本、発生の流れ

てそれしかるのみ、

（原文）創業記本[8]

一、所有金沢城之珍器宝器金銀皆授汝而已、

（読み下し）

一、金沢の城にあるところの珍器・宝器・金銀、皆汝に授けんのみ、

この事実は何を意味するのだろうか。筆者の見立てはこうである。写本としての成立年代を推定できる遺言状のうち、もっとも早く出現した創業記本の内容・構成は、のちに現われた流布本の祖形を成すものと考えざるをえない。おそらくは、上の図のような関係ではなかろうか。創業記本が流布本に変化した、という考え方もできるが、筆者は（このあと述べるように）語彙に照らせば、創業記本と同じ構成をもつ現存しない十一か条の遺言状がまず存在したとみて、それが整理されて流布本が成立したと解釈

したほうがいい、と考えている。

いずれにせよ、ここでは創業記本・流布本間に、文体以上の、より大きな構成と内容の違いがある事実を押さえておきたい。この事実が、筆者が遺言状を後世の偽作と考える第二の根拠である。

第一章で問題にした秀吉書状と同じく、遺言状は「藩祖」利家がらみの重要史料である。書き写す側は、これを正確に写し取る努力を払ったに違いない。創業記本から流布本への変化は、語句どころか、その内容に立ち入って改変が加わっている。俗説通りに遺言状なるものが実際に存在したのならば、単なる写し間違いではかたづけられない。

統一されていく遺言状の年月日

疑問はまだ尽きない。遺言状が遺言状として機能するために欠かせぬ要素とは何だろうか。遺言の内容もさることながら、それが本人によるものと立証する何か、たとえば自筆であること、そしておそらくはいつ、誰が、誰に対して書き置いたのか、という点も大切である。

利家と同時代の例を挙げてみよう。天正九年（一五八一）、秀吉によって兵糧攻めにされた、鳥取城主吉川経家《きつかわつねいえ》最期の書状（遺言状）は、自筆（ただし残存するものは写し）で年月日（天正九年十月二十五日付）を記し、署名・書判（「つね家《（吉川経家）》判」）を据えて、宛先には四人の子供（あちやこ・かめしゆ・かめ五・とく五）の名前を記している（吉川史料館所蔵）。

天正十二年（一五八四）、小牧・長久手の合戦で戦死した森長可《ながよし》（武蔵守《むさしのかみ》。美濃《みの》国金山《かねやま》城主（岐阜県可児市））も、この年の三月二十六日の朝、自筆で遺言状をしたため、尾藤甚右衛門なる人物に託している。遺品の処置や遺児の処遇といった内容はもちろん、年月日は「天正十二　三月廿六日　あさ《（朝）》」、署名は「むさし《（武蔵）》」と明確である（名古屋市博物館所蔵文書）。

天正十三年四月に没した越前国北庄城の丹羽長秀も遺言状を残している。卯月（四月）十四日付で、宛先は「秀吉様」、署名は「惟住越前守《これずみえちぜんのかみ》長秀」である。病状悪化による上洛のとりやめを伝え、跡目のことは、息子長重と家臣たちを見極めて、秀吉が存分に取り決めてほしい、と言い遺した。丹羽家の家譜（「丹羽家譜伝」）に収録された写しであるが、おおむね信頼できるだろう。

利家の「おさなともだち」（浅野家文書）秀吉の場合はどうだろうか。秀吉自筆という遺言状の写しが「毛利家文書」に残されている。とくに現代語訳も不要であろう。遺児秀頼の守り立てを、五人の「大老」に託している。このほかには何も思い残すことはない、と秀吉はいう。なお、「五人のしゆ」は五「大老」、「五人の物」は五「奉行」（いわゆる五奉行。当時は「年寄」などと呼ばれたが、「大老」同様煩雑なので以下「奉行」と略記する）のことである。

（読み下し）

返す返す、秀より《豊臣秀頼》事たのみ《頼》申し候、五人のしゆ《衆》たのみ申候〳〵、いさい《委細》五人の物に申しわたし候、なごりおしく候、以上、

秀より事なりたち候やうに、このかきつけ《書付》候しゆとして、たのみ申し候、なに事もこのほかにわおもひ《思》のこ《残》す事なく候、かしく、

八月五日　秀吉御判

いへやす《徳川家康》
ちくぜん《前田利家》
てるもと《毛利輝元》
かげかつ《上杉景勝》
秀いへ《宇喜多秀家》　まいる

御自筆御判御書うつし

（『大日本古文書　家わけ第八　毛利家文書之三』九六〇号文書）

吉川経家と同じく写本のみの伝来だから、厳密にいえば（この写本が参照した原本が）自筆

かどうかは不明だが、いつ誰が誰に対して、という点は明確である。なお、思い残すことが多かった秀吉には、ほかにも側近が書き留めたとおぼしき遺言もある（浅野家文書・早稲田大学図書館所蔵文書）。このうち八月五日の日付をもつ書付《かきつけ》は、「内府《だいふ》三年御在京の事（家康は三年間上方にとどまること）」などの文言から、家康宛の遺言らしいが［清水二〇一二］、おそらくは側近による口述筆記であろう（早稲田大学図書館所蔵文書）。

当時の遺言状がどのような要素を備えていたのか、おおよそのところは押さえた。内容以外に、自筆であることや、自署と宛先の存在、いつ書かれたのかが明確である点などがあれば申し分ないが、秀吉のように衰弱が進んだ病人の場合には代筆（口述筆記）もありえた、といったところだろうか。

利家の遺言状に立ち返って考えてみよう。各種写本（創業記本・流布本）の年月日、自署、宛先をそれぞれ〈表8〉に整理してみた。

年月日をみると、成立年代が早いものは不統一で、「漸得雑記《ぜんとくざつき》」にいたっては年月日の記載すらない。ただ、十八世紀中頃以降は、慶長四年（一五九九）三月二十一日に統一されていく傾向がみてとれる。創業記本から流布本へ内容の整理があったのち、年月日の統一が図られたのであろう。

年月日の不統一は、遺言状捏造説を後押しする。たとえば次のように考えるとわかりやす

〈表8〉遺言状の年月日・署名・宛所

No.	書名	成立年代	種別	年月日	署名	宛所
1	「前田創業記」4	延宝3年(1675)	創業記本	慶長四年三月廿八日	ちくせんの守利家	羽柴肥前守殿
2	「たもと草」6	享保4年(1719)以前	流布本	慶長三年三月日	筑前利家判	羽柴肥前守殿
3	「漸得雑記」2	享保17年(1732)以前	流布本	なし	なし	なし
4	「菅君栄名記」3	元文5年(1740)以前	流布本	慶長四年三月廿一日	筑前利家御判	羽柴肥前守殿参
5	「菅君雑録」4	宝暦10年(1760)以前	流布本	慶長四年三月廿一日	利家御判	羽柴肥前守とのへ
6	「越登賀三州志」鞬櫜余考12	寛政年間(1789〜1801)	流布本	慶長四年三月廿一日	チクセンノ守一作筑前利家有判	羽柴肥前守殿
7	「加藩国初遺文」5	明治21年(1888)	流布本	慶長四年三月廿一日	筑前利家(朱書)「御判」	羽柴肥前殿

＊以上の史料はいずれも加越能文庫所蔵

い。創業記本が参照した（らしい）偽作された十一か条の遺言状（現存せず）は、その時点では慶長四年（一五九九）三月二十八日付であったが、のちに流布本が成立する過程で、遺言状の内容・構成に変更が加えられ、年月日も慶長三年（一五九八）三月など混乱した時期を経て、慶長四年（一五九九）三月二十一日に整理されていった、ということである。

では、流布本がなぜこの年月日を採用したのか。おそらくは「前田創業記」の成立した延宝三年（一六七五）以降に出現した「三壺聞書」の影響であろう。

改めて説明すると、「三壺聞書」は加賀藩の足軽（宰領《さいりょう》足軽とも）山田四郎右衛門《しろうえもん》なる人物の著作で、成立年代は貞享～元禄年間（一六八四～一七〇四）と考えられている。村井長明の覚書類や、小瀬甫庵「太閤記」など、先行する編纂史料をつぎはぎしたうえ、著者独自の見聞や伝承を合わせて、「三代藩主」前田利常の死去にいたる加賀藩創業史を描き出す。加賀藩がらみの通説の源流をたどると、同書にたどりつくことが少なくない。その「三壺聞書」に、死の床にあった利家について次のような記載がある。

（読み下し）
三月廿一日に北の御方を御筆取りに成られ、御遺書一巻御好み調えければ、利長公へ御遺言を御渡し置く、

（「三壺聞書」六之下）

（現代語訳）
三月二十一日に、芳春院が筆をとって、御遺書が（利家の）意向に沿って調えられたので、利長公へ渡された。

「三壺聞書」の情報源はわからない。山田四郎右衛門は元禄年間(一六八八〜一七〇四)に八十歳くらいで没したという。少なくとも山田はこの出来事に直接関係していない。当時生まれてもいなかった。おそらくは伝聞である。

「三壺聞書」の信憑性はさほど高くない。先行文献の寄せ集めだから、描かれる時代が古くなればなるほど、記事の内容は疑ってみたほうが賢明である。だから、晩年の利家を知る村井長明ですら言及しない遺言状の存在を、「三壺聞書」の記事を頼りに事実と考えるのはかなり苦しい。

しかし、「三壺聞書」の伝承が、後年「越登賀三州志」をはじめさまざまな編纂史料に引き継がれたように、遺言状の偽作者や写本の作成者は、こうした判断がおそらくできなかった。しかも全編漢文の「前田創業記」よりも平易な「三壺聞書」のほうが、より広く加賀藩士の間には流布したらしい。木越隆三氏の調査によれば、「三壺聞書」には現在二十八もの写本が確認できるという[木越二〇一七]。

こうした事情から考えると、おそらく遺言状の偽作者は、創業記本の種本(偽作原本)を作成したのち、構成や内容を整理してゆき、その過程で流布本の体裁が整った。この時期に写されたのが「たもと草」や「漸得雑記」の遺言状であろう。ただ、偽作者はそのあと「三壺聞書」に接して、その記事との整合性を考えて、年月日の操作にかかった。その操作された偽作原本や、そのまた写本を写し取ったのが、十八世紀中頃以降の流布本である、と見立てることができるだろう。

遺言状の署名・宛所にも手が入る

年月日の問題よりも重大なのが、署名と宛所の不一致である。〈表8〉の通り、創業記本・流布本の別を問わずバラバラで、「漸得雑記」に至っては年月日に加えて、署名も宛所もない。写本の作成は江戸時代である。年月日はともかく、「藩祖」利家の署名を、そして宛所の「二代藩主」利長を、このようにぞんざいに扱うことがありうるのか。

疑問への回答は簡単である。写本の作成者たちが参照した種本がそもそも、それぞれ異なる署名や宛所をもっていた、と考えるほかない。たとえば「漸得雑記」の編者は、郷土史家森田柿園の先祖にあたる人物（森田盛昌《もりまさ》）で、彼もまた加賀藩の陪臣でありながら古事に精通する学者であった。森田盛昌が、みずからの裁量で「藩祖」の自署まで省略することは考えがたい。内容や構成そして年月日と同様に、偽作者は署名と宛所も操作したのであろう。

いずれにせよ、これらは、遺言状が偽作されたものではない、という立場からは、説明がつかない不自然さではなかろうか。

みえてくる遺言状の種本の存在

ここまで筆者は、遺言状がどれほど怪しいかを、具体的な証拠を挙げながら語ってきた。おそらく遺言状は利家とは関係なく（もちろん芳春院とも無関係に）、後世になって偽作されたのだろう。

しかし、なぜ偽作者はこのように詳細な遺言状を創作できたのか。偽作されたと簡単にいうが、何もないところから、かくも具体的な文章を組み立てることはできまい、という反論も予想される。

そこで、遺言状には、それを偽造するための複数の種本があったことを明らかにしておきたい。もっとも多く参照されたのは、おそらく編纂史料「国祖遺言」である。

「国祖遺言」は、書名の通り、基本的には「国祖」利家の言行録である。作者不明とされるが、筆者はその作者に、あの利家の近習村井長明を想定している。

〈表9〉は「国祖遺言」一三七か条について、利家に仕えた村井長頼（豊後守）ないし長頼の息子長明（勘十郎）、そして利家の息子利長・利政への言及がどの程度確認できるかを整理したものである。唐突なようだが、「国祖遺言」の性格を考えれば、おおよそ妥当な集

〈表9〉「国祖遺言」における言及

No.	村井	利長	利政
1			
2			
3		○	○
4			
5		○	○
6			
7	○	○	○
8			○
9			○
10			○
11			○
12		○	○
13			○
14		○	○
15		○	○
16			
17			
18			
19			
20			
21			○
22			○
23			
24			
25			
26			
27			
28			○
29			
30			
31	○		○
32		○	○
33			○
34			○
35		○	○
36		○	○
37			○
38	○		○
39			
40		○	○
41	○		
42		○	○
43			
44			
45			
46		○	○
47			○
48			
49	○	○	○
50			○
51	○		
52	○		
53			
54	○		
55	○		
56			
57			
58	○		
59			
60			
61	○		
62			
63			
64			
65			
66	○		
67			
68			
69	○		
70			
71			
72	○		
73			
74			○
75	○		
76			
77	○		
78	○		
79			
80	○		
81			
82	○		
83			
84			
85			
86	○		
87			○
88	○		
89	○		
90			
91	○		
92	○		
93			
94	○		
95	○		
96	○		
97	○		
98	○		
99			
100	○		
101	○		
102	○		
103	○		
104			
105		○	○
106			
107			
108			
109			
110			
111			
112	○		
113			
114			
115			
116	○		
117	○		
118	○		
119			
120	○		
121	○		
122	○		
123			
124	○		
125	○		
126			
127			
128	○		
129	○		
130			
131	○		
132			
133			
134			
135	○		
136	○		
137	○		
合計	48	14	31

＊利家による格言や書状の一節などを列挙した部分は1項目にまとめた（No.49）

計基準であると納得されるだろう。

「国祖遺言」は、いま述べたように、全編を通して大体のところは利家の言行録である。ただ、その「遺言」は、「度々肥前様《（利長）》・孫四郎様《（利政）》へ御意」「いつも〳〵肥前様・孫四郎様へ御意の事」などの記載から、利家がみずからの死後に備えて言い遺したこと、というよりも、日常における訓戒に近い。

利家は誰に対して訓戒を垂れていたのか。〈表9〉の「国祖遺言」が書き留める対象者は、おもに利政（三十一か条）、そして利長（十四か条）である。また、利長への訓戒はすべて「肥前様・孫四郎様へ御意の事」といったように、実弟利政とあわせて行われている。

以上から、「国祖遺言」の作者は、利家および利長・利政の側近くにあった人物に絞り込める。

さらに、「国祖遺言」には頻繁に登場する親子がいる。村井長頼・長明親子である。〈表9〉の通り、この親子のいずれか、または親子両人に言及した箇所は四十八を数える。なかには「村井豊後《（長頼）》後々までも、越中取り合い、又ははすの《（蓮沼）》間の事、物語、左馬助《（村井長次）》・勘十郎兄弟にかたり申候は……（村井長頼は後年にも越中での佐々成政との紛争、蓮沼焼き討ちの次第などを、息子の長次・長明に話したが……）」と、村井長頼からその息子二人（長次・長明）への物語や、「殿様《（利家）》御膳、朝夕にすえ上げ候、村井勘十郎一人に十六の春より仰せ付けられ候（利家の朝夕の御膳を運ぶ係は、村井長明が十六歳の春から命じられて務めていた）」「勘十郎十五の年、十月二日に大虫をおこし候へば……（長明が十五歳の年の十月二日、大虫の病気にかかったので……）」のように、村井長明の直接体験を（やたらと詳しく）語った箇所も少なくない。

さらに、天正十三年（一五八五）二月の越中国蓮沼における村井長頼の戦功にかかる、利家・利長それぞれが長頼に与えた感状が写されていたり、「村井豊後手柄どもの事」として長頼の武功が列挙されたりもする。加えて〈表9〉からも読み取れる通り、前半こそ利長・利政への談話が主体であるが、後半では村井長頼親子の行動や見聞が目立ってくる。さらに村井長明の覚書「利家公御代之覚書」とリンクする逸話も多く、しかも「利家公御代之覚書」・「国祖遺言」の二つの史料でしか確認できない伝承も少なくない（鶴で食あたりを起こした利家の話、利家家臣桜井勘介《かんすけ》の成敗など）。

これらの要素から考えると、「国祖遺言」の作者は村井氏、さらにいえば、晩年の利家に近習として仕え、「国祖遺言」に自身の経験が語られる村井長明その人であると考えるのが穏当ではなかろうか。

なお、加越能文庫に現存する写本「国祖遺言」は、利家の三男知好（一五九〇〜一六二八）による筆記の、そのまた写本であるという。「国祖遺言」本文のなかに、知好は一切登場しない。

「国祖遺言」と流布本を比較する

「国祖遺言」が、利家の訓戒や村井親子の武功・見聞を書き留めた史料で、作者はおそらく利家の近習村井長明であることを明らかにした。そこで問題の遺言状に戻って検討を進めよう。

流布本の条文④～⑥の内容は、いずれも「国祖遺言」の次の内容を参照したものであろう。いまいちど流布本④～⑥の原文を引き、「国祖遺言」の該当部分と比較すると、遺言状Ⓐ・Ⓑの内容は、確かに「国祖遺言」Ⓐ・Ⓑをもとに作成できるし、それ以上の内容を語ることもない。

○流布本　※傍線およびⒶ～Ⓒの記号は筆者による

（原文）

④一、我等隠居知行事、Ⓐ石川郡・河北郡・氷見庄肥前殿へ進之候。Ⓑ能州口郡一万五千石孫四郎へ遣之事。

⑤一、Ⓑ判金千枚・脇指三腰・刀五腰札を付置候。孫四郎ニ遣之候間、御渡可有之候。其外

遺物に遺候Ⓐ金銀、申置ごとく可被遺候。其外一々日記にして、Ⓐ不残利長へ進之候事。
⑥一、Ⓐ金沢に有之金銀・諸道具、是又何も其方へ進之候也。Ⓒ然者三年加州へ下申義無用に
候。其内何とぞ埒明可申候事。

○「国祖遺言」　※傍線およびⒶ〜Ⓑの記号は筆者による

（原文）

大納言様御のと《（喉）》ゟ虫二すし《（筋）》出申候て、御遠行廿日斗以前ゟ、御遺物共之義を、御うへ様《（芳春院）》
御右筆にて御書出覚、
一、Ⓑ金子千枚　一、御脇指　一、御腰物　合八腰　一、きどう墨蹟御遺物　一、きぬ《（絹）》二
百疋　一、わた《（綿）》千は《（把）》　一、Ⓑ能登口郡壱万五千石
右Ⓑ孫四郎《（利政）》江御遺物、

（中略）

一、Ⓐ石川郡・河北郡・氷見郡、一、Ⓐ金沢御城中
一、大坂御台屋、Ⓐ金銀諸道具不残肥前様御渡被成候、御遺言にて候、右ハ慶長四年初三
月十五日より、弥御煩おほしめしきられ、芳春院様御右筆にて御書置之御下書被成
候事、

また、流布本の条文⑥のⒸ「然者三年加州へ下申義無用に候（三年間は加賀へ帰国すること は必要ない）」は、これも村井長明の覚書「利長公御代之おほへ書」に手がかりがある。

利家の没後、慶長四年（一五九九）の八月、利長が帰国したこと（第六章参照）について、同書は「はやく〳〵大納言様御遺言御ちがへ候、御うん（運）のするゑ（末）かと村井豊後・奥村伊予など笑止がり申され候事（はやくも利家の遺言に反することを行った。運の末かと村井長頼・奥村永福はあきれたということである）」と周囲の反応を叙述する。遺言状はともかく、利家の遺言はあったらしい。おそらくこの記事を踏まえて、遺言状の条文⑥は作成されたのであろう（なぜ三年であるのかは不明）。

ほかにも証拠はある。遺言状の条文②には、有力家臣篠原一孝（出羽守）について、年若い頃から取り立ててきたこと、「片口」なるものであること、末守合戦や小田原出兵時の武蔵国八王子での武功、利家がみずからの姪婿としたこと、が語られている。

「国祖遺言」には、これらすべてに言及がある。ことに篠原を「かた口」と表現する点をみても、どちらかがどちらかを参照したにちがいない（いうまでもなく「国祖遺言」を遺言状が参照した）とすぐわかる。

（読み下し）

さて御意に、篠原出羽《一孝》はとらと云う時より、あし《足》おもさすらせ、我らそばにねふし《寝臥》させ申し候、（中略）出羽は第一役にも立ちそうなるものに候、かた口《片口》なるものが、きずばかりに候、くわしくは豊後《村井長頼》よく存じ候、をれがめいむこ《姪聟》にもし、又は豊後をはじめて、諸大夫にする時、あれおも豊後にことわり候て諸太《大》夫にも申し付け候、末森・八王子にても、出羽は手前よく候、豊後存じ申し候、

（現代語訳）

利家様の言葉にこうある。篠原一孝は「とら」（幼名）といった時分から、足をさすらせ、自分のそばで寝かせてきた（ほど身近で引き立ててきた）。（中略）一孝は役に立つものである。「片口」なのが惜しいが、村井長頼が（その人柄を）よく心得ている。自分の姪円智院の婿にもし、村井長頼を諸大夫にした時、長頼に言い含めて一孝も同じ諸大夫にした。末守・八王子でも一孝はよく武功を挙げた。長頼も知っていることである。

（「国祖遺言」）

そのほか、条文⑪に語られる村井長頼・奥村永福の忠節や武功は、「国祖遺言」はもとよ

り、「利家公御代之覚書」にも頻出の話題である。条文⑧の「三ヶ国之主」という表現も、そのまま「国祖遺言」に「三ヶ国ノ主」とみえる（いずれも原文）。条文⑪に登場する中川光重の妻女（利家の娘）「おしやう」も、「国祖遺言」に利家の遺物分配者の一人として「中川宗半御うへ、おしやう様」（原文）として確認できる。このように遺言状と「国祖遺言」を比較すると、語彙に共通点が多い。しかも、遺言状の言い回しは、利家というより、むしろ村井長明が記憶して書き残した利家の言葉＝「国祖遺言」の表現と酷似するといっていい。

村井長明の他の著作も参照しておこう。条文①は、遺骸は長持に入れて金沢へ送り、野田山に葬るように、との指示であったが、この内容は、おそらく「利家公御代之覚書」の「野田山利家様御塚（野田山に利家の墳墓がある）」という記載や、次の一節から作成したのであろう。

（読み下し）

大納言（利家）様御死骸、御遺言のごとく長持に入れ、同閏三月四日、神谷信濃（守孝）・橋本宗右衛門など御供申し、何となく加州へ御下しなられ候、

（現代語訳）

利家様の遺骸は、遺言の通り長持に入れて、慶長四年（一五九九）三月四日に、神谷守孝・橋本宗右衛門などが護送につき、何事もないかのように（密かに）加賀国へ下された。（「利家公御代之覚書」）

そのほか⑪村井長頼・奥村永福がすでに隠居の身として扱われているが、これも村井家の伝来の史料「慶長三年御帳うつし」（「村井重頼覚書」）という分限帳に、村井長頼は「隠居知行」、奥村永福も「隠居分」とある。遺言状の記述は、この点でもオリジナリティがあるわけではない。

ただ、遺言状の偽作者が参照したのは、村井長明関連の書物だけでもなかったらしい。たとえば、奉公人について新参の「新座者」よりも古参の「本座者」を大切にするように、との条文⑧に注目する。条文⑧では「本座者」の大切さを説いたあとに、本能寺の変の際の逸話を記すが（「信長公御遠行の刻、安土より其方内義《（玉泉院）》を引き連れ逃がるる刻、路次にて本座・新座の覚これあるべく候、その心持ち肝要の事」）、これと酷似する伝承が、寛文九年（一六六九）成立の兵学者関屋政春の著作「乙夜之書物」に確認できる。遺言状の条文⑧との一致・類似点はおおよそ次の三点である。

＊わざわざ「本座者」「新座者」という同じ言葉を用いていること
＊「本座者」の定義について二十年という具体的な年数を掲げること
＊本能寺の変の際の利長とその家臣の行動に関する伝承に結びつけられていること

とくに当時の史料（同時代史料）にほとんど現われない「本座者」「新座者」という表現が、セットで登場する点は注目に値する。

ちなみに、遺言状の初期形態というべき創業記本には、この本能寺の変の際の逸話は、すっぽり抜け落ちている。どうやら流布本の形成過程で追加されたようである。

さらに、条文⑩片山延高関連の記載も、「乙夜之書物」の「伊賀《片山延高》其身にじまん《自慢》して、立身の望みふかく、世間を本として、御家の大事をも他へもらしたる不忠多し（片山延高は驕り高く、立身する望みも強い。世間本位で（前田家のことを軽んじ）、前田家の大事をほかへもらしたりする不忠な行いが多い）」という記事と方向性は同じである。

「乙夜之書物」はそして、「利家公御内存にて、御成敗ときこえたり（利家の内々の意向で、成敗されたという）」と片山の最期を述べている。この伝承から逆算すれば、片山には油断をするな、あるいは成敗せよ、という利家の遺言があったと仮定して、条文⑩が作成された可能性は大いにありえよう。以上は可能性の話だが、遺言状が登場する以前に、すでに「乙夜之書物」に片山を非難する（遺言状と共通する）話があったことは事実である。

また、遺言状全体についていえば、条文④・⑤・⑦が利長・利政兄弟への遺言（指示）として記されている。そのほか条文②・③にも利政が登場する（②には利政への指示ととれる部分もある）。宛先が利長であるにもかかわらず、なぜ利政の名が頻繁に表われるのか。それはおそらく「国祖遺言」が、利長（十四か条）以上に、利政（三十一か条）に対する利家の言葉を数多く記録したことに影響されたのであろう。

捏造された遺言状

以上、ざっくりとではあるが、俗説にいう利家の遺言状なるものが、いかに怪しげなものであるか、そして遺言状が捏造されたとみる仮定のもと、その根拠や、種本と思しき編纂史料との比較を行い、筆者の考えを補強してきた。

結果的に遺言状のすべての内容に対して、別の史料に、それの元となった記事が見当たるかといえば、そうではない。だが、ここまで述べてきたさまざまな不審点に照らせば、利家の遺言状が実際に存在したとは到底考えられない。利家の死後はるかな後世に、ここで取り上げた「国祖遺言」などを参照しながら、あれこれと想像を膨らませて創作されたのが、現在残される遺言状であると結論するのが妥当なのではなかろうか。

第五章　前田利長と豊臣政権

家督継承・官位昇進・「大老」就任をめぐる通説の問題点

この章では、越中国の一大名であった前田利長が、父利家から豊臣「大老」の地位を引き継ぎ、豊臣政権の中枢に関わってゆくプロセスを考えてみたい。

太閤秀吉の死をはさんで、政権構造が流動化するなかでの、「大老」継承である。利長の一生を考えるうえでも、豊臣政権そのものを捉えるためにも、このプロセスは正確に押さえたほうがいい。

だが、研究は充分ではなかった。いや、ほとんど検討らしい検討すら加えられてこなかった。利長の「大老」継承に関する通説は、不正確であると同時に、不明瞭である。

具体的にどのような問題を通説は抱えているのか。秀吉が没した慶長三年（一五九八）から、利家がこの世を去る翌年にかけて、利長の立場がどう説かれてきたのか。例によって岩沢愿彦氏の見解を手がかりに、通説を洗っておこう［岩沢一九八八］。

岩沢氏によると、慶長三年（一五九八）四月、利家は上野国草津《くさつ》（群馬県草津町）への湯治に先立って、前田家の家督を利長に譲ったという。論拠は「加賀藩歴譜」とするが、これは天保《てんぽう》九年（一八三八）成立の編纂史料「本藩歴譜《ほんぱんれきふ》」のことである。具体的な編者はわからないが、加賀藩の内部で作成された歴代藩主やその家族の系譜である。確かに「本藩歴譜」をみると、四月二十日に利家が「退老《たいろう》」して、利長があとを継いだと記している。岩沢氏はあわせて、同じ日に利長が従三位権中納言に昇ったという。「利長の昇叙は、家督相続を前提としている」（二四三頁）とは、岩沢氏の見立てである。家督を継いだから官位があがった、というわけである。

さきにみた通り、文禄四年（一五九五）の関白秀次事件後、利家は常時在京を誓約した。この場合の「京」は政権の所在地、京都や伏見そして大坂を指すようだから、上方を離れない、という原則ができた。

前田利長像（魚津歴史民俗博物館蔵）

しかし病気がちの利家には、なんとしても療養、それも湯治の必要があったらしい。なぜ草津温泉なのかは、はっきりしないが、岩沢氏はそこで、常時在京の約束を破るためには、家督を譲らざるをえなかった、と考えた。

ただ、「大老」利家の地位はそのまま保たれたらしい。湯治から戻ると、利家は「再び豊臣氏輔弼の要職に就いた」（二四五頁）と説く。

利長が「大老」を引き継ぐのは、利家の最期を待たなければならなかった。岩沢氏は「父の薨後は五大老の一員となった」（三三二頁）と、利長の昇格をそう語っている。

通説はこんなところである。少なくとも岩沢氏以降、二〇一六年に筆者が異を唱えるまで、この筋書きに外れる理解を、史料を提示して示した文献はない。『富山県史』『金沢市史』などの自治体史をみても、該当部分では岩沢説が踏襲されている〔金龍一九八二・見瀬二〇〇五〕。なお、利家隠居の理由を除けば、いずれも岩沢氏以前からそう語り継がれてきたらしい。十九世紀の「本藩歴譜」しかり、明治時代の森田柿園や戦前の日置謙（『石川県史』『加賀藩史料』など）はいうまでもない。

現時点でもっとも浩瀚な日本史辞典『国史大辞典』もめくっておこう。「前田利家」は三鬼清一郎氏、「前田利長」は高澤裕一氏の執筆であるが、三鬼氏は「慶長三年四月、家督を利長に譲った」（一三頁）、高澤氏は「三年《（慶長）》四月父の隠居で家督を継ぎ、従三位権中納言に進む」・「四年《（慶長）》閏三月父の死後、五大老に列した」（一五頁）と述べる〔三鬼・高澤一九九二〕。

このように、少なくとも二〇一六年に筆者が疑問視するまでは、利長の①前田本家の相続、②従三位権中納言への昇進、③「大老」への昇格という三つの出来事は、どの文献を引いても、ほぼ同じように説明されてきた。昨年（二〇一八年）刊行された見瀬和雄『前田利長』でも「利長は慶長三年（一五九八）四月二十日、前田氏の家督を継承し、参議から従三位権中納言に叙任された」（七五頁）とあるように、通説だけにこの理解は強固である。

しかし、それ相応の裏づけがあるのかといえば、これから述べるように、確かな根拠らしい根拠はない。この問題に関して、先行研究はきわめて冷淡、はなはだ安直であったとみなさざるをえない。

ちなみに、筆者がこの通説を批判した二〇一六年以降、早くも黒田基樹《もとき》氏が筆者の検討をうけて著書『羽柴を名乗った人々』において、①・③を利家の死を契機とみなすほか、②の時期も同じく利家の死去前後と推測している。②の推測は外れているのだが、通説を批判的に捉え直す試みとして評価すべきであろう。

前田本家の相続

それでは、利長の①前田本家の相続と、②従三位権中納言への昇進から考え直してみよう［大西二〇一六a・二〇一七a・二〇一八a］。本章の課題は、利長の「大老」昇格プロセスを再構築することだが、「大老」はいずれも従三位権中納言以上の官位についているので、どうやら「大老」の地位には、一定の官位が必要条件であったらしい。岩沢氏はまた、②は①本家相続を前提に行われたともいう。だから、まずは①〜②の問題からとりかからなければならない。

そもそも通説や、その根拠になった「本藩歴譜」が、どのような情報にもとづいて「四月廿日、高徳公《（利家）》退老シタマヒ、公《（利長）》嗣立、加賀・越中ヲ領シタマフ」（原文）などと述べたのかを探る必要がある。

筆者の調べたかぎり、①〜②に言及する、もっとも古い史料は、江戸幕府編纂の諸大名や旗本の系譜「寛永諸家系図伝」である。寛永二十年（一六四三）に成立した同書から、利長の項（問題の部分）を抜き書きしてみる。

（原文）

慶長三年四月廿日、中納言に任じ、従三位に叙す、同年、家督をつぐ、

（国立公文書館内閣文庫本「寛永諸家系図伝」）

とくに現代語訳の必要もないだろう。慶長三年（一五九八）四月二十日に利長が従三位権中納言に昇り、同じ年に（前田本家の）家督を継いだ、とある。

②は通説通りだが、①の違いに着目する。引用した史料の「同年」という文言が、意図的かどうかはわからないが、読み飛ばされたものか、後続の編纂史料にはみえなくなってしま

う。「本藩歴譜」などが主張する①四月二十日の利長家督相続説は、この「同年」文言をもみ消さなければ生まれない。

早くも通説①がほころびはじめた。「寛永諸家系図伝」の記事は、前田家の内部で作成され、幕府へ提出されて添削をうけて成立したものである。執筆された時期も、十七世紀の前半、利長の死から三十年も経っていない。書き間違いの可能性はかぎりなく低い。自然に考えれば、①は「同年」、つまり慶長三年（一五九八）のどこかで、利家が隠居して利長が本家を継いだ、ということになる。

ところが、この前田家・徳川幕府の公式見解は、誰が書いたのかもわからない「本藩歴譜」などの主張に、いつの頃からか、取って代わられたらしい。

この調子で通説①を切り崩してゆく。岩沢氏によれば、利家はその療養のために、「止むを得ない処置」（二四五頁）として隠居に踏み切ったという。しかし岩沢氏は、利家がその後、「大老」に復帰したとも語る。秀吉の容態が悪化した七月までには、利家は北陸経由で上方に帰還した。

常時在京の原則は、利家が豊臣政権に対して誓ったものである。前田家内部の問題ではない。また、豊臣「大老」という立場も、一時的な離脱なら、どうやら問題なかったらしい。つまり、そもそも家督を譲る必要があったのか、という疑問がわいてくる。

常時在京の原則も、そこまで厳密なものだったのだろうか。利家の役割が、余人をもって代えがたいのであれば、一時的な病気保養だから例外的に許可された、と考えることもできる。このあと述べるが、利家は隠居も「大老」引退もする必要がなく、事実引退してもいないので、草津での湯治は特例として許可された可能性が高い。

利家・利長ともに領国にはほとんど戻れなかったから、前田家の領国運営はきわめて柔軟に行われていた。第二章でみたように、利家が利長を代行し、その反対に利長が利家を代行して政務上の指示を与えることがあった。したがって、一時的に上方を離れる程度で、家督を譲らざるをえない状態、つまり利家の領国がうまく治められなくなる、という事態もおそらく起こらない。

要するに、岩沢氏の主張する「止むを得ない処置」としての利家隠居説は、どうやら成り立ちそうもない。

史実から裏づけをとる。秀吉が亡くなったあと、九月から十二月にかけて、加賀国北二郡での検地を主導したのは利家であった。通説①を踏まえた木越隆三氏は、この検地を利長への代替わり検地と評価したが、しかし利家が実務にあたっている事実は説明が難しかったらしい。木越氏は、利家から利長への代替わり検地なのだが、利家は「領内統治の指導権を譲り渡していない」と説明した（[木越二〇〇〇]一一五頁）。通説のせいで、議論がややこしくなっている。

そもそも利家は隠居しておらず、それまで同様、加賀国北二郡の大名として検地を行ったと、素直に考えたほうがいい。草津から戻ったあとも、利家の体調は思わしくなかったらしいから、遠くない将来の隠居を見据えた、代替わりを準備する検地だった可能性はあるが、それは利長への代替わり検地ではなかったのである［大西二〇一六a］。

また、加賀国北二郡における知行の宛行事例を〈表10〉に整理した。利家の生前には、利長の領有権、つまり知行宛行は越中国に収まっている。ただ一点、〈表10〉に示された慶長三年（一五九八）九月二十三日付で「おちよ」（利家の娘・利長の同母妹春香院《しゅんこういん》。当時、長岡〔細川〕忠興《ただおき》の嫡男忠隆《ただたか》の夫人）に対して「加州河北郡之内」五百石を宛行っているが、次に示す〈表11〉の通り、利長の花押が慶長七年（一六〇二）九月以降に用いられたかたち（C型）であること、この時期の宛行事例がすべて「俵高」使用に対して「石高」表示であることから、この宛行状の写本を、記された年代通り「慶長三年」の発給と考えることはできない。加賀国北二郡を対象に、利長が知行宛行に関わったのは、慶長四年（一五九九）六月以降に用いられた、B2型の花押を据えた有力家臣高畠定吉《さだよし》（石見守《いわみのかみ》）宛のもの（〈表10〉参照）が初見である。

では、利家は死ぬまで隠居しなかったのか、といえば、そうとも言い切れない。さきに村

〈表10〉前田利家・利長知行宛行関係史料一覧（慶長3〜4年）

No.	年月日(和暦)	発給	受給	内容	典拠
1	慶長3年 9月5日	前田利家 (黒印)	不破彦三 (光昌)	「親父」(不破直光)知行のうち石川・河北両郡1万俵	小幡家文書
2	慶長3年 9月5日	前田利家 (黒印)	不破彦三 (光昌)	石川郡5か村・河北郡3か村等12,030俵(所付)	小幡家文書
3	慶長3年 9月23日	とし長 (花押影C)	おちよ	「加州河北郡の内」500石	村井文書
4	慶長3年 10月3日	利長 (花押A)	稲垣与右衛門	越中国600俵加増	稲垣文書
5	慶長3年 10月3日	利長 (花押A)	細井弥三	越中国200俵加増	木倉豊信氏蒐集文書
6	慶長4年 2月日	利家(黒印) 利長 (花押B2)※	高畠石見守 (定吉)	石川郡24か村等・河北郡6か村・越中国氷見郡6か村30,002俵余加増(所付)	高畠家文書
7	慶長4年 2月日	利家御印	斎藤勘平 村瀬市右衛門 佐久間拾兵衛 氏家忠兵衛 渡辺喜左衛門 武部源三郎 松江左七	石川郡中新保村・河北郡鳥屋尾村1,196俵(所付)	加藩国初遺文
8	慶長4年 2月日	利家御印	宝円寺納所	河北郡月影村154俵余(寺領寄進)	加藩国初遺文
9	慶長4年 2月日	利家(黒印)	不破彦三 (光昌)	石川郡6か村・河北郡6か村10,005俵余(所付)	小幡家文書
10	慶長4年 8月13日	利長(花押)	—	「越中・加州内」800俵	個人蔵
11	慶長4年 8月14日	利長 (花押影B2)	今枝内記 (重直)	「加州石川・河北内」2,000俵加増	今枝氏古文書等写
12	慶長4年 8月23日	御判	今枝内記 (重直)	石川郡駒帰村・河北郡浅野村・同郡小豆沢村2,002俵(所付)	当家褒賞録
13	慶長4年 9月3日	利長 (花押影B2)	村井半兵衛	「石川・河北の内」200俵	加賀古文書

※利長の署判は、その花押型から、利家の死後、慶長4年6月頃以降に書き足されたものと推測される

井長明の覚書と推定した「国祖遺言」には、慶長四年（一五九九）三月十五日のこととして、次のような記事がある。

（読み下し文）

一、石川郡・河北郡・氷見郡、一、金沢御城中、一、大坂御旅屋《おたや》、金沢諸道具、残らず肥前様（利長）へ御渡しなられ候、

御遺言にて候、

これも現代語訳は不要であろう。事実かどうかの判断に迷うが、村井長明の記憶を切り捨てることもできない。そこで、この記事を事実とみれば二通りの解釈が可能である。利家の「御遺言」によってこの日、金沢城をはじめ、加賀国の河北・石川両郡と越中国氷見（氷見庄。射水郡の一部）などが利長に譲られ

〈表11〉前田利長花押の変遷

種別	花押型	使用年代
A		天正13年閏８月～慶長３年10月３日 慶長５年２月晦日～慶長７年３月28日
B1		慶長４年３月24日～９月28日 ※B1：慶長４年３月24日～４月４日 ※B2：慶長４年６月１日～９月28日
B2		
C		慶長７年９月１日～慶長15年８月12日
D		慶長13年11月12日～慶長16年11月16日

＊［大西2016a-b・2018a］より転載（一部改訂）

た、というのが一つ目の解釈。「御遺言」であるから、利家の死後にその効力が発生したと考え、利家の死と同時に、これらが利長に譲られた、とみるのが二つ目の解釈である。

前者をとれば、利家の隠居は慶長四年（一五九九）三月十五日、後者をとれば利家は死ぬまで隠居しなかった、ということになろう。ほかに確かな史料が見当たらないので、この二通りの解釈のうちどちらが妥当かは判断できないが、いずれにせよ、通説①は以上から事実に反する、と結論していい。

なお、利家の「大老」復帰については、岩沢説＝通説通りでいいだろう。ほかの「大老」・「奉行」と同じく、秀吉の死をはさんで繰り返し起請文を作成し、豊臣政権への忠誠を誓った。秀吉の遺言を守って、慶長四年（一五九九）正月には、豊臣秀頼に従って伏見から大坂に移っている。同じ月、徳川家康が「御掟」に違反して、伊達・福島・蜂須賀の三家と縁組を行う、いわゆる徳川家康私婚問題が起こると、ほかの「大老」・「奉行」と結束してその対応にあたった。秀吉の死後も、利家は「大老」であり続けた。

権中納言への昇進はいつなのか

続いて、通説①と一緒に（同じ日の出来事として）語られる②従三位権中納言への昇進について検証する［大西二〇一六a・二〇一七a・二〇一八a］。
通説の典拠は、さきに挙げた「寛永諸家系図伝」、そして従三位以上の、いわゆる公卿の職員録というべき「公卿補任《くぎょうぶにん》」慶長三年（一五九八）条である。利長の履歴を「公卿補任」は次のように記している。

（原文）
従三位　前田　豊利勝　四月廿日任、同日叙従三位

（『公卿補任』第三篇）

これにも現代語訳はとくに必要ないだろう。慶長三年（一五九八）四月二十日に権中納言に任じられ、従三位に叙されたという。なお、「豊」は豊臣姓であることを示し、諱《いみな》（実名《じつみょう》）の「利勝」は利長の旧名である。

しかし、この年月日は、「浅野家文書」に残される秀吉の遺言（といわれる覚書）に、「羽柴肥前殿（利長）事は……中納言になされ」とあるから、事実とは考えがたい。秀吉がこう言い遺したのは、この人物が死の床にあった、おそらく慶長三年（一五九八）の七〜八月頃であろう。秀吉は、秀頼の傅役として利家・利長親子に期待を寄せ、とくに利長に対しては、権

中納言に推挙する意思を示した。ということは、この時点では利長はいまだ参議どまり、とみるほかない。

（読み下し）

一、羽柴肥前殿（利長）事ハ、大納言殿（利家）御年もよられ、御煩気にも候間、相替わらず秀頼様御もり（傅）に付けさせられ候条、外聞実儀《がいぶんじつぎ》かたじけなしと存知、御身に替り肝を煎り申すべしと仰せ出だされ、すなわち中納言になされ、はしだて（橋立）の御つぼ（壺）、吉光の御脇指下され、役儀をも拾万石御許しなされ候事、

（現代語訳）

一、利長殿は、利家殿が年老いて病気がちなので、いままで通り秀頼様の傅役を務め、内実ともにありがたいことと思って、利家殿の分もあわせて尽力すること、と秀吉様が指示された。権中納言に任官させ、橋立の壺と吉光の脇差を与え、領知のうち十万石を無役とする、ということである。

（『大日本古文書　家わけ第二　浅野家文書』一〇七号文書）

この事実は、利長が作成した慶長三年（一五九八）八月八日付の起請文の前書《まえがき》（誓約事項を列挙した部分）からも明らかにできる。

問題の起請文は、豊臣政権の「大老」宇喜多秀家と徳川秀忠（家康の三男）、そして前田利長が提出した、三人とも同じ文章の起請文を写し取ったものである。原本こそ伝わらないが、「慶長三年誓紙前書」のほか、「竹中氏雑留書《ざつとめがき》」や「武家事紀《ぶけじき》」という複数の編纂史料に引かれている点から考えると、実際に存在した起請文とみていい。

内容の検討は後回しにして、ここでは、年月日と署名に注目する。秀家は「備前中納言」、秀忠は「江戸中納言」、利長は「越中宰相」（「宰相」は参議の唐名《とうめい》＝中国風の呼び方）とある。つまり、慶長三年（一五九八）八月八日の時点でも、利長は「越中宰相」であって、権中納言には任官していない。

それでは、利長の昇進はいつのことなのか。これまで見落とされていたが、御所に仕える女官たちの日記「お湯殿の上の日記」の、慶長三年（一五九八）八月十七日条にその回答がある。

（原文）
ひせん中納言成、御れい（礼）御太刀、おりかみ（折紙）、馬代きかね（黄金）一枚まいる、御わつらひ（煩）ゆへ御

たいめん《対面》なし、

た。帝は病気のため対面はなかった。

（現代語訳）

「ひせん」が中納言になった御礼として、太刀とその目録、馬代として黄金一枚を進上し

（『続群書類従』補遺三・お湯殿の上の日記（九））

従来はあまり注目されなかった記事である。筆者が過去に、「ひせん中納言」を「備前」中納言＝宇喜多秀家とみて、紹介した程度であろうか［大西二〇一二］。だが、これは筆者の考え違いであった。文禄三年（一五九四）十月二十三日に権中納言に任じられた秀家は、翌年の正月一日、御礼のため参内、白銀などを献上している（「お湯殿の上の日記」）。叙任から四年も経って、しかも重ねて秀家が「中納言成」、つまり任官の御礼を行ったとみるのは明らかに不自然であろう。

そこで利長である。引用した「お湯殿の上の日記」には、権中納言に任官した「ひせん」某《なにがし》が太刀等を献上した、とある。この一文を、羽柴「ひぜん《肥前》」守利長の「中納言成」と理解したい。

この年の「中納言成」が利長と豊臣秀頼の二人にかぎられる事実からも、「ひせん中納言」は利長と理解すべきであろう。さきに引いた「国祖遺言」も「大閤様御遠行の時分、肥前様中納言の位になさせられ候（秀吉が病没した頃、利長が権中納言に任じられた）」と、この事実をほのめかしている。月日はわからないが、同時代史料との一致は見逃せない。

以上から、利長の権中納言叙任の時期は、通説の四月二十日より三〜四か月あと、八月八日〜八月十七日までの某日と指摘できる。おそらく利長の従三位昇進も、この任官と同時と考えていい。

しかし事実はそうとして、なぜ通説は四月二十日という月日を説いていたのか。

利長叙任の口宣案が、実際の叙任日から四か月程度さかのぼった四月二十日付であった可能性もある。秀吉をはじめ、利長の周辺でも篠原一孝（例の「片口なる」利家の家臣）や宇喜多秀隆（秀家嫡男・利長の甥）など、実際の月日よりもさかのぼって口宣案を作成する遡及叙任が、当時珍しくなかった事実に照らせば、利長の口宣案もそうだと考えても不自然ではない。ちなみに、篠原一孝は、天正十九年（一五九一）六月十四日、従五位下肥前守に叙任されたが、のちに利長が肥前守に叙任されると、受領名が重複してしまったため、もとの口宣案と同じ日付の新たな口宣案が発給され、改めて出羽守に任じ直された（篠原家文書）。

だが、原本はおろか、写本ですら、利長を権中納言に任じる口宣案はみつかっていない。

本書の冒頭で述べたように、四月二十日付の口宣案が存在して、不慮の火災などで焼失した、という仮説をとれば、前田家が「寛永諸家系図伝」において四月二十日を公式見解に選んだ理由もはっきりする。しかし、机上で操作された日付がなぜ「四月二十日」なのか。この日付自体にも、なにかしらの背景があるのではないか、と疑ってみたい。

そこで改めて「公卿補任」を引くと、興味深い事実に気がつく。慶長三年（一五九八）の「権中納言」の項をみると、四月十八日に上杉景勝・毛利輝元の二人が「辞退（辞任）」、これと入れ替わる格好で四月二十日、秀頼・利長が権中納言に叙任されたという。

「お湯殿の上の日記」をめくると、確かに四月十八日、秀吉・秀頼親子が参内し、秀頼の権大納言任官が示されたが、辞退したため権中納言叙任に落ち着き、秀頼昇進に関する陣儀《じんのぎ》（公卿による会議）が四月二十日に行われたとある。したがって「公卿補任」の通り、この日の秀頼昇叙はまちがいない。

一方、「公卿補任」で秀頼と同じ日に昇進したという利長は、当然ながらこの日前後の「お湯殿の上の日記」にまったく現われない。それは上杉景勝・毛利輝元の権中納言「辞退」も同様である。

このように史料を洗ってみると、「公卿補任」の日付操作は明らかである。景勝・輝元の権中納言辞任や、秀頼・利長を権中納言に任じたという同書の記事のうち、事実は秀頼の権中納言任官日だけであろう。おそらくは秀頼に次いで利長が権中納言に進んだことを踏まえて、秀頼の権中納言任官より前に、景勝・輝元の「辞退」が設定され、その欠員補充として秀頼の任官日＝四月二十日に秀頼・利長がそろって昇任したと記事を操作したのである。「公卿補任」の執筆者がなにを意図したかはわからない。ただ、利長が秀吉から秀頼の傅役を委ねられた事実が、この日付操作に影響を与えたのかもしれない。

ちなみに、同じく「公卿補任」慶長四年（一五九九）の項をみると、利長が十二月二十日に権中納言を「辞退」とあって、入れ替わりに十二月二十五日、九条忠栄《くじょうただひで》が権中納言に進んでいる。これもやはり机上の操作であろう。

ここまで利長の②権中納言任官日に関する通説をしりぞけ、実際の任官が八月八日～八月十七日であることを実証した。

豊臣大名の一人から準「大老」へ

ようやく③利長の「大老」昇進を考えるところまできた。通説③は、利家は死ぬまで「大老」を務めていて、利長が「大老」の地位についたのは、利家の死後、ということであった。しかし事実とはかなりの隔たりがある。秀吉の生前に、利長の「大老」昇格への道筋がつけられ、利家の最晩年に至って正式に「大老」に列した、というのが筆者の見方である［大西二〇一七a・二〇一八a］。具体的に考えてみよう。

さきに引いた秀吉の遺言（浅野家文書）通り、慶長三年（一五九八）の七～八月頃、利家の後継者として秀頼の傅役を任された利長は、さらに「大老」に準ずる立場を得た。これは谷徹《てつ》也《や》氏の見立てである［谷二〇一四］。

「大老」に準ずる立場、準「大老」とは何か。さきに引いた慶長三年（一五九八）八月八日付の起請文（徳川秀忠・宇喜多秀家・利長が各自同文で作成）によって、谷氏は秀忠と利長が准「大老」に位置づけられたと考えた。

〈表12〉慶長3年8月8日付起請文前書一覧

No.	差出	宛所	条数
Ⅰ	前田利家	前田玄以 浅野長政 増田長盛 石田三成 長束正家	9
Ⅱ	宇喜多秀家		10
	徳川秀忠		
	前田利長		
Ⅲ	徳川家康		3
Ⅳ	前田利家		3

＊「慶長三年誓紙前書」「竹中氏雑留書」「武家事紀」に拠る

この日、起請文を作成したのは利長ら三人だけではない。〈表12〉をみられたい。徳川家康が一通（Ⅲ）、利家は二通（Ⅰ・Ⅳ）の起請文を作成している。いずれも原本は伝わらないが、秀忠・秀家・利長のそれ（Ⅱ）と同じく、複数の写本が残されているから、おそらくは実際に存在したのであろう。宛所はすべて石田三成ら五人の「奉行」である。そこで（Ⅰ）・（Ⅱ）の内容を比較したのが〈表13〉である。

〈表13〉慶長3年8月8日付起請文前書の誓約事項の比較

Ⅰ．前田利家	Ⅱ．宇喜多秀家・徳川秀忠・前田利長
Ⓐ秀頼への忠節	Ⓐ秀頼への忠節
Ⓑ法度・置目の遵守	Ⓑ法度・置目の遵守
Ⓒ諸大名の和睦・親善	Ⓒ諸大名の和睦・親善
Ⓓ徒党を立てることを禁止	Ⓓ徒党を立てることを禁止
Ⓔ私事によって帰国しない（不断在京）	Ⓔ私事によって帰国しない（不断在京）
Ⓕ知行の配分は家康と「五奉行」（長衆）と相談	Ⓕ知行の配分は家康と「五奉行」（長衆）と相談
Ⓖ讒言に惑わされないこと	Ⓖ讒言に惑わされないこと
Ⓗ公私とも隠密のことは他言禁止	Ⓗ公私とも隠密のことは他言禁止
Ⓘ一族・家来の法度違反を隠さないこと	Ⓘ一族・家来の法度違反を隠さないこと
――	Ⓙ昨日家康・利家と五奉行（長衆）から言い渡された通り、以上の内容に異心なく秀頼に忠勤を励むこと

谷氏は（Ⅰ）・（Ⅱ）に共通するⒻ「知行方差配の条文「内府ならびに長衆《おとなしゆう》五人相談いたし、多分に付てそれに随い、その賞罰あるべく候（家康と五「奉行」が相談して多数決でその賞罰を決めるように）」をもとに、秀忠・利長が「成員（引用者注…「大老」のこと）に準じる扱い」を受け、「正式に政権中枢に位置付けられた」（五頁）と指摘した。

知行の加増や安堵に関して、徳川家康と「長衆」、つまり五人の「奉行」とともに合議する権限を認められた点から、秀忠・利長の二人を準「大老」と評価したのである。

筆者はさらに、次の二点に注目したい。まず、（Ⅰ）利家の誓約九か条はすべて（Ⅱ）秀家・秀忠・利長の起請文にも引き継がれた。確かに〈表13〉の（Ⅰ）と（Ⅱ）を比べると

Ⓐ〜Ⓘの内容は一致している。

しかし(Ⅱ)には末尾に独自の一か条がある。Ⓙ「昨日内府・利家ならびに長衆をもって仰せ聞かるる通り、いよいよもって少しも異を存ぜず、秀頼様へ御奉公つかまつるべき事(昨日、家康・利家と五「奉行」から聞かされた通り、異心なく秀頼に奉公を尽くすこと)」の存在に目をとめたい。

それから、(Ⅲ)において家康が「武蔵守《徳川秀忠》にも御諚の通り、つぶさに申し聞き候《聞かせカ》(秀忠にも秀吉の指示の通り、詳しく申し聞かせた)」、(Ⅳ)において利家が「肥前守《前田利長》にも御諚の通り、つぶさに申し聞き候《聞かせカ》(利長にも秀吉の指示の通り、詳しく申し聞かせた)」と、それぞれ秀忠・利長に秀頼への奉公などを言い含めたと述べる点にも注意する。

つまり、秀忠・利長の立場は、誓約事項を家康・利家、そして五人の「奉行」から言い渡される立場、彼らの指導下に置かれたと捉えられる。「大老」同様に「知行方」の差配に加わるが、家康・利家らの「大老」とはこのような明らかな上下関係、立場の違いがあった。だから、秀忠・利長は「大老」に準ずる立場と評価すべきと、筆者は考えたのである。

谷氏に先立って、阿部勝則氏も、こうした起請文を分析して、「徳川秀忠・前田利長の二人が、御奉行衆(引用者注…「大老」のこと)の中にはっきりと位置づけられている」と指摘しているが〔阿部一九九三〕一四頁)、右の通り、秀忠・利長は、ほかの「大老」(とくに家康・利家）よりも一段低い立場に置かれたのである。

しかし、どこかひっかかる。ここまでの考察によれば、（Ⅱ）によって「大老」秀家もまた、準「大老」的立場を得た、という矛盾した評価が生じてしまう。先行研究はこの問題には触れていない。そこで筆者は次のように考えた［大西二〇一七a・二〇一八a］。

解決の糸口は、さきに引いた「浅野家文書」におさまる秀吉の遺言にあるのではないか。秀家に対する遺言を示しておく。

（読み下し）

一、備前中納言殿（宇喜多秀家）事は、幼少より御取立成られ候の間、秀頼様の儀は御遁《のが》れあるまじく候条、御奉行五人（「大老」）にも御成り候《そうら》へ、又、おとな五人（「奉行」）の内へも御入り候て、諸職おとなしく、贔屓偏頗なしに御肝煎り候《そうら》へと、御意成られ候事、

（現代語訳）

一、宇喜多秀家殿は、幼少の頃から取り立ててきたから、秀頼様のこと（補佐する任務）からは逃れてはならない。「大老」五人にもなり、また、「奉行」五人のうちへも入って、諸事慎重に、依怙贔屓のないように調整せよ、と言い遺された。

(『大日本古文書　家わけ第二　浅野家文書』一〇七号文書)

すなわち、さきの起請文(Ⅱ)とこの遺言とを合わせて考えると、家康・利家と等しく「大老」である一方、彼らの後継者である準「大老」秀忠・利長とも同格という柔軟な立場を活かして、「大老」・「奉行」らの調整役に、秀家は位置づけられたのではなかろうか。

秀吉は、その独裁下でさまざまな政務を遂行してきた「奉行」と、官位や家格では「奉行」に優越する立場にあったが、秀吉の生前には政権の政務にほとんど携わらなかった「大老」、そして準「大老」を加えたこの三者の結節点《けっせってん》に、秀家を据えたのである。

以上から、起請文(Ⅱ)を作成させた秀吉の意図をくむと、それは「大老」・準「大老」・「奉行」の調整役である秀家と、秀忠・利長とを同格に位置づけ、彼らの上位に家康・利家の「大老」、そして政策実務のうえでの領導者に五人の「奉行」を据えることにあったと考えられる。

そう考えれば、利長の権中納言昇進も、この人物を官位の面から秀家・秀忠と同等の地位に引き上げるための措置と評価できる。「大老」はいずれも従三位権中納言以上、準「大老」秀忠も従三位権中納言であった。

ところで、なぜ秀吉は秀忠・利長に、準「大老」的立場を与えたのか。この問題についてはおそらく、天正十六年（一五八八）における「清華成」大名の創出と、連合政権としての豊臣政権（豊臣「公儀」）像を描く矢部健太郎氏の研究、そして天正二十年（文禄元年。一五九二）以降、太閤秀吉独裁のもと、協働を期待された家康・利家が、ほかの「大老」とは別格の発言権を有したという「二大老制」を提起した跡部信氏の研究が参考になる［矢部二〇一一・跡部二〇一六］。

豊臣政権の評価に関しては、有力大名の連合政権という面を重視するか、秀吉の独裁を強調するかで二人の見立てに隔たりがあるが（筆者の理解はどちらかというと、秀吉の終身独裁を唱える跡部氏や堀越祐一氏［堀越二〇一六］に近い）、「清華成」大名が豊臣政権で特権的集団を形成したとする矢部説、二「大老」を他の「大老」や大名とは隔絶した存在とみる跡部説は、それぞれ妥当であろう。

秀忠・利長がなぜ準「大老」か、という問題には、矢部・跡部両氏の見解を、二項対立的にみて、どちらが正しい／正しくない、と単純に白黒をつけるのではなく、ここでは両者の意見を折衷して考えるのがいい。

要するに、秀吉最晩年における準「大老」の適格者は、特権的集団である「清華成」大名の上位にあった二「大老」家の後継ぎを、第一に挙げるのが順当ということになる。

もちろん秀忠と利長である。天正二十年（一五九二）九月九日に従三位権中納言に昇った秀忠は、官位序列（権中納言の叙任順）では、家康以外の四「大老」よりも早いから、これは文句なしである。かたや利長は、小早川秀秋（天正二十年正月二十九日任）・織田秀信（信長の嫡孫。文禄二年〔一五九三〕九月二十四日任）よりも序列は下位だが、秀吉の死の間際になんとか従三位権中納言に割りこんだ。そして準「大老」の地位をつかんだのは、彼が二「大老」家の一つ、前田家の後継ぎだったからにほかならない。

矢部氏は、この利長の実例によって、「「五大老」とは官位とは無関係であり、むしろ家格に基づくもの」（二七九頁）との見通しを示した。「大老」に就くための必要条件が官位ではなく、家格であることを強調したのである〔矢部二〇一一〕。ここまでの検討から少し補足をするならば、矢部氏の「官位とは無関係」は少し言い過ぎで、実際には従三位権中納言以上の官位を有する、「清華成」大名（とその後継者）こそが、「大老」の適格者だったのである。

ちなみに、この時期、利長の花押型がA型からB型に変化する（〈表11〉参照）。B型に変化する以前の、A型花押の最後の事例は、慶長三年（一五九八）十月三日（稲垣文書・木倉豊信氏蒐集文書）のものである。月日は少しずれるが、利長が長年用いたA型からB型に花押を変えたのは、あるいは豊臣大名の一人から政権幹部への抜擢、つまり准「大老」への昇格がきっかけだったとは考えられないだろうか。

準「大老」から「大老」へ

最晩年の秀吉は、利長を準「大老」というべき立場につけて、官位も従三位権中納言に引き上げた。通説③は、利家の死去以前、利長が豊臣政権においてどのような立場にあったかを一切語ってこなかったが、そうした傾向は改めなければならない。利長は「大老」に進む道筋を、着実に歩んでいたのである。

では、利長はいつ準「大老」から「大老」へ昇格したのか。どのような経緯があったのか。筆者の見立てを語りたい［大西二〇一七a・二〇一八a］。

「大老」の職掌はおもに知行関係の書類に認可を与えること、つまり実務に精通する五人の「奉行」によって用意された知行宛行状のたぐいに、署名して花押を据えることであった［堀越二〇一六］。したがって注目すべきは、秀吉の死去前後に発給された知行宛行のための「大老」連署状である。案文や写本を含めて確認すると、「大老」連署状に利家が確認できる最後の事例は、慶長四年（一五九九）二月五日付（小早川秀秋・堀秀治《ひではる》・山口修弘《なかひろ》宛。毛利家文書）、「大老」利長の初見史料は利家死去の当日、同年閏三月三日付（舟越五郎右衛門《ふなこしごろうえもん》・池田備後守《びんごのかみ》・池田弥右衛門《やえもん》宛。毛利家文書）であった。利長の「大老」昇格はこの間とみていいが、通説③利家の死去と同時という可能性もまだ残されている。
そこで「島津家文書」から次の史料をみられたい。慶長四年（一五九九）三月八日付で、徳川家康に宛てて作成された宇喜多秀家の起請文前書（案文）である。

（読み下し）

敬白《けいひゃく》　起請文前書の事、

一、貴殿（徳川家康）・利長仰せ談ぜられ、秀頼様へ御粗略《そりゃく》なき上は、我ら儀何様とも御両人同前に胸を合わせ、御奉公申すべき覚悟に候事、

一、しかる間、諸事につきぬき（抜）公事表裏、いささかもってこれあるべからずの事、付けたり、相談隠密の儀、他言あるべからさる事、

一、自然中絶え、または悪しき様に申す族これありといえども、直《じき》に申し上げ相済み申すべく候、万端に付き、依怙ひいき（贔屓）存ずまじき事、

右の旨、一点においても相背き候ば、

御神名

慶長四年　　備前中納言

三月八日　　秀家

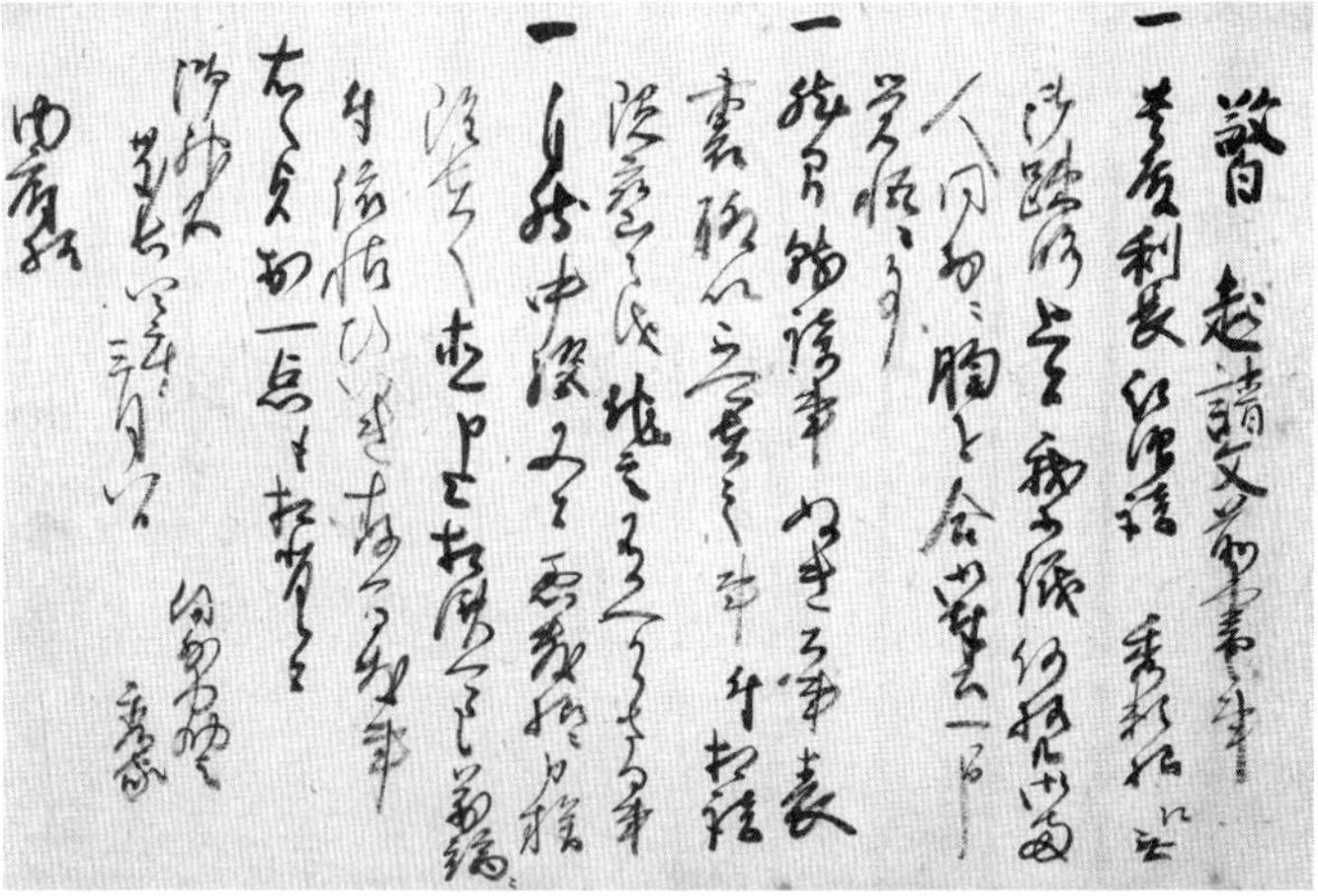

宇喜多秀家起請文案（島津家文書、東京大学史料編纂所蔵）

内府様

（現代語訳）　※本文のみ

敬白　起請文前書の事、

一、家康殿と利長殿が話し合われて、秀頼様へご粗略がないならば、我らもどのようなことでもご両人と同じく気持ちを通い合わせて、ご奉公いたすべき覚悟であること、

一、したがって、諸事について秘密に事を運んだり、嘘をつくことは少しもないようにすること、つけたり、隠密の相談は、他言しないこと、

一、もし交際が絶えたり、悪口をいうものがいても、直接話し合って対応すること、万端について依怙贔屓をしないこ

と、

右のこと、一点でも背いたならば、

御神名

（『大日本古文書　家わけ第十六　島津家文書之三』一二〇五号文書）

阿部勝則氏はこの起請文について、秀家が「家康・利長への忠誠を誓ったもの」（一二頁）と評価し、一条目に利長が現われる理由を、この人物が家康と同じく「二位」の位階を有する、他の「大老」とは別格の「利家の跡目を継ぐ役割」（二五頁）にあったからと説明した［阿部一九九三］。ただし、この理解では不充分であろう。

そもそも、この起請文は秀家が「家康・利長への忠誠を誓ったもの」ではない。宛所こそ家康であるが、一条目をよくみればわかるように、忠誠の対象はあくまでも秀頼である。また、利家の後継者である一点からこの起請文を説明しきるのも適当ではない。というのも、何事であれ、原則として起請文の交換は禁止であった。

秀吉死後の九月三日付で五人の「大老」と五人の「奉行」は、起請文の作成・交換を原則禁止とする誓約を立てていた（賜芦文庫文書）。慶長四年（一五九九）六月以降、「大老」利長もこの誓約に加わっているから［大西二〇一八a］、原則起請文禁止というこの規定は右の時期でも有効である。

その規定に反してまで、なぜ秀家は起請文を作成したのか。起請文の存在理由はその事情を考えるとみえてくる。結論を先取りすれば、おそらく利長の「大老」昇格のため、であった。

注目すべきは起請文の一条目、「貴殿・利長仰せ談ぜられ」と、利長が名指しされる点である。秀家の意図はなにか。

「大老」秀家の役割は、いまひとつはっきりしない。秀頼の補佐、常時在京による「大老」合議の形成、徳川家康の牽制などであるが、いずれも抽象的というか、秀家でなければできない役割ではない［大西二〇一五］。しかし、秀家だからこそ果たせる役割があった。さきほど考えた、立場の特殊性に基づく豊臣政権内部の「大老」や「奉行」たちの調整、関係の円滑化である。

この役割に照らせば、問題の起請文を作成した二つの理由が想定できる。

一つ目には、秀家がみずからの忠勤の前提に、家康・利長両者の協力を挙げることで、同年正月の徳川家康私婚問題以降、悪化していた徳川・前田両家の関係改善を図った可能性が考えられる。

二つ目は、秀家がみずからを「貴殿・利長」の下位に明確に位置づけることで、利長の立場を、ほどなく没する利家の後継者として、利家同様「大老」の地位に引き上げるため、である。

秀家が、徳川・前田両家が政権運営を主導する「二大老制」、つまり従来の枠組み維持を図った、と言い換えてもいい。この二つの理由を踏まえると、慶長四年（一五九九）三月八日を画期として、利長は「大老」に昇格したとみなせるのである。

しかも、起請文の交換は原則禁止である。誓約違反であるが、以降、秀家が特段の追及や譴責をこうむっていない事実は、この起請文を、二「大老」家（徳川・前田両家）の関係修復、そして利家から利長への「大老」交代という重大事案に関するものと評価することで説明がつく。この理解は、三月八日以前の「大老」・「奉行」間における起請文の交換が、家康私婚問題の解決を図る慶長四年（一五九九）二月五日（ないし同月十二日）の一例のみ（「武家事紀」・毛利家文書など）である点からみても肯定できよう（「大老」・「奉行」以外でも、慶長三年〔一五九八〕十二月二十五日の黒田長政・井伊直政《いいなおまさ》〔家康の重臣〕による一例にとどまる。黒田家文書）。

蛇足ながら、秀家の起請文の日付（三月八日）に注目すれば、「利家公御代之覚書」は、伏見の家康による大坂の利家邸訪問をこの日の出来事として記録する（「当代記」「譜牒余録《ふちょうよろく》」は三月十一日とする）。

この時利家は、家康に対して「はや是か暇《いとま》にて死にまする、肥前《（利長）》の事頼み申し候」と述べ、「大苻《（家康）》なミた《（涙）》をながし」、つまり家康も落涙してこれに応じたという。当日は「国大名・小名いづれも」利家邸に詰めていたらしい。この逸話をすべて史実とみるつもりはないが、「利家公御代之覚書」の著者村井長明はその場に居合わせた。その記憶（時期や内容）はおそらく大筋で正しいのではないか。そう考えると、この三月八日の出来事は、筆者による秀家の起請文の評価をさらに確実にするだろう。

つまり、なぜ秀家の起請文が三月八日であったのか、が、より整合的に説明できる。利家は死を覚悟して利長のことを家康に託し、秀家もその利家の病状や意図をくんで、利長を「大老」に押し上げる起請文をあえて作成したのではないか。

ともあれ、秀家の起請文を分析すると、この人物が利家の死後を見越して、徳川・前田両家＝家康・利長による「二大老制」の継続を図り、慶長四年（一五九九）三月八日を画期に準「大老」利長を「大老」に昇格させたという新説が組み立てられる。

だが、準「大老」としての利長の活動実績は皆無といっていい。慶長四年正月八日、伏見城へ年頭のあいさつに赴いた北野天満宮の松梅院禅昌《しょうばいいんぜんしょう》が「秀頼御前」において「前田肥前《（利長）》殿」から「かき」を下賜されている（「北野社家日記」）。おそらく病身の利家の代理であろうが、残存史料による準「大老」利長の活動実績は、この程度でしかない。

「大老」昇格も秀家の起請文に基づく、形式的な変化にとどまる。三月二十四日、江戸の秀忠に宛てた利長の書状によれば、家康のおかげで上方の政情は落ち着いており、家康は利長をより一層引き立てる、と述べていたらしい（服部玄三氏所蔵文書）。裏を返せば、利長は家康に引き立てられるべき存在に過ぎず、この書状でも、利長自身の「御ひきたて《（引立）》」について、「御ついでにたの《（頼）》み入り存じ候」と、秀忠から家康に対する口添えを頼んでいたようである。

以上、通説③を否定し、利長の「大老」昇格が、利家生前の三月八日を画期とする、という私見を示した。引き続き「大老」ながら脆弱《ぜいじゃく》な立場にあった利長の姿を追ってみよう。

利家、最後の仕事

慶長四年（一五九九）閏三月三日、大坂城下の前田邸において利家が病没した。享年六十三。死の床にあった秀吉が、「大老」以下の政権幹部に繰り返し、遺児秀頼への忠誠を誓わせたのは、みずからの死によって表面化するであろう、政権内部の混乱を予期していたからであった。利家はその混乱を、最小限にとどめるべく、文字通り命を削るかのように運動した。とりわけ利家が苦心したのは、家康との関係改善であった。

慶長四年（一五九九）正月十日、秀吉の遺命によって、秀頼は大坂城、諸大名も大坂城下に移った。伏見に残された家康に、私婚問題が持ち上がるのはそれから間もなく、公家の山科言経によれば正月十九日のことである（「言経卿記」）。

この「縁辺《えんぺん》の儀」すなわち縁組の問題は、同じく山科言経によれば、利家ら四「大老」と五「奉行」から家康に使者が遣わされ、翌正月二十日には大体の決着がついたという（「言経卿記」）。さらに家康と利家以下の四「大老」・五「奉行」とが起請文を交換した。利家らは以後、これを遺恨に思わず「諸事入魂」を約束し、家康も同じく遺恨を捨てて、「諸事入魂せしむべく候」と誓った（「武家事紀」）。

大坂の利家が、伏見の家康を訪ねたのは同じ月の二十九日のことである。利家は淀川を舟でのぼり、家康は淀の橋本（京都府八幡市）まで出迎えた（「利家公御代之覚書」）。「当代記」はその用件を「いよいよ入魂あるべきの儀也（さらに友好を深めるため）」と記し、家康もこれに応じたという。

三月八日（または十一日）には、伏見の家康が大坂城下に利家を訪問した。その場に立ち会った村井長明は、前述の通り「はや是か暇にて死にまする」と、みずからの死を覚悟した利家が、利長の今後を家康に託す姿を目撃したらしい（「利家公御代之覚書」）。「当代記」もこの日のことを「子息肥前（利長）に相替わらず入魂あるべきの趣、家康公誓紙を乞い請けられ……

（利長とのこれまで通りの友好関係を求め、家康に起請文を所望した）」と記していて、家康は利長との良好な関係維持を約して起請文をしたためたという。さきに引用した秀家の起請文（三月八日付）は、こうした出来事のうちの一幕であったのかもしれない。利長の地位は準「大老」から「大老」に進んだ。

利長の「大老」昇格とほぼ同時に、いま一人の人物が政権幹部に引き上げられた。三月二十二日、江戸の徳川秀忠が上方の異母兄結城《ゆうき》秀康《ひでやす》に宛てた書状をみてみよう。

（読み下し）

大納言《（利家）》殿煩いにつき、内府《（家康）》様大坂へ御下りに成られ候処、御入魂の由、満足に存じ候、随って六人のうちへ御入りなされ候由、御尤に存じ候、

（現代語訳）

利家殿の病気見舞いのため、家康様が大坂へ下ったところ、両者入魂とのことで、満足に思っている。また、「六人のうち」へ入ったとのこと、もっともだと思う。

（大阪城天守閣所蔵文書）

上方に到着した結城秀康からの来信に対する返書である。したがって、述べられる家康や秀康の動きは、この十日ほど前の状況と考えていい。事実、家康が病気の利家を見舞ったのは、三月八日（または十一日）のことである。

注目すべきは、秀康が「六人のうち」へ入った、との部分である。利家邸への家康訪問にあわせて、秀家が起請文を差し出して利長の「大老」昇格が行われたが、おそらくは利長と同時に結城秀康も「六人のうち」という何らかの立場に引き上げられたのであろう。

この「六人」を「大老」とみなして、秀康の「大老加入」（一二〇頁）と説明する向きもある［大阪城天守閣二〇〇三］。だが、利長が準「大老」から「大老」に進んだこと、そして秀康が以後、知行宛行などの「大老」連署状に現われない事実から考えれば、その見立てには検討の余地がある。

そこで筆者はこう考えたい。利長とともに準「大老」に位置づけられた徳川秀忠は、秀吉の没後、慶長三年（一五九八）八月十九日に出京し（『当代記』）、結局、関ヶ原合戦後の慶長五年（一六〇〇）九月まで上方に戻ることがなかった。これを準「大老」からの離脱とみて、秀忠の欠員補充として秀康を、準「大老」に抜擢したのではなかろうか。

ただし、参議にとどまる秀康は、従三位権中納言以上の官位を有するという「大老」・準「大老」の条件を満たしていない。とすれば、この人事は、あくまでも秀忠が上方に戻るまでの臨時的な処置で、秀康の立場は、準「大老」代理とでもいうべきものに過ぎない、と考えるのが穏当であろう。利家が外れた「大老」は、家康のほか宇喜多秀家・上杉景勝・毛利輝元・利長の五人、そこに新たな準「大老」秀康が加われば「六人」である。

この時期の政局はきわめて流動的で、残されたわずかな史料からは、なかなか実態を見通せない。だが、残された情報を丹念に読みとくと、家康や利家が政権秩序を維持すべく、いかに心を砕いていたかが伝わってくる。

石田三成襲撃事件と「大老」利長の苦悩

利家最期の日々は、家康との良好な関係づくりに費やされた。「大老」家康と利家との決裂は、諸大名を二分する抗争を生み、政権の崩壊を招きかねない。利家はそれを予期して家康との意思疎通に励み、さらに利長の取り立てを頼んで、家康・利長という新たな二「大老」による政権秩序の維持を望んだように思われる。それは利家の娘婿（利長の義弟）宇喜多秀家の願いでもあった。秀家は家康に宛てた起請文を用いて、利長の地位を準「大老」から「大老」に引き上げた。

だが、豊臣政権において、ほとんど政務実績のない「大老」利長の立場は、きわめて脆弱であった。利家の死の翌日、加藤清正以下の七大名による石田三成襲撃事件が発生した［笠谷二〇〇〇など］。事件の背景には朝鮮出兵をめぐる作戦指導や論功行賞の問題がからんでおり、軍目付《いくさめつけ》をまとめていた「奉行」の一人石田三成は、加藤清正ら朝鮮在陣諸将と対立していた。三成排除をもくろむ清正らは、政局の安定を求めた利家の死を待って、一挙に事の解決を図ったのであろう。

この事件は徳川家康の主導によって収まった。大坂から伏見城内の自邸に逃れた三成は、次いで近江国佐和山《さわやま》城（滋賀県彦根市）への引退を強いられた。代わって家康が伏見入城を果たし、豊臣政権における立場をより強化した。奈良興福寺の塔頭《たっちゅう》多聞院の一僧侶は、この出来事を家康が「天下殿」になったと表現している（「多聞院日記」）。

この大きな政治的変動のなか、「大老」利長の動きは、残念ながらほとんど見出せない。三成の失脚後、三千程度の軍勢を率いて、伏見城に入った家康を訪問したという、「利長公御代之おほへ書」の伝承が残る程度である。「大老」利長の立場の弱さは、この政変にあたって、何一つ目立った行動を起こさなかったことからも明らかであろう。

跡部信氏によれば、「二大老制」は秀吉死後も機能したが、利家の死によって消滅し、家康の新たな提携相手に、三成襲撃事件の収拾を通じて「大老」毛利輝元の存在が浮上したという［跡部二〇一六］。当然の結果であろう。「大老」利長は、結果的に秀家の期待に沿うべき活動、「二大老制」継続のための政治的行動をほとんどなしえなかったのである。

第六章　「加賀征伐」という虚像

「大老」利長の加賀帰国

前田利長は、豊臣政権の「大老」として、具体的にどのような役割を果たしたのだろうか。さきにみた通り、政権中枢での実務経験に乏しい利長には、徳川家康のような働きは望むべくもなく、大名への知行宛行や寺社領の寄進に関する「大老」連署状に署名して花押を据えること以外に、目立った行動はみられない。石田三成襲撃事件に際しても、利長の関与や動向はほとんど不明、ということもさきに紹介した。なんらかの政治的意見をもって、主体的な行動を起こすには、おそらく利長はあまりにも経験不足であった。

慶長四年（一五九九）八月、利長は加賀国金沢へ帰国した。具体的な日時を伝える史料には恵まれないが、残された「大老」連署状からおおよそ八月と、その時期を推定できる。「大老」連署状は、各人の署名が入った文面が作成された状態で回覧され、家康以下が花押を書き入れ、それがそろったうえで宛先の大名などに発給される［谷二〇一四］。利長の名が記された「大老」連署状は、「ばはん海賊」（海賊行為）を禁じた慶長四年八月二十日付の二つの事例が最後である（島津忠恒《ただつね》・松浦鎮信《しげのぶ》宛。島津家文書、松浦文書）。この連署状が作成された、おそらく八月二十日をそれほどさかのぼらない時点では、利長は大坂にいた。しかし、徳川家康・宇喜多秀家・毛利輝元・上杉景勝そして利長の名が入ったこの連署状には、景勝と利長の花押が欠けている。したがって、利長はこの連署状の文面が作成されたのち、八月二十日前後の発給までの間に、――つまり八月中旬以前に上方を離れた、ということになる。

ただし、知行宛行や寺領寄進に関する「大老」連署状は、これより先、八月七日付でも残存するだけで十五通の作成が確認できる（毛利家文書、相国寺本坊文書、［堀越二〇一六］）。そのうち十四通は案文しか残っていないが、ただ一つ原本が残る豊光寺《ほうこうじ》宛の寺領寄進状には、やはり景勝と利長の名はあるが、両人の花押はない（相国寺本坊文書）。つまり、八月七日付の「大老」連署状の回覧中には、すでに景勝も利長も上方にはいなかったらしい。

ややこしい話であるが、できるだけ整理すると、八月七日付および八月二十日付の連署状が作成された時点では、利長は大坂にいたが、この二つの日付をもつ連署状が「大老」たちに回覧されている間に、帰国してしまった、ということになる。

八月十八日は秀吉の一周忌であった。醍醐寺三宝院《だいごじさんぼういん》の高僧義演《ぎえん》は、「諸国諸大名残らず社参」と、秀吉をまつった豊国社《ほうこくしゃ》の様子を書き留めている（「義演准后日記」）。立場を考えれば、利長は社参すべきだが、連署状の検討からいえば一周忌を待たずに帰国した可能性が高い。上杉景勝も、八月上旬以前に上方を発ち、会津若松（福島県会津若松市）に向かっている［尾下二〇一六]。

なぜ利長は帰国したのか。村井長明の覚書「利長公御代之おほへ書」では、八月に「加州・越中へ御鷹野」、すなわち鷹狩りのために帰国したという。「三壺聞書」は、慶長四年(一五九九)八月上旬、家康が使者をもって利長に「御休息の為、国本御仕置のため」(休息と領国の政治を行うため)帰国を勧めたという。これらが事実かどうかはわからない。なぜ利長が帰国したのかは、こうした伝承以外に手がかりが残されていない。

おそらく秀吉の一周忌にも出ず、原則帰国しない、という起請文での制約も破っている。利家から前田本家の家督を継いではじめての帰国でもあるから、(前年国替えがあった上杉景勝と同じく)なにか領国経営上、重要かつ喫緊の課題があったらしい、ということ以上の説明はできない。

これから考える内容も、従来は確かな史料が乏しいことを理由に、伝承ベースで語られてきた。いわゆる「加賀征伐」である。しかし捜索範囲を広げると、断片的ながら信頼できる史料がないわけではない。通説にいう「加賀征伐」なるものが、実際には存在しない幻だったことを詳しく語ってみたい。

通説「加賀征伐」のあらすじ

慶長四年八月、加賀国に帰国した利長と、上方の徳川家康との関係が九月以降、極度に悪化した。翌年五月に利長が生母芳春院を人質として家康の本拠地江戸に送り、両者の関係改善がみられるまでの期間に、利長・家康両者の間になにが起こったのか。

そこで岩沢愿彦・高澤裕一の両氏〔岩沢一九八八・高澤一九九二〕や、金龍教英（『富山県史』通史編Ⅲ・近世上）・見瀬和雄（『金沢市史』通史編二・近世）両氏による自治体史の記述〔金龍一九八二、見瀬二〇〇五〕、近年の研究では水野伍貴《ともき》・岡嶋大峰《おかじまひろたか》両氏の仕事〔水野二〇一六、岡嶋二〇一六〕をみてみると、どれもほとんど同様の説明を加えている。すなわち、在国の利長による家康暗殺計画が露見して、利長に謀反の嫌疑が及び、家康が「加賀征伐」を計画、利長は無実を訴えて弁明に努めた、という筋書きである。

この政局を取り上げる近年の一般書を例にとっても、笠谷和比古《かずひこ》『関ヶ原合戦と大坂の陣』では、例の家康暗殺計画を述べたうえで、「十月三日、西の丸に諸将を招集して北陸討伐を発令し、家康自ら出陣してこれにあたる旨を述べた」（二三～二四頁）とする。「後世の聞書や覚書に依拠することなく、極力一次史料によって」（六頁）手堅くまとめられた中野等『石田三成伝』でも、「前田利長（肥前守）を首謀者とする」家康暗殺計画の存在が指摘され（四〇八～四〇九頁）、さらに慶長四年「十月に入って家康みずからが北陸討伐に乗り出すことを表明する」（四一一頁）と叙述は明快である。見瀬和雄氏の二〇一八年刊『前田利長』も同じく、家康暗殺計画の「首謀者が前田利長」とし、家康が「加賀征伐を諸大名に命じ」たと断じて躊躇するところがない（八二～八三頁）。

このように家康暗殺計画から利長の追討計画にいたる一連の流れは、研究者の間でも共有・支持され、一般的にも広く知られている（筆者も以前は、漠然とそんなところだろうなぁと思っていた）。ちなみにこの出来事を、岩沢・髙澤両氏は「加賀征伐」、見瀬氏は「加賀討伐」ないし「加賀征伐」、水野氏は「加賀征討」、岡嶋氏は「加賀の陣（慶長の危機）」などと表現するが、本書では「加賀征伐」で統一する。

筆者はしかし、以上の通説に対して、利長・家康の関係悪化と芳春院の江戸下向以外の部分は、目下のところ事実とは認めがたいと考え、二〇一六年および二〇一八年に公表した論文のなかで個別具体的に検討した［大西二〇一六a・二〇一八a］。

慶長四年（一五九九）九月の家康大坂下向以降の、家康暗殺計画や「加賀征伐」は虚構に過ぎないのではないか、というのが筆者の結論である。論拠は次の二点に集約できる。

＊同時代史料から裏づけられない
そのため、岩沢愿彦氏は「関原覚書《せきがはらおぼえがき》」「慶長見聞書《けいちょうけんぶんがき》」など、水野伍貴氏は「古士談話《こしだんわ》」
などの後世の編纂史料を利用する
＊比較的良質の編纂史料にもまったく言及されていない
「利長公御代之おほへ書」や「当代記」といった、ある程度は信頼できる（と考えられている）編纂史料からも実証できない

要するに確実な史料に、この通説をはっきり裏づけるものが見当たらないのである。ただ一点、通説の論拠のうちで注意すべきは、「慶長年中卜斎記《けいちょうねんちゅうぼくさいき》」（別名「慶長記」など）であろうか。同書は家康の侍医板坂卜斎が、家康の側近くで見聞したことを書き残したとされ、その成立事情から、比較的信憑性が高いと考えられている。問題の部分を抜粋してみよう。

（読み下し）
去冬より北国陣《ほっこくじん》と下々雑説申し候、相手は越中の中納言殿（利長）なり、二月時分より北国陣の
沙汰やみ、奥州陣《おうしゅうじん》と専ら沙汰仕り候、

（現代語訳）

去年（慶長四年〔一五九九〕）の冬から「北国陣」と下々の間で不確かな噂が流れている。相手は越中国の前田利長殿である。二月には「北国陣」の取り沙汰はなくなり、「奥州陣」（会津攻め）の噂でもちきりである。

（『改定史籍集覧』二六「慶長年中卜斎記」）

水野伍貴氏はこの一文を「加賀征伐」の根拠にしたようである。確かに水野論文における「二月頃に加賀征討は回避の方向へ向かい」とか、「加賀征討が取り沙汰された慶長四年末頃」（いずれも六一頁）といった記述は、明らかに「慶長年中卜斎記」を参照したとみえる〔水野二〇一六〕。

だが、引用した「慶長年中卜斎記」をよくみてほしい。「北国陣」はおそらく、北陸の利長を攻撃する動きなのだろうが、それは「下々」の「雑説」でしかない。「雑説」は『日葡《にっぽ》辞書』（キリスト教の宣教師たちが編纂した辞書）によれば、「流れている不確かな噂」という意味だから、これは無責任な噂以上のものではないのだろう。事態の大きさに対して、「慶長年中卜斎記」の記事がわずか一文に過ぎないのは、要するにこれが「雑説」だからである。

このように「慶長年中卜斎記」は「北国陣」を「下々雑説」、つまり事実ではないと言い切っている。どこをどう読んでも、これは「北国陣」の存在を立証する史料とはいいがたく、むしろ「北国陣」を否定する材料でしかない。にもかかわらず、水野氏はその板坂が「下々雑説」と断言した点を無視して、「雑説」の部分だけを取り除いて、さも事実かのように飛躍させて取り上げてしまった。残念ながら、かなり無理のある読み方といわざるをえない。

家康の大坂入城と利長の排除

では、家康暗殺計画から「加賀征伐」を物語る通説を切り崩してゆきたい。まずは確実な史料から、慶長四年（一五九九）九月以降の利長・家康の関係悪化に焦点をあてて、史実を整理してみたい。

慶長四年九月七日、伏見城の家康が大坂に下向した。おそらくは大坂城に登って重陽の節句を賀すため、であろう。醍醐寺の義演も「秀頼卿御礼か」（「義演准后日記」）と推測している。

家康が大坂に下ると、その周辺で何らかの変事が起こり、ほどなく沈静化した。九月十三日、義演は「大坂雑説静謐、珍重《ちんちょう》」（「義演准后日記」）、公家の山科言経は「大坂雑説大略しづまる也云々」（「言経卿記」）とそれぞれの日記に書き付けている。さまざまな怪情報が飛び交ったのだろう。通説が述べる家康暗殺計画もその「雑説」のうちの一つだったのかもしれないが、筆者のみるかぎり、当時の史料にそれが明記されることはない。

参考までに、さきに比較的信頼できると紹介した「慶長年中卜斎記」をみると、家康暗殺計画がやや詳しく語られている。それを根拠に、家康暗殺計画の存在を認めるにせよ、この編纂史料が述べる家康暗殺計画に利長はまったく登場しない。つまり家康暗殺計画があったにせよ、なかったにせよ、利長はそうした問題には無関係であったとみるのが穏当であろう。

では、なぜ通説では、利長が家康暗殺計画の張本人に仕立て上げられたのか。端的にいえば、さまざまな編纂史料から都合のいい部分を切り取って組み合わせた結果である。家康暗殺計画を述べる史料Aと、利長がその黒幕という史料Bとを単純に結びつけたに過ぎない。論者の都合のよい記事を組み合わせるというこの手法をとれば、どのような説でもでっちあげられる。ともあれ、通説をその論拠までたどっていくと、少なくとも家康暗殺計画があったと仮定しても、そこに金沢の利長が関与した可能性はまず、ない。

同時代史料による事実関係の整理に戻ろう。

家康の大坂下向後、九月二十六日に北政所（秀吉の正室）が大坂城から京都へ移ると（「言経卿記」）、代わって家康が大坂城西の丸に入った。九月二十七日のことである（「諸将感状下知状并諸士状写」）。

家康はこの間、みずからの大坂下向の目的として、徳川秀忠正妻（茶々の妹）の江戸下向・政仁親王《ことひとしんのう》（のちの後水尾天皇《ごみずのお》）への譲位・宇喜多秀家の大坂から伏見への居所の変更という三つの政治的要求を掲げた（長府毛利家所蔵文書）ほか、「天下の御仕置」を定めて、利長と加藤清正に上洛無用を通達し、この指示に反して彼らが上洛に動く場合に備え（これを阻止するため）、それぞれ越前と淡路に軍兵を手配した（島津家文書）。「秀頼様御為悪しき事申す（秀頼のためにならないことを言い立てる）」につき、大蔵卿局《おおくらきようのつぼね》（茶々側近の老女）とその息子大野治長を処罰したのも同月のことである（島津家文書）。

毛利輝元の家臣内藤周竹《しゆうちく》は、息子の元家《もといえ》に宛てた書状（十月一日付。「萩藩閥閲録《はぎはんばつえつろく》」）のなかで、家康は約三万の軍勢を率いて大坂へ下ったと記し、その大坂入城を「二丸へ押し入られ候」と表現した。家康が利長および加藤清正の上洛阻止に動いた理由は、こうした自身の軍事的行動への彼らの反発を見越しての対応とも推測できよう。

利長への措置は、上方の島津義弘《よしひろ》が、国許（薩摩国）の島津忠恒（義弘の息子。のちの家久《いえひさ》）に宛てた、九月二十一日付の書状に次のように記されている。

（読み下し）

今度大坂において、内府様《（家康）》天下の御仕置仰せ定められ候に付き、いかやうの子細候や、

羽柴肥前守（利長）殿、当時賀州へ在国候を、上洛なき様にと仰せ下され候、自然強いて上洛に
おいては、越前表にて相留めらるべきの由候て、刑少（大谷吉継）殿の養子大谷大学（吉治）殿・石治少（石田三成）の内
衆一千余、越前へ下し置かれ候事、

（現代語訳）

このたび大坂にて、家康様が天下の政治を担われることになり、どういう事情があったのか、いま加賀国に戻っている前田利長殿に、上洛しないようにと指示を下した。もし強いて上洛するならば、越前国にて押し止めるとのことで、大谷吉継殿の養子大谷大学殿と石田三成の家臣千人ほどを、越前国へ派遣された。

（島津家文書〔未刊〕　※東京大学史料編纂所ホームページにて閲覧）

義弘の書状はこのあと、加藤清正にも同じく「上洛なき様にと」命じて、利長同様、それでも上洛するようであれば、淡路国で制止するため、菅達長《かんみちなが》・有馬《ありま》則頼《のりより》両人を派遣したと続く。家康による豊臣政権の再編であった。谷徹也氏は、家康による大坂入城が当時「一種のクーデター」と観測されたこと、そして右の結果「利長は、完全に公儀から疎外されてしまった」と評価した（〔谷二〇一四〕二二三頁）。妥当な見方であろう。さらにいえば、家康と入れ

替わる格好で伏見に追われた宇喜多秀家もまた、利長と同じく、豊臣政権の中枢から事実上排除されたといえる。

島津義弘が「天下の御仕置」と呼んだ家康による新たな政治体制は、利長や秀家、そして加藤清正を排除することによって実現された。清正はともかく、二人の「大老」を、大坂城の秀頼から遠ざけたことは、豊臣政権の再編ともいえる政治的大事件といえよう。

そのため、大名たちはより強大な権力を握った家康に、従うか否かの判断を迫られたらしい。宇喜多秀家はみずからの排除を受け入れ、伏見に移ることによって、事実上家康に屈服した。長岡幽斎・忠興親子や宮部《みやべ》長熈《ながひろ》らは家康に対し起請文を提出している（「細川家記」・松井文庫所蔵文書・早稲田大学図書館所蔵文書）。

具体的な日付はわからないが、島津義弘の書状（十月七日付）によれば、「内府様大坂へ御移りになられ候に付き、諸大名みなもって参上を遂げられ候」、つまり大坂城に入った家康のもとに諸大名が残らず参上したともいう（島津家文書）。

利長の選択は家康との関係修復

上方の諸大名は家康による新たな政治体制を受け入れた。しかし、家康から上洛無用を通告され、事実上、政権中枢から排除されたと考えられる利長はどのように行動したのか。家康との関係は、利長が家康に従うにせよ抗うにせよ、悪化するのは成り行きとして当然である。事実この両者の動きは不安視されていた。

九月二十八日、太田一吉《かずよし》（豊後《ぶんご》国臼杵《うすき》城主）が島津忠恒に宛てた書状をみると、具体性には欠けているが、家康・利長の緊張関係はありありと伝わってくる。

（読み下し）

昨日上方より申し越し候、内府様（家康）、羽肥前殿（利長）へ御間の儀、少し仰せ分けられ御座候て、雑説御座候といえども、先々相替わる儀なきの由に候、さりながら近日、中村式部少輔（一氏）・堀尾帯（吉晴）・生駒うた（親正）をもって、羽肥前殿へ御使いを立てらる由に候、か様の儀にていかが成り行き申すべきやと存じ候間、御心得のため態と申し入れ候、（中略）風聞には右の衆、羽肥前殿へ御使いに遣わされ候上にて、いかが成り行くべきやと申し候間、その御心得候て、よろず御心遣いもっともに候、

（現代語訳）

昨日、上方から報せがあった。家康様・利長殿の関係につき、いささか交渉があって

（利長が）筋道を立てて説明した結果、不確かな取り沙汰もあるが、まずは変事もないだろうとのこと。しかし近日中に、中村一氏《かずうじ》・堀尾《ほりお》吉晴《よしはる》・生駒《いこま》親正《ちかまさ》が使者として（もしくは、この三人の使者が）利長殿のもとに向かうとのこと。どのような事態になるかと思っているが、お心得のために伝達する。（中略）利長殿への使者が派遣されたあと、一体どうなるのだろうかとの風聞がある。これも万事お心得あるように。

（『大日本古文書　家わけ第十六　島津家文書之五』一九五六号文書）

家康はなぜ利長を排除したのか。前述の通り「いかやうの子細候や」と、上方の島津義弘でさえ把握できていない。はるか後世の我々にしても、現在のところ有力な情報源にはたどりつけていない。

ちなみに、島津義弘はこの翌年に起こった家康主導による会津上杉攻めの経緯を、同年四月八日の時点で「景勝出仕致すまじきよし申され候に付き」、つまり上杉景勝の上洛拒否であると、きちんと押さえて息子忠恒に報せている（島津家文書）。その義弘をもってしても、利長排除の理由をつかみかねていた事実から推測すれば、通説が語るような明快な理由（利長を首謀者とする家康暗殺計画への関与）はなかった、と考えるのが穏当であろう。

推測を重ねるようだが、家康の大坂下向自体が、利長の排除につながったと考えてはどうか。家康の伏見入城はともかく、大坂への居所の変更は、「内府《（家康）》三年御在京の事」（早稲田大学図書館所蔵文書）という秀吉の遺言に明らかに反している。そこで当然予想される反発や追及を防ぐために、家康が先手をとって、利長や加藤清正の上洛を阻止したのではないだろうか。いずれにせよ、家康による「上洛なき様にと」いう指示と、利長の反発を見越した措置をみれば、家康・利長の関係悪化は大体説明がつく。この緊迫した状況は、編纂史料がやたらと書き立てる真相不明の家康暗殺計画や、確かな証拠がない「加賀征伐」といった通説を無理に持ち出さなくても、きちんと理解できるのである。

利長はこの状況にどのように対応したのだろうか。九月二十七日、越後国春日山城主の堀秀治に宛てた利長の書状（徳川美術館所蔵文書、［原二〇一一］）が残されている。

（読み下し文）

御状畏《かしこ》まり入り存じ候、貴意のごとく我らもこのみぎり罷り上るべく存じ候処、路次所々兵士居え《（据）》置き、往還の族《やから》相改むの由、その聞こえ候、しからば我らへ対し、いか様の申し成しもこれあり、内府御不審の子細も候故か、とかく御心元なき仕合わせに候、御存じのごとく、連々内府へ対し、毛頭疎心を存ぜざる儀に候間、いくえも御理申し達すべく存じ、上方へ使者指し上げさせ、始末申し窺い候事に候、様子においては御心安

かるべく候、なお追って申し談ずべく候、恐々謹言、

（徳川美術館所蔵文書）

（現代語訳）

書状をいただき恐れ入る。あなた（堀秀治）の考え通り、私（利長）もこの際、上洛すべきと思っていたところ、路次の所々に兵を置かれ、往来のものを取り調べているとのことを耳にした。私に対し、どのような作り話があるのか、家康も不審に思っているのか、とにかく心配である。ご存じの通り、私は家康に対し、なんら疎かに思うことはなく、何度も事情を説明するため、上方へ使者を送って、様子をうかがっている。こちらの様子はご安心あれ。なお追って相談する。恐々謹言。

この書状を手がかりに当時の状況を再現してみよう。利長はみずから上洛する必要があると考え、「貴意のごとく」と述べているように、堀秀治もまた、それが当然だとみていたらしい。徳川家康の大坂下向は「重陽の節句」の賀詞を述べる、といった儀礼的なものではない。何らかの政治的目的があると、利長は見抜いていたらしい。

だが、上洛のための通路が軍事的に封鎖されていることも、利長はこの時点で把握してい

た。この封鎖は、さきに引いた島津義弘の書状にみえた家康の措置が、実際に行われたことを示している。

利長はその原因を、誰かの「申し成し」、そして家康の疑心にあるのでは、と推測した。文脈からいえば、「申し成し」とは、よくない結果になるよう、何事か、事実とはいえない作り話をこしらえること、である。家康に利長を讒言するものがいた、といったところか。もしくは、家康に不審を抱かせるような問題行動が利長にあったのか。

少なくとも利長は路次封鎖の原因について、具体的確実な情報をつかんでいなかった。その結果、利長は「とかく御心元なき仕合わせ」と、あれこれ気を揉むしかなかった。

おそらく、路次封鎖以前の利長には、少なくとも表向きは、後ろめたい行動はなかった。だから、何度も使者を立てて、家康の不審をとく努力を行った。このあと述べるように、利長も密かに対抗措置をとるのだが、両者の関係悪化は、どうやら家康から突発的にしかけられた利長上洛阻止の動きにあったことが、以上からほぼ見通せる。そして、利長の選択は家康との関係修復であった。

こうした利長の協調姿勢は、さきの太田一吉の書状からも推測できる。関係改善の方向で話し合いが進んでいたらしい。利長の訴えを家康が受け入れた結果が、使者の派遣につながったとみていい。

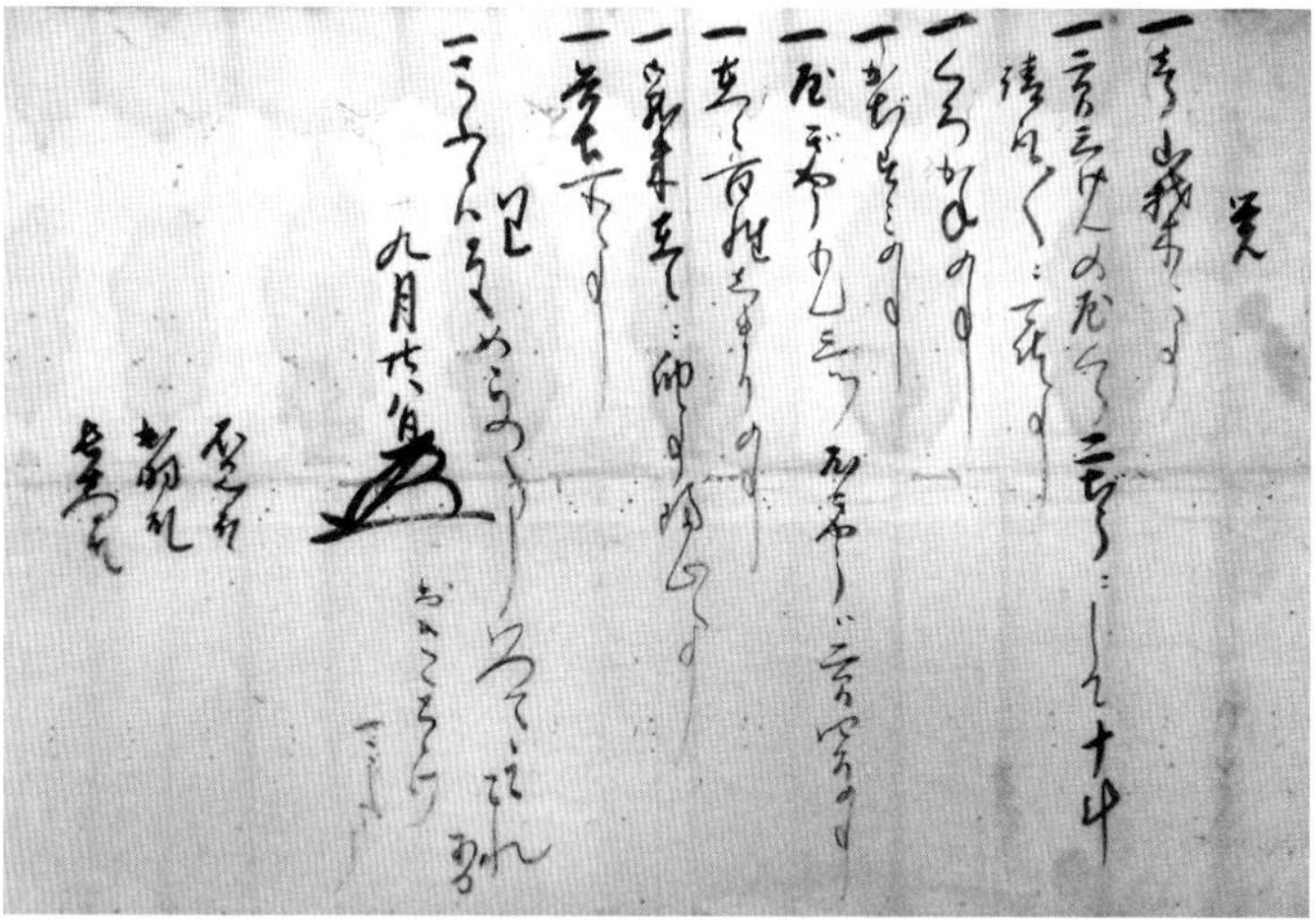

前田利長覚書（高畠家文書、金沢市立玉川図書館蔵）

ところが、である。利長にも意地があった。有力家臣高畠定吉、篠原一孝、岡田長右衛門に宛てた九月二十八日付の覚書によると、家康との交渉の裏側で、利長は矢《や》倉《ぐら》・屋形門《やぎょうもん》の構築や、百姓統制（「百姓しまり」）の指示など、軍事的な対策をとっていた（高畠家文書、［大西二〇一六ａ］）。おそらく利長は、家康との軍事衝突を防ぐべく交渉を進める一方で、不測の事態に備えて、周到な軍事的準備を練っていたのである。なお、この覚書をみると、最後の一か条（よく意味がとれないが家臣たちの統制に関することであろう）が、「以上」と結んだあとに、わずかな余白に無理やり書き足された形跡があって、利長をとりまく状況が、かなり緊迫したものだったことがよく伝わってくる。

ところが、利長の挙動は、裏目に出たらしい。翌年に入っても不穏な情勢は続いていた。太田一吉が島津忠恒宛の書状に「北国表の儀はいまだ相済まず候（北陸方面のことはまだ解決していない）」と記したのは正月九日である（島津家文書）。結局、利長と家康との緊張は、芳春院の江戸下向を控えた慶長五年（一六〇〇）五月頃まで継続した。その理由は、不慮の事態に備えた利長の軍事的行動に求めるべきであろう。

とはいえ、正月九日に江戸の徳川秀忠が利長に送った書状によれば、関係改善の目途は立っていたらしい。利長が大坂の家康へ申し送った「条数」が受け入れられたという。何らかの条件を家康が示し、これを利長が承諾して、その具体的なあれこれを返事として大坂へ申し送ったのであろう。

（読み下し）

遠路御使札、ことに大坂へ仰せ登され候条数の趣、いちいち仰せ越され候、御念を入れらる義、誠にもって祝着せしめ候、御断りの儀に候間、定めて別条あるまじくと存知候、なお御使者演説あるべく候間、つぶさに書くあたわず候、恐々謹言、

（現代語訳）

遠いところご書簡をお送りいただき、ことに大坂へ申し送られた条数について、いちいちお知らせくださり、念入りなことと誠に祝着なこと。わけを説明したことであるから、きっと別条はないものと承知している。なお使者（「御」使者とあるから、利長の使者であろう）が伝えるであろうから詳細は書かない。

（「稿本加賀藩史料」三〇）

「加賀征伐」の幻

ここまで同時代史料に典拠を絞って、家康・利長の関係悪化について整理した。家康による利長の排除は明らかだが、それ以上の何事か、すなわち家康暗殺計画そのものや、その計画への利長の関与、そして「加賀征伐」の動きは、同時代史料からは立証できない。

むしろ上方はこの時期、平穏ですらあった。十月二十二日、家康は会津若松の上杉景勝に対して、「当表、いよいよ相替わる儀なく候間（こちらに、特段のかわったことはない）」（上杉家文書）と述べている。ちょうど通説でいうところの「加賀征伐」を家康が企て、あるいは発令していた時期である。「加賀征伐」が事実であれば、「いよいよ相替わる儀なく」ではなく、家康はもう少し何事かを語ったのではあるまいか。

同時代史料から読み取れるのは、家康による利長の排除と、以後、両者が金沢と大坂とでにらみ合いの形勢に入った、という事態の推移である。

その端緒は明確ではない。しかし、通説のように「秀頼への謀叛を口実に」（二二四頁）、「利長に謀叛の嫌疑が及ぶ」（二一八頁）［堀越二〇一六］などとまで説明することは難しいのではあるまいか。仮にそのように叙述する場合でも、典拠が不確かなこと、その叙述が推測に過ぎないことは、はっきり示す必要があるだろう。

実際に謀反の嫌疑がかけられたのであれば、大蔵卿局・大野治長母子のように同時代史料に何らかの言及があってもよさそうだが、それもまったく見当たらない。ここまでに引いた史料に従えば、家康と利長との間には「雑説」が語られるのみである。

家康が利長を攻める、ないし利長が家康に合戦をしかける、という気配も同時代史料から読み取ることはできない。

当時を知る人々が書き残した、比較的信頼できそうな編纂史料をみても、その理解はかわらない。

たとえば、慶長四年（一五九九）当時は井伊直政（家康の家臣）に仕え、のちに水戸《みと》徳川家の家臣になった鈴木重好《しげよし》の筆記と思われる史料には、「九月九日に肥前殿（利長）と仰せらる事出来（九月九日に利長との紛争が持ち上がった）」と明記されている（鈴木文書）。当時の政治・

社会情勢を比較的正しく叙述しているとされる「当代記」（十七世紀前半の成立という）には、慶長五年（一六〇〇）の春「加賀羽柴肥前守利長と内府公家康公の事也間がら不快（利長と家康との関係がよくなかった）」とある。利家没後、利長の側近くにあった村井長明の「利長公御代之おほへ書」も、「利長様と大府公《（家康）》と御中あしく（利長と家康と仲悪く）」「大府公《（家康）》と利長様申し分出来（家康と利長の間にもめごとが起きた）」としか語らない。「黒田長政記」は、黒田長政の家臣黒田一成（一五七一〜一六五六）の著述とされるが、その観察も、「肥前守殿《（利長）》と内府《（家康）》様、御間滞り候へども、互いに仰せ出だされ埒明き候て御無事に罷り成り候（利長と家康との関係は順調ではなく滞ってしまったが、互いに話し合いを行って決着し、無事におさまった）」といったところである。

おそらく当時、この出来事を見聞きしたであろう人々の証言である。やはり豊臣政権の「大老」である両者に何事か深刻な係争が起こり、大坂の家康と金沢の利長との関係が極度に悪化した、といった程度で、この間の政治情勢は捉えるのが妥当ではないだろうか。

利長はこの政治的抗争に敗れ、家康に屈服した。

その事実を物語るものの一つに、利長の花押がある。さきに触れたように、利長は「大老」昇格にともなって花押を改めた。その花押を再び、もとの形に戻したのである。花押を改めること自体は当時盛んに行われたが、利長の場合、別の形態ではなく、もとの形態に花押を改めたのである。「判は人のかたちにて候」という長岡忠興の言葉（細川家史料）にかんがみれば、利長はこの行動に、豊臣政権におけるみずからの政治的立場を「大老」昇格以前に戻すとの意図を込め、家康への従属姿勢を暗に示したのかもしれない。

「加賀征伐」説話成立の背景

ここまで一般的にも著名な「加賀征伐」伝承が、歴史的事実ではなく、むしろ不確かな編纂史料のなかから生まれた物語とみなすべき、という私見を述べてきた。

しかし、さまざまな伝承を結びつけて語られてきた通説の強靱さをあなどってはならない。本当に通説は成り立ちえないのか、さらに議論を重ねておきたい。そこで、「加賀征伐」を歴史的事実とみて論じた成果として、もっとも詳細な水野伍貴氏の所見を、引き続き批判的に見直してみたい［水野二〇一六］。

水野氏は「加賀征伐」（水野氏は「加賀征討」の語を用いるが、ここでは「加賀征伐」に統一する）の傍証として、次の「古士談話《こしだんわ》」なる編纂史料を引用している。

（読み下し）

加賀肥前守雑説に疑い出来り、上洛延引の処に、神君も肥前守に腹立ちこれあり、加賀へ御発向あるべしとの御内談にて、加賀陣の用意頻り也、細川忠興は無二の御味方なり、加賀とまた縁者成りければ、この事承り申されけるは、肥前守謀反虚説たるべし、在京の時分事にふれ、神君へ御心入れと咄ども折々承り候、ただ虚説に疑い出来り、上洛延引と存ずる也、左あらば様子窺いに遣わすべしとて、早々加賀へ注進ありければ、肥前守大きに驚き、少も謀反の心なし、雑説ゆえ上洛延引まで也、母芳春院を江戸へ人質に下し、其身はもっとも上洛し、その上神君の御子一人養子として、二十万石を進じ、金沢の城相渡すべしと陳謝す、これより御心解て、加賀陣の用意止みにけり、

（現代語訳）

利長に（謀反の）「雑説」が立ち、上洛を延期していたところに、家康様が利長に腹を立て、加賀国へ出陣すべし、との内意を示し、「加賀陣」の用意をしきりに行っていた。家康方の細川忠興（当時の名字は長岡）は利長とも縁続きであったから、家康様に利長の謀反は「虚説」（うそ）である、利長が上方にいた頃は、家康様と懇意であったとよく聞いていている。「虚説」に家康様が惑わされているために（利長がそれを知って）上洛しないのだと思う。だから、利長の様子をうかがうために誰か人を派遣するべきと（忠興

は家康に進言し、忠興は）急いで加賀へこのことを報せたところ、利長は大いに驚いて、少しも謀反するつもりはない、「雑説」が立っているので上洛を延期しているに過ぎない、ということであった。利長は母の芳春院を江戸へ人質に送ったうえ、自身も上洛する、さらに家康様の息子を養子に迎えて二十万石を与え、金沢城を譲りたいと家康様に陳謝した。その結果、両者のわだかまりはなくなり、「加賀陣」も中止になった。

（「稿本加賀藩史料」一一九）

そもそも「古士談話」という史料は、編纂時期もその著者も定かではない。家康を「神《しん》君《くん》」と呼ぶところから、はるか後代の著述とは推測できるが、詳細不明である。内容はデタラメといっていい。利長の上洛延引《えんいん》をもって「加賀征伐」の端緒とする。しかし実際のところは上洛延引どころか、さきに確認したように、家康が利長の上洛を押し止めたのである。なお、「神君の御子一人養子として」金沢城・二十万石を譲渡するとの説は、「当代記」に同じ話があるから、おそらく「古士談話」の作者が拝借したのだろう。

他の部分は知るよしもないが、右の事実誤認からも明らかなように、「古士談話」の言説に成り立つ余地はない。しかも著者や成立年代も不明ときている。賢明な読者であればおわかりであろう。史実を確かめる場合に参照してはならない。

ところが水野氏は、特段の史料批判もなく「加賀征伐」の流れをこれで追うのだからたまらない。しかも「古士談話」を論拠に、「加賀征討の要因の一つ」として利長の上洛延引を挙げ、「この点は後の会津征討の場合と酷似」（五八頁）するという。むしろ上杉景勝が上洛を拒んだという会津攻めの経緯をもとに、利長の上洛延引が「加賀征伐」をひき起こしたという筋書きを「古士談話」の作者が創作した可能性を考えるべきではなかろうか。

さらにいえば、「古士談話」に沿って利長の上洛延引を説く水野氏は、「徳川氏が利長の上洛を要求していたこと」をうかがう証拠として、さきに引用した徳川秀忠書状を挙げる。「ことに大坂へ仰せ登され候条数の趣、いちいち仰せ越され候」の一節だが（五八頁）、この文言はどう考えても、利長への上洛催促とは理解できない。この一文は、利長が大坂へ送付した「条数」＝箇条書きのような書簡の内容を江戸の秀忠へ伝えた、という解釈になるが、ともかく「古士談話」や水野氏の筋書き（利長の上洛延引による「加賀征伐」）は、史実とみなすのは難しいのである。

視点を変えよう。水野氏は「加賀征伐」の典拠に「看羊録《かんようろく》」という史料も用いている。「看羊録」は、第二次朝鮮出兵（慶長の役）の際、伊予《いよ》国の大名藤堂高虎《とうどうたかとら》によって捕えられ、日本に抑留された朝鮮国の儒者姜沆《カンハン》（一五六七〜一六一八）の見聞録である。ただし、現存するテキストは、姜沆の門人によって編集され、孝宗《こうそう》七年（一六五六）に刊行されたものである点には注意すべきであろう。

また、慶長四年（一五九九）当時、伏見に囚われの身であった姜沆の記述には、基本的ないし重大な事実誤認が少なくない。たとえば、前田利家の死を慶長三年の十二月あるいは同年の冬、利長の妹婿宇喜多秀家を利長の妻の甥、大坂城に移った家康が茶々（淀殿）を室に迎えようとした等々である。軟禁状態にあった（おそらく日本語を解しえない）異国人の見聞という史料の性質に照らせば当然ながら、こうした内容にかんがみれば「看羊録」の信憑性には疑問符がつく。

儒学者流の文飾も散見されるから細部の描写にも注意を払わざるをえない。利長が宇喜多秀家・加藤清正らと「刺血同盟」を結んで家康討伐を約束といった、まったく傍証をつかめない記事もちらほらある。要するに「看羊録」は、当時の風説を異国人の視点から儒学者流にまとめた史料としては注視すべきだが、歴史的事実をそこから抽出する、という使い方にはそぐわない、というべきであろう。

水野論文の検討に戻ろう。水野氏は「『看羊録』にも家康が加賀征討を行おうとした際、前田氏と上杉氏の間に相互援助の盟約が結ばれたという内容が記されて……」（［水野二〇一六］五九頁）という。「加賀征伐」の論拠を「看羊録」にも求めている。

しかし実際には（「盟約」は別として）「看羊録」に家康による「加賀征討」を述べた記事

は見当たらない。家康・利長間の関係悪化が説かれるだけである。

「看羊録」の記事は、①家康の大坂下向に際して利長の一党（「肥前之党」）がその迎撃を企てた。そして②大坂に下った家康は、利長の家臣を呼んで屋敷の「門楼」を壊すことを命じた。③利長の家臣がこれを拒絶したため、家康が怒り、④利長の妻の甥（実際には妹婿）宇喜多秀家が（仲裁に入ったものか）利長の家臣を諭して「門楼」を撤去させた。⑤家康は利長の上洛ルート（「上倭京之路」）を封鎖し、石田三成に近江の「要害」を守らせた。⑥かたや利長も城郭や堀を修理改築して守りを固め（「修改城隍為固守之計」）、上杉景勝らと密かに盟約を結んだ。⑦諸大名は家康に（利長との）和解を勧めている、というふうに整理できる（①の点のみ②〜⑦とは別の箇所に記載される。「看羊録」の引用はいずれも原文。『海行摠載《かいこうそうさい》』に拠った）。両者にらみ合い以上の、「加賀征伐」のような解釈は引き出せない。
⑤〜⑥の叙述は、さきにみた島津義弘の書状（九月二十一日付）、利長の覚書（九月二十八日付）と一致するし、⑦家康・利長間の関係悪化もまた、太田一吉の書状（九月二十八日付）から立証できる。そのほか①〜④は、史実かどうかわからないが、「看羊録」の性質を考慮して、ひとまず同時代史料にいう「雑説」のようなものとみておきたい。
「看羊録」は虚実ないまぜの編纂史料である。部分的に事実との整合がとれても、基本的に伝聞情報か風説程度と捉えておくべきで、同書は積極的な事実認定にはふさわしくない。

また、①〜⑦をすべて事実と仮定しても、家康が「加賀征伐」を命じたとの理解は「看羊録」からは導き出せない。

通説「加賀征伐」の筋書きは事実とはみなしがたい、という私見は、水野氏が「加賀征伐」の根拠に用いた「看羊録」を読み解いても、さらに「看羊録」を史実か、それに近いと理解しても、まったく問題なく成り立ちそうである。

なぜ「加賀征伐」がでっちあげられたのか

「加賀征伐」をめぐる通説を、具体的根拠を挙げながらしつこく批判してきた。慶長四年（一五九九）九月以降、家康・利長の関係は極度の緊張状態に陥った。家康による利長の排除、そして利長が、表面上は隔意（打ち解けない心）のないことを訴えながら、裏面では戦備を調えるなど、家康に対して一歩も引かぬ姿勢をとったからであった。

この見立てが正しいとすれば、なぜ信頼できる史料には一切現われない「加賀征伐」なる虚説が生み出されたのか。そしてその虚構がなぜ通説的位置を占め、事実が歪められてしまったのか。あくまでも筆者の推測であるが、通説の形成にいたる二つの背景を述べてみたい［大西二〇一八ａ］。

第一に、繰り返し指摘したように、この問題にからむ同時代史料がきわめて限定されている事実がある。本書の冒頭にも述べたが、筆者が確認した約一六〇〇通の利長発給文書のうち、加賀藩前田家に伝来した利長文書の残存状況には重大な欠陥がある。すなわち、慶長四年九月から翌年初頭にかけて、家康との関係が悪化した時期の利長発給文書は一通も見出せない（前田家伝来分）。そのため、家康との関係悪化が、信憑性の劣る編纂史料を主要な材料として語られざるをえなかった。年月の経過に従って、伝承が伝承を生み、この問題の事実関係は曖昧かつ不正確な物語に変化していったのではあるまいか。

第二に、通説的な理解が、徳川・前田両家に好都合であった可能性を指摘しておきたい。利長は芳春院や有力家臣の子弟を人質として江戸に差し出すことによって家康との関係を修復した。以後、慶長十九年（一六一四）五月の病死にいたるまで、利長は家康・秀忠＝徳川幕府への従属姿勢を貫いた。

しかし、慶長四年九月以降のいざこざは、幕藩体制下の加賀藩関係者にすれば主家が「神君」家康と対立した、という重大な汚点でしかない。

そこで通説の筋書き通り考えてみる。

家康暗殺計画の首謀者は利長、利長が家康の暗殺を企てている、といった讒言が、家康の耳に入った結果、「加賀征伐」が計画された。だが、利長は必死に無実であることを弁明して両者は和解するにいたった、というのが通説の筋書きである。これが「史実」として定着すれば、偽りの情報を信じた家康にも、冤罪をかけられた利長にも責任はない。あったのは不幸な行き違いに過ぎない。この物語は徳川・前田両家にきわめて好都合であった、と考えることができる。そう仮定すれば、「加賀征伐」が「前田創業記」「大三川志《だいみかわし》」といった徳川・前田両家を顕彰する編纂史料によって広く流布した理由も、無理なく説明がつくのではなかろうか。

かたや「三壺聞書」をみると、これはこれで面白い。利長・家康の関係悪化や「加賀征伐」、そして芳春院の江戸下向まで、すべて無視をきめこんでいる。関ヶ原合戦後も引き続き登場する芳春院が、なぜ江戸にいるのか、そのあたりも含めて一切の説明がない。

こういう不自然さも、通説が右のような政治的配慮に基づいて造作されたと考えると納得できる。

「三壺聞書」では、慶長四年八月の利長帰国（「肥前守利長公加州江御帰城之事」）を語ったあと、その叙述は翌年三月（「石田治部少輔謀反之事」）に飛び、家康による会津攻めに接続する（石川県立図書館所蔵本の巻六上による）。おそらく十七世紀の後半、「三壺聞書」の著者は、主家の重大な汚点を、「加賀征伐」のような虚構を創作するのではなく、すべてを無視、あるいは黙殺することによってとりつくろったのであろう。

関ヶ原合戦と「加賀百万石」の誕生

家康との和解とその対応が、大名前田家の進路を決定づけた。利長はこれを画期に、「大老」として家康と肩をならべる道を捨て、親徳川勢力の一大名となる方向へ舵を切った。関ヶ原合戦の終結まで上洛を見送り、在国を続けることで「大老」としての職務を事実上放棄したのである。

利長は、上方にいた実母芳春院を人質として家康の本拠地江戸へ送った。利長苦渋の決断として、従来よく知られた出来事である。

とかく不明点の多い出来事であった。これ以前には、さきに触れたが、利長が家康の息子を養子に迎えて、金沢城と二十万石を譲るとの和解案もあったらしい（「当代記」「利長公御代之おほへ書」）。この家康の息子を「利長公御代之おほへ書」は「おまん殿」と呼んでいるから、家康の五男武田信吉《のぶよし》（幼名万千世丸《まんちよまる》。一五八三〜一六〇三）であろうか。

交渉の過程では、ほかにもさまざまな案が立てられたに違いない。最終的に両者それぞれが納得した結果が、芳春院本人と、前田家の有力家臣や関係者から差し出された人質を江戸に下すことと、それと引き換えであろうか、利長の正室玉泉院と前田利政の帰国であった。

慶長五年（一六〇〇）の五月（日付を欠くが「明日二十七日」といった文言から五月二十六日付と推定できる）、浅野幸長《よしなが》がその父長政（長吉から改名）に宛てた書状（坂田家文書）からその事実を確認しておこう。

（読み下し）

一、北国の儀いよいよ相済み、御袋《（芳春院）》ならびに横山大膳《（長知）》・前野対馬《（前田長種）》・山崎七衛門・土方但馬《（雄久）》人質、江戸へはや御下し候、肥前殿《（利長）》御内加賀殿《（玉泉院）》・孫四郎殿《（利政）》は北国へ御下し候、これあるしまつ《（始末）》も相済み申し、御礼のため五・三日已前、横山大膳・土方但馬罷り上り候事、

（現代語訳）

一、北国の件が決着した。芳春院および横山長知・前田長種・山崎「七衛門」（長徳か）・土方雄久の人質が、早くも江戸へ向かった。利長殿の正室玉泉院と前田利政殿は北国に下された。この件が収まった御礼のため、五・三日以前に、横山長知と土方雄久が上方に向かった。

（坂田家文書）

これまでの多くの書物は、芳春院の江戸下向ばかりを強調してきた。岩沢愿彦氏が「徳川氏に対する完全な屈服」（［岩沢一九八八］二八八頁）、堀越祐一氏がこの処置によって、利長が家康に反抗することは不可能になったと評価［堀越二〇一六］したように、とかく利長が不利な条件を一方的にのまされた、屈辱的な出来事と捉えられがちである。

しかし、実際には利長も正室玉泉院と実弟利政を国許に移している。正室の帰国はすなわち人質の回収である。

そもそも芳春院や玉泉院が上方にいたのは、豊臣政権への人質として、であった。慶長五年五月の出来事は、人質としての芳春院を上方から江戸へ移し、玉泉院を国許に取り戻したということになる。利長が不利益ばかりをこうむったわけではない。

さきに慶長四年（一五九九）の九月、大坂に下った家康が三つの政治的要求を行ったことを紹介した。宇喜多秀家の大坂退去（伏見への居所の変更）と政仁親王への譲位、そして徳川秀忠正妻を江戸へ下すことであった。表向きは正妻以外に秀忠の子が産まれるのが望ましくない、といった理屈をこねているが、三つ目の要求をありていにいえば、人質の回収である。人質を大坂から国許に移すことは、同時に求められた二つの事案をみれば明らかなように、すこぶる重大事であった。

　利長はしかも玉泉院だけでなく、実弟利政の帰国も認めさせている。芳春院の江戸下向も、慶長五年十月末時点の彼女自身の言葉によれば、上方ないし国許に戻される予定があったらしく、当初は当座の処置として江戸へ下った可能性が高い（前田土佐守家資料館所蔵文書。しかし、彼女の江戸生活は慶長十九年〔一六一四〕まで続く）。

　利長苦渋の決断、という在来の理解とは正反対だが、むしろ利長はかなりの好条件で、家康と和解したとも評価できそうである。なお、この和解条件が後日、利長・利政兄弟の命運をわけることになる。

　芳春院らの江戸下向により、利長の政治的立場はおのずと確定した。通説通り、利長は以後、親徳川路線をその最期の時まで貫くことになる。

　慶長五年六月十六日、会津若松の上杉景勝討伐のため、家康以下の諸将が大坂城を出立した。金沢の利長もこれに呼応して、北国筋から米沢《よねざわ》（山形県米沢市）を経て会津へ攻め入ることになっていた（「歴代古案」）。

　ところが、七月のなかば、戦局が急転した。上方において石田三成・大谷吉継が挙兵の動きをみせた。大坂の三「奉行」（増田長盛・前田玄以・長《な》束《つか》正家《まさいえ》）と茶々（淀殿）、そして利長は、関東の家康にこれを急報し、家康の反転上京を要請した。会津攻めを一時中止して、三成らを討つよう求めたのである（秋田家文書）。だが、ほどなく大坂の三「奉行」は三成方に転じ、これに二「大老」（宇喜多秀家・毛利輝元）も取り込まれた。七月十七日には家康を弾劾する「内府ちがいの条々」が各方面に発せられ、利長のもとにも同日付で輝元・秀家の連署状が届いた。いわゆる「西軍」への参加要請である（前田育徳会所蔵文書）。

利長の反応は伝わっていない。だが、返答は行わず黙殺、つまり拒絶したのであろう。以後も利長は終始、家康方に立って行動した。なお、加賀藩前田家が（家康にたてついた）宇喜多秀家の関係史料のうち、唯一この連署状を後生大事に残したのは、利長が家康への忠誠を示した（「西軍」に加わらなかった）事実を証明するための、証拠物品だったから、という私見は、本書の冒頭で述べた通りである。

ただし、仮説の通り、前田家が秀家の関係史料を故意に処分したとしても、それは前田家が、秀家を完全に見限ったということではない。筆者が紹介した同時代史料によって、関ヶ原敗戦の翌年五月ごろまで秀家は上方に潜伏していて、その動きを前田家が詳細につかんでいたことが判明した［大西二〇一六c・二〇一七b・二〇一八c］。その事実はおそらく、秀家の逃走に前田家がなんらかの手助けをした可能性を物語る。さらに、八丈島《はちじょうじま》に流された秀家親子とその子孫に対し、前田家は慶応四年（一八六八）にいたるまで、筆者が同時代史料から数えたところ七十六回にわたって、物品の援助を行った［大西二〇一八c］。

慶長五年（一六〇〇）の秋、戦局は東西両軍の決戦に向かう。

利長の出陣は七月二十六日（高畠家文書）。会津攻めの中止にともない、金沢城を発した利長は南へ進路をとる。家康方の諸将は東海道を攻めのぼり、利長は北陸道を南へ進み、越前国を通って近江国、あるいは美濃国へ出て、石田三成らを叩く、という流れになる。

七月下旬、利長は小松城の近辺に放火して［藤井二〇一八］、そのまま南下。八月三日、大《だい》聖寺《しょうじ》城（石川県加賀市）を一気に攻略、山口宗永《むねなが》親子を討ち取る。次いで越前境まで進んだが、八月一日に徳川方の伏見城が陥落したことと、越後国における一揆の蜂起を知って軍勢を引き返した。北上の途にあった八月九日、浅井畷《あさいなわて》（石川県小松市）で小松城主丹羽長重勢と遭遇、これを破って金沢に戻る。九月十一日、利長は再び金沢を出陣、小松城へ兵を展開させ、同月十八日、丹羽長重と講和した。美濃国関ヶ原での決戦に遅れること三日である。

以上の経過はいずれも家康の御意にかない、江戸の芳春院や利長らに、事細かにその好意的称賛が与えられたが、一つだけ失態があった。利家から能登一国を分与されていた実弟前田利政の出兵拒否であった。

さきの大聖寺・浅井畷の戦後、利政は能登国に戻って動かなかった。上方において三成らの人質となった妻女の存在など、「孫四郎（利政）色々の申し分（利政に色々な言い訳）」があったという（前田育徳会所蔵文書）。大聖寺攻めでの負傷者が予想外に多かったことも、利政が出兵を渋った理由かもしれない。「西軍」への与同ではなかったが、これが利長・利政兄弟間に深刻な齟齬を生んだ［見瀬二〇一〇・二〇一六］。

ぐずる利政に対する利長の怒りは、九月五日時点で「てんとうつき《天道尽》申すかと存じ候」と、この世の終わりかというほどに高まっていた（前田育徳会所蔵文書）。

さきに利政が帰国した際、蒲生氏郷の娘である夫人は上方に残された。利長は芳春院が江戸にいることに加え、正室玉泉院を金沢に引き取っていたから、三成らの挙兵に対しても断固たる処置がとれたのであろう。だが、利政はそうではなかった。関ヶ原合戦後、利政は能登一国を改易され、その後は嵯峨《さが》（京都市右京区）に隠棲、そのまま生涯を終える。

九月二十日ごろ、利長の軍勢は近江国大津（滋賀県大津市）まで進み、利長は家康との対面を果たした。それからおよそ二か月を利長は上方で過ごすことになるが、そこで決定されたのが利政の改易（能登一国の利長領国への統合）と、加賀国南二郡（能美郡・江沼郡）の加増であった。ここに利長は、加越能三か国のほぼ全域を支配する大名になったのである。石高は百万石をはるかに上回り、同じく百万石以上を領知した上杉景勝・毛利輝元の減封にともない、利長は家康に次ぐ大々名の地位を確定させた。

幕藩体制下最大の外様大名加賀藩前田家が、後世「加賀百万石」と呼ばれる素地がここに誕生したのである。

おわりに

幕藩体制下、最大の石高を誇った加賀藩前田家を「加賀百万石」と呼ぶことがある。「百万石」が正確な数値ではなく、この場合の「加賀」は、あくまでも加越能地域全体を代表して、あるいはその中心地である加賀国、さらにいえば城下町金沢の所在地からとって、そう呼ばれているに過ぎない。

いうまでもなく俗語である。『広辞苑』(第七版)にもみえない(「加賀藩」「金沢藩」すらないので当然といえば当然だが)。『日本国語大辞典』(小学館)は、かろうじて「百万石」(石高がそれだけある大名、身分の高い者のたとえなど)を立項するが、その用例に「加賀百万石」はない。

この俗語は、江戸時代、「加賀」国金沢を本拠地に、加越能地域を支配した大名前田家の規模が石高「百万石」をこえていたことを表現している。「加賀百万石の藩祖前田利家」(花ケ前一九九九)など加賀藩前田家そのものを指すほか、加賀藩政を表わす場合にも用いられるらしい〔蔵並一九七四・田中一九八〇など〕。「加賀百万石」は、その言葉から派生したものを含め、近年でもよく使われているようである。

石川県オリジナルの米品種「ひゃくまん穀《ごく》」（二〇一七年〜）、石川県観光PRマスコットキャラクター「ひゃくまんさん」（二〇一三年〜）が、「加賀百万石」の連想から命名されたことは明らかである。毎年六月には「金沢百万石まつり」（主催金沢市・金沢商工会議所）が金沢市中心部で行われている（一九五二年〜）。そういえば、平成十四年（二〇〇二）度のNHK大河ドラマ「利家とまつ」の副題も「加賀百万石物語」であった。

いつから、どのようにこの言葉が使われはじめたのかはわからないが、石川県、とりわけ金沢市の周辺で、江戸時代以来の、加賀藩にゆかりのある伝統や文化をなにがしか意識する場合に、よい意味合いで用いられることが多いようである。「ひゃくまん穀」や「ひゃくまんさん」の例からいえば、「加賀」を省略することも少なくない。「金沢百万石まつり」も従来は「百万石まつり」であった。なお、この言葉が加賀藩領のほぼ半分を構成した越中国＝富山県を意識して用いられるケースは、ほとんどないように思われる。

極論だが、金沢大学教授などを歴任した下出《しもで》積与《せきよ》氏（歴史学者。日本古代史）に、次のような発言がある〔北国新聞社一九八二〕。

金沢から百万石を除いたら、あとになにが残るか。愚にもつかない、一片の個性もない、日本中に掃いて捨てるほどある形骸化した都市しか残るまい。

（北国新聞社編『金沢考』二七三頁）

かつては知らず、現在の金沢もどうだかわからないが、ここでいう「百万石」は、下出氏が別に言及する「百万石文化」＝加賀藩が育んだ武家文化のことらしい。

その他、舟橋聖一《ふなはしせいいち》の小説『海の百万石』は、加賀藩領の海商（海運業者）銭屋五兵衛《ぜにやごへえ》（一七七四〜一八五二）が主人公だが、この場合の「百万石」は「銭五《ぜにご》」（銭屋五兵衛はこうも呼ばれる）の築いた巨万の富のほか、加賀藩の石高も意識されているようである。

明らかに用法がゆるい。あまり建設的でもなさそうなので「加賀百万石」なり「百万石」の詮索にはこれ以上深入りしないが、筆者の感覚では、こうした表現が横行する背景に石川県、とくに金沢市の人々に、どこか郷土を誇る意識があるのは確かであろう。いま現在はどうか知らないが、少なくとも江戸時代には最大の石高を誇る外様大名、どこに出しても恥ずかしくない前田の殿様がいた、というお国自慢である。顕彰といっていい。

前田の殿様とは誰か。「百万石まつり」の開催にあたって、徳田与吉郎《よきちろう》金沢市長（当時）

は次のように述べている（『北国新聞』昭和四十一年〔一九六六〕六月十三日朝刊六面）。

この祭りは、藩祖前田利家公が入府された記念すべき日に、金沢市の繁栄と伸長を祝うものであります。

最終的な前田利家の版図（利家晩年の推定石高）でも、息子利長・利政の領知をあわせて七十六万五千石、利家に限定すると二十三万五千石に過ぎない（「当代記」）。だが、「加賀百万石」といえば、加賀藩の基礎を打ち立てた利家を第一に思い浮かべるのが通例であるらしい。さきに述べたように、利家夫婦が主人公のＮＨＫ大河ドラマも（副題に）「加賀百万石」を謳っていた。

要するに「加賀百万石」という俗語の背景には、加賀藩や藩主を顕彰する意図が込められていて、その場合の加賀藩や藩主が、多くの場合、利家当人か利家とからめられる傾向がある（利家を「藩主」と呼ぶべきでないことは、本書の冒頭に述べた通り）。さらにいえば、死後四百二十年ほどが経った現在でもなお、利家の存在は、おもに石川県や金沢市の人々にとって、敬慕すべき対象として生き続けているらしい。

それがめぐりめぐって、利家・利長研究の足かせになってきた、と筆者は見立てたい。本書の冒頭で挙げた四つの問題のうち、最後の一つである。

利家は死後、卯《う》辰《たつ》八幡宮《はちまんぐう》にまつられて神格化し［前田二〇一四、高野二〇一八など］、顕彰そして崇拝の対象となった。徳川将軍家における家康（東照大権現《とうしょうだいごんげん》）もそうだが、大名家の祖先（氏祖や中興の祖）が、顕彰そして神格化の道筋をたどるのは別段珍しいことではない。祖先を持ち上げれば、その子孫である現藩主の権威向上につながるから、である。しかも、長州（萩）藩毛利家の事例から、岸本覚《さとる》氏は「現在の主従制の活性化」（六頁）が祖先顕彰や崇拝の背景にあると指摘した［岸本二〇一七］。ざっくりいえば、祖先の功業をたたえる営み（法事や歴史書の編纂など）は、藩主の祖先とそれを助けた藩士の祖先の主従関係を再確認することであった。現藩主と藩士は、そうした祖先なくして存在しえない。だから、祖先たちはえらい、で終わるのではなく、祖先たちの関係性も受け継いでいこう、という思考に結びつくのである。

岸本氏はさらに、祖先顕彰のためには、「たとえ信憑性が疑われるような史料であっても探し続けることが志向された」（一〇頁）とも指摘する。文化九年（一八一二）成立の「寛政重修諸家譜」（徳川幕府が編纂した大名・旗本たちの家譜）には、「各家の伝説すてがたきはこれをのす」といった編集方針もあった。過去を探索した幕府や諸藩、学者たちは、多少あやしげであっても、できるだけ多くの史料を残し、伝えていくべきと考え、そのさまざまな伝

前田利家墓所（石川県金沢市・野田山墓所、著者撮影）

承のなかに祖先たちの偉業を探し求めたのである。

岸本氏が検討した、十八世紀中後期から十九世紀前半にかかる当時の人々の発想は、そのまま、同じ時期の加賀藩にもあてはまるのではないだろうか。すこし時期をさかのぼらせる必要こそあるが、利家顕彰・神格化の背景にも、おそらく同じような意図があった。「藩祖」利家の顕彰は、その子孫である現藩主の権威を高め、利家とその家臣の主従関係が（理想化されて）語られることで、現藩主と藩士との紐帯も強化される。そこで第一章の秀吉書状や第四章の遺言状が、いずれも利家を顕彰するために捏造された（可能性が濃厚である）。

だが、利家を持ち上げる意図が、結果的に

史実を歪めてしまった。

「三壺聞書」をはじめとする編纂史料にも、多かれ少なかれ、利家を筆頭に、加賀藩の形成に尽力した先人たちを顕彰する意図が見え隠れする。祖先たちへの、善意の、だからこそ厄介な敬意といっていい。その尊敬のまなざしが、結果的に事実のありかをぼやかすことにつながった。

「藩祖」利家をたたえる動きは、はからずも利長の立場を相対的に低くみることにも作用した。さらにいえば「改作仕法」という藩政改革を成し遂げた「三代藩主」利常（利長の異母弟）のインパクトが、利長の影を薄めたのではなかろうか。利家・利常の言行録が多くの写本をもって流布した一方、利長の場合には、幕府への忠誠などを説いた「遺誡」と呼ばれる指示が知られた程度であった（この利長の「遺誡」も怪しいと筆者は踏んでいる。［大西二〇一八a］）。しかも村井長明による利長関係の覚書「利長公御代之おほへ書」は、利家の言行録のように世の中に出回ることがなかったらしい。明治三年（一八七〇）、旧藩主前田慶寧の指示で、金沢城内（金谷文庫《かなやぶんこ》。現在の金沢市尾山《おやま》神社の場所に存在）の蔵書調査に入った森田柿園は、「利家公御代之覚書」は「世俗流布の夜話録に異ならず」とみたが、かたや「利長公御代之おほへ書」を確認して「世人これを知らず」・「実に珍書というべき也」と驚いている（森田柿園による写本のあとがき）。

利家の業績は、意識的に誇大にたたえられ、利長のそれは、「藩祖」利家と、加賀藩政を確立した（といわれる）「三代藩主」利常にはさまれて、相対的にそれほどの関心が寄せられることがなかった。それが、本書の冒頭に述べた三つの問題とあわせて、利家・利長研究をとどこおらせてきたのである。

最後に本書の成り立ちについても、簡単に記しておきたい。

筆者の専門は、備前国岡山の大名宇喜多氏、とりわけ宇喜多秀家の研究である。平成二十四年（二〇一二）に石川県へ移住して以降、加賀藩関係史料に接する機会が多くなり、おかげさまで没落後の秀家親子や、その子孫の研究が格段に進展した。宇喜多氏関係の情報が、予想よりもはるかに多く、加賀藩関係史料のなかに残されていたのである。

本文のなかで述べたように、前田家の内部には秀家の肉声を伝える史料は、ほとんど存在しない。しかし、家老役などの政務日記をかきあつめて、たんねんに読むと、そのなかには八丈島に流された秀家親子およびその子孫たちと加賀藩との音信が、断片的にではあれ記録されていた。明治時代に前田家編輯方が収集したり、加賀藩の旧臣たちが旧藩主家に献上（寄贈）した史料のなかには、秀家親子の消息が生々しく語られるものも少なくなかった。

そこで秀家没落後の史料を集めてみると、芳春院の消息など二十点のほか、三百件ほどに達し、しかもその過半数は、これまで自治体史や史料集などに活字化されたものではなかった。なぜ、このような貴重な史料がこれまで翻刻もされず、研究にも使われていなかったのか。一人でも多くの方に、こうした史料の存在や、新たに判明した宇喜多氏の動向を知ってもらいたい。その思いが、拙稿「前田家編輯方の収集にかかる宇喜多氏関連史料について」(二〇一七年)の執筆や、拙著『論集　加賀藩前田家と八丈島宇喜多一類』(二〇一八年)の刊行につながった。約三百の史料すべては難しかったが、できるだけ多くのものを、新出史料として紹介することができた。

だが、こうした研究を進めるうちに、利家・利長研究の立ち遅れが気にかかるようになった。知りたいと思うことが、ほとんどわからない。あるいは真偽定かならぬ伝承が多すぎる。さきに黒田基樹氏から、論文集『前田利家・利長』[大西二〇一六d]の編集を依頼され、この論文集の総論として、利家・利長をめぐる研究動向を整理し、若干の私見もとりまぜた論文を公表する機会を与えてもらったが、もやもや感は残った。

そこで利長への疑問は「前田利長論」[大西二〇一八a]という論文のなかで解決を試みた。本書第一章における秀吉書状の批判、第二章の一部、そして第五章・第六章の分析は、この論文の内容がベースになっている。

次は利家の動向や関係史料の問題点を抜本的に論じてみよう——。平凡社編集部の坂田修治氏から、何か執筆しませんか、とのお誘いをいただいたのは、ちょうど、そういう考えを頭のなかでぐるぐるさせていた頃のこと。そこで数年来、各種の史料をかきあつめて、筆者なりに比較検討した結果が本書である。石川県に移住して七年、まだまだ土地勘もあやしいが、従来の、あるいは地元の発想とは少し距離をおくことで、いくぶんかでも新しい利家・利長像が提示できたのではなかろうか。

中世から近世へかけての変革期に、いわゆる「加賀百万石」の礎を築いた創業者たちが、なにを考え、どのように行動したのか、これまでの文献よりも、本書がその実相に少しでも迫りえているとすれば、望外の喜びである。

最後に、筆者の考えがこうして一冊の本にまとまったのは、先行研究の数々に加え、加賀藩関係史料を豊富に架蔵する金沢市立玉川図書館近世史料館の存在や職員の方々、加賀藩にまつわるあれこれをご教示くださった木越隆三氏や石野友康氏、そして、筆者に何か書かせてみよう、という英断を下した坂田修治氏のおかげである。いくえにも感謝申し上げたい。

平成三十一年二月二十五日

大西泰正

前田利家・利長関連年表

＊利家ならびに利長の年齢は数え年で表記。太字は利家ならびに利長に関わるもの

年代 和暦（年）		年代 西暦（年）	年齢 利家	年齢 利長	事項
天文	6	1537	1		**この年　前田利家、尾張国荒子村に生まれる**
	11	1542	6		この年　豊臣（羽柴）秀吉、生まれる 12月26日　徳川家康、生まれる
	16	1547	11		**この年　芳春院（利家正室）、生まれる**
	20	1551	15		**正月　利家、織田信長に仕えるという**
永禄	元	1558	22		**この年　利家、芳春院を娶るという**
	3	1560	24		**5月19日　桶狭間の合戦（利家、参戦する）**
	5	1562	26	1	**この年　前田利長（利勝。利家の嫡男）、生まれる**
	11	1568	32	7	9～10月　織田信長、足利義昭を奉じて上洛する。10月18日　足利義昭に将軍宣下
	12	1569	33	8	**10月　利家、信長の命によって前田家の家督を相続するという**
天正	元	1573	37	12	7月18日　宇治槙島城の足利義昭、織田信長に降伏する
	2	1574	38	13	**この年　樹正院（利家の娘・秀吉の養女。宇喜多秀家室）、生まれる**
	3	1575	39	14	**5月21日　織田信長・徳川家康、武田勝頼を長篠に破る（利家、信長に従って参戦する）** **9月　利家、佐々成政・不破光治とともに、越前一国を与えられた柴田勝家の目付として越前国府中に領知を得る**

年号	西暦	利家	利長	事項
天正4	1576	40	15	5月　利家、越前一向一揆と戦い、捕えた一揆勢千人程度を処刑する
5	1577	41	16	9月　利家、柴田勝家に従い加賀国に出陣し、9月23日、上杉謙信と戦う（手取川の合戦）
6	1578	42	17	この年　前田利政（利家の次男）、生まれる
9	1581	45	20	8月17日　利家、織田信長から能登一国を与えられる この頃　利長、玉泉院（織田信長の娘）を娶るという
10	1582	46	21	3月　利家、能登国で検地を行う（11月まで） 6月2日　本能寺の変（織田信長死去）。次いで羽柴秀吉、明智光秀を討つ 7月26日　利家、石動山天平寺を焼き討ちする（6月26日説あり）
11	1583	47	22	春　利家・利長親子、柴田勝家に従い、近江国へ出陣する 4月21日　賤ヶ岳の合戦。柴田勝家に与した利家・利長、越前国府中へ撤退し、次いで羽柴秀吉に降伏する。 4月24日　羽柴秀吉、柴田勝家を越前国北庄城に滅ぼす 4月末～5月初頭　羽柴秀吉による加賀国平定にともない、利家、加賀国北二郡（河北・石川）を加増される 5月　利家、加賀国北二郡で検地を行う（8月まで） 8月　利家、能登国で検地を行う（12月まで）
12	1584	48	23	3～11月　小牧・長久手の合戦 9月11日　末守（末森）合戦。利家・利長、佐々成政を破る
13	1585	49	24	7月11日　羽柴秀吉、関白に任官する 8～閏8月　羽柴秀吉、佐々成政を降し、越中国を平定する（利家・利長、秀吉に

天正	西暦	利家年齢	利長年齢	事項
				従って出陣する） 閏8月　利長、越中国西三郡（利波・射水・婦負）を与えられ、次いで検地を行う（9月まで）
14	1586	50	25	3月22日　利家、少将に任官する 3月　利家、能登国で検地を行う（4月まで） 6月22日　利長、公家成（従五位下侍従に叙任）する 12月　豊臣秀吉、太政大臣任官。豊臣姓を賜る
15	1587	51	26	2月　利長、豊臣秀吉の九州平定のため出陣する 5月8日　豊臣秀吉、島津義久を降伏させる（九州平定）
16	1588	52	27	4月14日～18日　後陽成天皇、聚楽第に行幸する 4月15日　利家・利長、後陽成天皇の聚楽第行幸にともない、秀吉への忠誠等を誓う 7月　豊臣秀吉、刀狩りを命ずる 11月6日　利家、領国において刀狩りを命ずる この年　利家、年貢の一律二免四分増徴を命ずる
17	1589	53	28	5月　利家、能登国で検地を行う（7月まで） 7～8月　利家・利長、大仏殿（方広寺）普請のため1万の人夫を負担
18	1590	54	29	正月21日　利家、正四位下参議に叙任される 2～7月　利家、豊臣秀吉の小田原出兵のため北陸から関東に進軍、北条方の諸城を攻撃する 7月5日　豊臣秀吉、小田原北条氏を降伏させる

天正	19	1591	55	30
文禄	元	1592	56	31
	2	1593	57	32
	3	1594	58	33
	4	1595	59	34

（天正）

8月　豊臣秀吉、奥州仕置をもって全国統一

秋〜冬　利家、奥羽仕置のため出羽・津軽に進む

正月12日　利家、清華に列する（清華成）

正月22日　豊臣秀長、大和国郡山城において死去する

12月28日　豊臣秀次、関白に任官する（以後、秀吉は太閤を称する）

（文禄）

正月5日　豊臣秀吉、第一次朝鮮出兵（文禄の役）を発令する

3月　利家、第一次朝鮮出兵（文禄の役）のため肥前国名護屋に向かう（8月まで）

6月2日　肥前国名護屋の利家、徳川家康とともに豊臣秀吉の渡海を諫め、断念させる

この年　金沢城の高石垣（文禄石垣）が構築されるという

8月3日　豊臣秀頼、生まれる

9月19日　前田利政（利家の次男）、能登一国を与えられる

閏9月30日　利長が少将、利政が侍従に任官する

11月25日　利常（利光。利家の四男）、生まれる（4月16日説あり）

正月5日　利家、従三位に進む

4月7日　利家、権中納言に任官する。4月8日　豊臣秀吉、利家の京都屋敷を訪問する（式正御成）

7月15日　豊臣秀次が自害する（関白秀次事件）

7月20日　利家、関白秀次事件をうけて、豊臣政権への忠誠を誓う起請文を提出する

文禄					**8月3日　利家、徳川家康らとともに「御掟」「御掟追加」を制定する** **この年　利家、越中国新川郡を与えられ、検地を行う（11月）**
慶長	元	1596	60	35	**4月　利家、権大納言に任官する** **5月13日　利家ら諸大名、豊臣秀吉に従って参内する（利家、秀頼を抱えて昇殿する）**
	2	1597	61	36	2月21日　豊臣秀吉、第二次朝鮮出兵の陣立てを発令する **9月28日　利長、従四位下参議に叙任される**
	3	1598	62	37	**5月　利家、湯治のため上野国草津に滞在する** この年（8月以前）　豊臣秀吉、徳川家康ら有力大名を「大老」とする **8月8日〜17日　この間に利長、従三位権中納言に叙任される** 8月18日　豊臣秀吉、伏見城において死去する **9月　利家、加賀国北二郡で検地を行う（12月まで）** **10月　利家、越中国新川郡で検地を行う**
	4	1599	63	38	**正月10日　利家・利長、豊臣秀頼に従って伏見から大坂に移る** 正〜2月　徳川家康に私婚問題が起こる **2月29日　大坂の利家、伏見の徳川家康を訪ねる** **3月8日（ないし11日）　伏見の徳川家康、大坂の利家を訪ねる。また、宇喜多秀家（利家の娘婿）、徳川家康に起請文を提出し、これを画期に利長、「大老」職に就く** **閏3月3日　利家、大坂において死去する** 閏3月10日　石田三成、佐和山城に引退する **8月　利長、大坂から領国へ帰国する**

慶長 5	1600	39	9月 伏見の徳川家康、軍勢を率いて大坂に移り、次いで大坂城に入る **9月 大坂の徳川家康と金沢の利長の関係が極度に悪化する（翌年5月頃まで）** **5月 上方の芳春院、人質として江戸へ下る** 6月16日 徳川家康、会津上杉攻めのため大坂を出陣 7月17日 上方において石田三成ら、徳川家康討伐のため挙兵する **7月26日 利長、金沢を出陣し、丹羽長重の加賀国小松城近辺に放火する** **8月3日 利長、加賀国大聖寺城を攻め落とす。次いで帰陣途上の8月9日、浅井畷において丹羽長重と交戦する** **9月11日 利長、再び金沢を出陣する** 9月15日 関ヶ原合戦 **9月18日 利長、丹羽長重と講和する。次いで近江国に至って徳川家康と対面する** 10月1日 関ヶ原合戦に敗れた石田三成ら斬首される **10月 利長、加賀国南二郡（能美・江沼）を加増される** **この年 利政、領知（能登国）を召し上げられる**
6	1601	40	**5月17日 利長、領国支配に関する定書19か条を発令する** **9月30日 利常、天徳院（徳川秀忠の娘）を娶るという（婚儀については慶長10年の可能性あり）**
7	1602	41	**3月26日 利長、領国支配に関する定書追加9か条を発令する** **5月4日 利長、太田長知を金沢城において殺害する** **10月30日 金沢城天守、落雷のため焼失する**
8	1603	42	2月12日 徳川家康に将軍宣下

慶長	9	1604		43	9月2日　伏見の徳川家康、宇喜多秀家の助命を決定する。次いで秀家、駿府城へ送致される **この年以前　利長、同母妹春香院（細川忠隆室。のち村井長次室）を領国に引き取る**
	10	1605		44	**この年　利長、越中国新川郡で検地を行う** 4月16日　徳川秀忠に将軍宣下 **4月　利長・利常、伏見において徳川家康・秀忠と対面する。利常、公家成（従五位下侍従に叙任）する** **6月　利長、家督を利常に譲り、越中国富山城に隠居する** **この年　利長、越中国西三郡（12月）、および能登国羽咋郡（3、9～10月）で検地を行う**
	11	1606		45	4月　宇喜多秀家、八丈島に配流される
	12	1607		46	**9月19日　利長、駿府で徳川家康と対面する。次いで江戸へ赴き、徳川秀忠と対面する**
	13	1608		47	**冬　利長、越中国新川郡で検地を行う**
	14	1609		48	**3月18日　越中国富山城が焼失する。次いで利長、新たに越中国高岡城を造営し、9月13日に入城する**
	15	1610		49	**春　利長、腫物を煩う（本復せず。のち再発）**
	19	1614		53	**この年以前　利長、同母妹樹正院（宇喜多秀家室）を領国に引き取る** **5月20日　利長、越中国高岡城において死去する** 11～12月　大坂冬の陣

主要参考文献

相田文三「徳川家康の居所と行動（天正10年6月以降）」藤井讓治編『織豊期主要人物居所集成（第二版）』思文閣出版、二〇一六年。初出二〇一一年）
朝尾直弘『朝尾直弘著作集』八（岩波書店、二〇〇四年）
跡部　信『豊臣政権の権力構造と天皇』（戎光祥出版、二〇一六年）
阿部勝則「豊臣政権の権力構造」（『武田氏研究』一〇、一九九三年）
石野友康「織豊期加賀前田氏の領国支配体制」（大西泰正編著『前田利家・利長』戎光祥出版、二〇一六年。初出一九九六年）
伊藤真昭・上田純一・原田正俊・秋宗康子編『相国寺蔵西笑和尚文案自慶長二年至慶長十二年』（思文閣出版、二〇〇七年）
伊東多三郎「近世初期大名領の一形態――能登の長氏の場合」（同『近世史の研究』第五冊、吉川弘文館、一九八四年。初出一九五四年）
伊藤康晴「〝西国の将軍〟姫路城主・池田輝政」（播磨学研究所編『家康と播磨の藩主』神戸新聞総合出版センター、二〇一七年）
岩沢愿彦『前田利家』（吉川弘文館、一九六六年〔新装版一九八八年〕）
岩沢愿彦「刀狩」（『国史大辞典』三、吉川弘文館、一九八三年）
浦田正吉「初期前田家臣団の地方知行についての一考察」（既出『前田利家・利長』二〇一六年〔初出一九六九年〕）

大阪城天守閣編『特別展五大老』（大阪城天守閣特別事業委員会、二〇〇三年）
大西泰正『豊臣期の宇喜多氏と宇喜多秀家』（岩田書院、二〇一〇年）
大西泰正『「大老」宇喜多秀家とその家臣団』（岩田書院、二〇一二年）
大西泰正『宇喜多秀家と明石掃部』（岩田書院、二〇一五年）
大西泰正「織豊期前田氏権力の形成と展開」（既出『前田利家・利長』二〇一六年a）
大西泰正「前田利長発給文書目録稿」（既出『前田利家・利長』二〇一六年b）
大西泰正『論文集　宇喜多秀家の周辺』（宇喜多家史談会、二〇一六年c）
大西泰正「秀吉死去前後の前田利長と宇喜多秀家」（『戦国史研究』七四、二〇一七年a）
大西泰正『宇喜多秀家』（戎光祥出版、二〇一七年b）
大西泰正「前田利長論」（『研究紀要金沢城研究』一六、二〇一八年a）
大西泰正「金沢・尾山考」（『研究紀要金沢城研究』一六、二〇一八年b）
大西泰正『論集　加賀藩前田家と八丈島宇喜多一類』（桂書房、二〇一八年c）
大西泰正編著『前田利家・利長』（既出、二〇一六年d）
大野充彦「前田利家文書の基礎的研究」（既出『前田利家・利長』二〇一六年〔初出一九八二年〕）
岡嶋大峰「加賀の陣（慶長の危機）以後の政情と前田猿千代の位置」（『加能地域史』六五、二〇一六年）
奥村　哲「豊臣期前田政権の地方支配に関する考察」（若林喜三郎編『加賀藩社会経済史の研究』名著出版、一九八〇年〔初出一九六九年〕）
奥村　哲「前田利家家臣団の展開」（既出『前田利家・利長』二〇一六年〔初出一九六八年〕）
尾下成敏「豊臣政権の九州平定策をめぐって」（『日本史研究』五八五、二〇一一年）
尾下成敏「前田利家の居所と行動」（既出『織豊期主要人物居所集成（第二版）』二〇一六年〔初出二〇一一年〕）

尾下成敏「上杉景勝の居所と行動」(既出『織豊期主要人物居所集成(第二版)』二〇一六年〔初出二〇一一年〕)
笠谷和比古『関ヶ原合戦と近世の国制』(思文閣出版、二〇〇〇年)
笠谷和比古『関ヶ原合戦と大坂の陣』(吉川弘文館、二〇〇七年)
神田千里『一向一揆と戦国社会』(吉川弘文館、一九九八年)
菊池紳一『加賀前田家と尊経閣文庫』(勉誠出版、二〇一六年)
木越隆三『織豊期検地と石高の研究』(桂書房、二〇〇〇年)
木越隆三・宮下和幸・中野節子「加賀藩研究の軌跡と課題」(加賀藩研究ネットワーク編『加賀藩武家社会と学問・情報』岩田書院、二〇一五年)
木越隆三「「三壺聞書」諸伝本と森田本の特徴」(『金沢城普請作事史料五　三壺聞書』石川県金沢城調査研究所、二〇一七年)
岸本　覚「近世後期における歴史編纂事業と祖先顕彰」(『歴史学研究』九五九、二〇一七年)
金龍　静『一向一揆論』(吉川弘文館、二〇〇四年)
金龍教英「前田氏の越中支配」(『富山県史』通史編Ⅲ・近世上、一九八二年〔第二章〕)
金龍教英「富山藩家老役近藤家文書について」(『富山史壇』九四、一九八七年)
倉地克直『池田光政』(ミネルヴァ書房、二〇一二年)
蔵並省自『加賀百万石』(八千代出版、一九七四年)
黒田基樹『羽柴を名乗った人々』(角川選書、二〇一六年)
小林清治『奥羽仕置と豊臣政権』(吉川弘文館、二〇〇三年)
清水　亮「秀吉の遺言と「五大老」・「五奉行」」(山本博文・曽根勇二・堀新編『消された秀吉の真実』柏書房、二〇一一年)

瀬戸　薫「芳春院はなぜ「賢婦人」といわれるの？それは本当？」（菊池紳一編『前田利家の謎』新人物往来社、二〇〇一年ａ）
瀬戸　薫「利家の遺言状はあったの？」（既出『前田利家の謎』、二〇〇一年ｂ）
瀬戸　薫「末守城等の文献について」（『末森城等城館跡群発掘調査等報告書』宝達志水町教育委員会、二〇〇七年）
瀬戸　薫「前田利家と金沢城」（既出『前田利家・利長』二〇一六年〈初出二〇〇八年〉）
瀬戸　薫「前田利家の能登入部と能登支配」（『新修七尾市史』通史編Ⅱ・近世、二〇一一年。第一章第一節）
髙澤裕一「金沢藩」（『国史大辞典』三、吉川弘文館、一九八三年）
髙澤裕一「前田利長」（『国史大辞典』一三、吉川弘文館、一九九二年）
髙澤裕一「天正期年貢算用状の考察――能登国前田領における」（同『加賀藩の社会と歴史』吉川弘文館、二〇一七年〈初出一九八〇年〉）
高野信治『武士神格化の研究』研究篇（吉川弘文館、二〇一八年）
田川捷一「金沢と尾山の地名について」（同『加賀藩と能登天領の研究』北国新聞社、二〇一二年〈初出一九八〇年〉）。
竹間芳明「北陸の刀狩」（『地方史研究』二八六、二〇〇〇年）
田中喜男『加賀百万石』（教育社、一九八〇年）
谷　徹也「秀吉死後の豊臣政権」（『日本史研究』六一七、二〇一四年）
次田元文「池田利隆の家臣団編成について」（『岡山地方史研究』一〇五、二〇〇五年）
土井忠生・森田武・長南実編訳『邦訳日葡辞書』（岩波書店、一九八〇年）
中野　等『秀吉の軍令と大陸侵攻』（吉川弘文館、二〇〇六年）

中野　等「豊臣政権論」(『岩波講座日本歴史』一〇・近世一、二〇一四年)
中野　等『石田三成伝』(吉川弘文館、二〇一七年)
中村孝也『徳川家康文書の研究』中巻(日本学術振興会、一九五八年)
名古屋市博物館編『豊臣秀吉文書集』一〜四(吉川弘文館、二〇一五〜一八年)
仁ヶ竹亮介「加賀藩主の数え方」(高岡市立博物館HP掲載、二〇一五年公開分・二〇一八年一一月閲覧)
花ケ前盛明「前田利家とその時代」(同編『前田利家のすべて』新人物往来社、一九九九年)
原　昭午『加賀藩にみる幕藩制国家成立史論』(東京大学出版会、一九八一年)
原　史彦「新出史料「前田利長書状　堀秀治宛」「堀家文書」「徳川秀忠書状　越前宰相(結城秀康)宛」について」(『尾陽』七、二〇一一年)
平井上総『長宗我部氏の検地と権力構造』(校倉書房、二〇〇八年)
平井上総『兵農分離はあったのか』(中世から近世へ　平凡社、二〇一七年)
二木謙一『武家儀礼格式の研究』(吉川弘文館、二〇〇三年)
萩原大輔『武者の覚え――戦国越中の覇者・佐々成政』(北日本新聞社、二〇一六年)
藤井讓治「前田利長と関ヶ原の戦い」(『石川県立歴史博物館紀要』二七、二〇一八年)
藤木久志『豊臣平和令と戦国社会』(東京大学出版会、一九八五年)
藤木久志『刀狩り』(岩波新書965、二〇〇五年)
日置謙編『加賀藩史料』第一編(侯爵前田家編輯部、一九二九年)
日置謙編『石川県史』第二編(石川県、一九二八年〔改訂版一九三九年〕)
日置謙編『加能古文書』(金沢文化協会、一九四四年〔増訂版一九七三年〕)
日置謙編『加能郷土辞彙』(金沢文化協会、一九四二年〔改訂増補版一九五六年〕)

日置謙校訂『御夜話集』上編・下編（石川県図書館協会、一九三三・三四年）
北国新聞社編『金沢考』（北国新聞社、一九八二年）
堀越祐一「太閤秀吉と関白秀次」（既出『消された秀吉の真実』二〇一一年）
堀越祐一『豊臣政権の権力構造』（吉川弘文館、二〇一六年）
前田俊一郎「加賀藩祖前田利家の人神化と祭祀」（松崎憲三編『人神信仰の歴史民俗学的研究』岩田書院、二〇一四年）
三鬼清一郎「前田利家」（『国史大辞典』一三、吉川弘文館、一九九二年）
三鬼清一郎『豊臣政権の法と朝鮮出兵』（青史出版、二〇一二年）
水野伍貴「加賀征討と会津征討の連動性」（同『秀吉死後の権力闘争と関ヶ原前夜』日本史史料研究会、二〇一六年。初出二〇一〇年。原題「秀吉死後の権力闘争と会津征討」）
見瀬和雄「前田利長の政治」（『金沢市史』通史編二・近世、二〇〇五年〔第一章第二節〕）
見瀬和雄「関ヶ原合戦前夜の北陸と前田利長――慶長五年九月五日付前田利長書状」（佐藤孝之編『古文書の語る地方史』天野出版工房、二〇一〇年）
見瀬和雄「関ヶ原合戦前後における前田利政の動静」（既出『前田利家・利長』二〇一六年〔初出二〇一四年〕）
見瀬和雄『前田利長』（人物叢書292　吉川弘文館、二〇一八年）
矢部健太郎『豊臣政権の支配秩序と朝廷』（吉川弘文館、二〇一一年）
矢部健太郎「関白秀次の切腹と豊臣政権の動揺――秀吉に秀次を切腹させる意志はなかった」（『國學院雑誌』一一四―一一、二〇一三年）
矢部健太郎『関ヶ原合戦と石田三成』（吉川弘文館、二〇一四年）
矢部健太郎『関白秀次の切腹』（KADOKAWA、二〇一六年）

山口啓二「藩体制の成立」（『山口啓二著作集』二、校倉書房、二〇〇八年。初出一九六三年）
若林喜三郎『加賀藩農政史の研究』上・下巻（吉川弘文館、一九七〇・七二年）
渡辺世祐『豊太閤の私的生活』（講談社学術文庫482、一九八〇年〔初版一九三九年〕）

『大日本古文書』各巻（東京大学史料編纂所）
『改定史籍集覧』二六（近藤出版部、一九〇二年）
『海行摠載』一（「朝鮮群書大系続々」三、朝鮮古書刊行会、一九一四年）
『続群書類従』補遺三・お湯殿の上の日記（九）（続群書類従完成会、一九三四年）
『公卿補任』三（新訂増補国史大系五五、吉川弘文館、一九六五年）
『富山県史』史料編三・近世上（富山県、一九八〇年）
『甲府市史』史料編二・近世一（甲府市、一九八七年）
『寛永諸家系図伝』一二（続群書類従完成会、一九八八年）
『金沢市史』資料編三・近世一（金沢市、一九九九年）
『新修七尾市史』三・武士編（七尾市、二〇〇一年）
『青森県史』資料編中世一（青森県、二〇〇四年）
『新八王子市史』資料編三・近世一（八王子市、二〇一三年）
『新八王子市史』資料編二・中世（八王子市、二〇一四年）
『増補改訂図録　芳春院まつの書状』（前田土佐守家資料館、二〇一七年）

大西泰正（おおにし やすまさ）

1982年岡山県生まれ。2007年、京都教育大学大学院修了。専門は織豊期政治史。現在、石川県金沢城調査研究所所員。主な著書に『豊臣期の宇喜多氏と宇喜多秀家』『宇喜多秀家と明石掃部』（以上、岩田書院）、『宇喜多秀家』（戎光祥出版）、『論集 加賀藩前田家と八丈島宇喜多一類』（桂書房）、編著書に『備前宇喜多氏』（岩田書院）、『前田利家・利長』（戎光祥出版）などがある。

［中世から近世へ］

前田利家《まえだとしいえ》・利長《としなが》 創《つく》られた「加賀《かが》百万石《ひゃくまんごく》」伝説《でんせつ》

発行日　2019年4月10日　初版第1刷

著者　大西泰正
発行者　下中美都
発行所　株式会社平凡社
〒101-0051 東京都千代田区神田神保町3-29
電話 (03)3230-6581［編集］ (03)3230-6573［営業］
振替 00180-0-29639
ホームページ http://www.heibonsha.co.jp/
印刷・製本　株式会社東京印書館
DTP　平凡社制作

ISBN978-4-582-47745-0
NDC分類番号210.47　四六判(18.8cm)　総ページ320

落丁・乱丁本のお取り替えは小社読者サービス係まで直接お送りください（送料、小社負担）。